Karen James

Gipfelstürmer

Die dramatische Geschichte
einer Bergexpedition

SCM Hänssler

SCM

Stiftung Christliche Medien

Bestell-Nr. 395.150
ISBN 978-3-7751-5150-4

Übersetzung: Doris C. Leisering
Umschlaggestaltung: gestalterstube, Arne Claußen
Titelbild: shutterstock.com
Bilder im Innenteil: © Karen James
Satz: typoscript GmbH, Walddorfhäslach
Druck und Bindung: CPI – Ebner & Spiegel, Ulm
Printed in Germany

Stimmen zu Gipfelstürmer

In meiner Kindheit in Portland, Oregon, konnte ich den wunderschönen schneebedeckten Gipfel des 3425 Meter hohen Mount Hood von meinem Zimmer aus sehen. Ich fragte mich oft, wie es wohl wäre, bis auf die Spitze zu steigen. Jahre später, als ich in den Nachrichten hörte, dass Kelly auf dem Berg vermisst wurde, wusste ich: Aufgrund der eisigen Temperaturen und starken Winde war es lebensgefährlich, dort festzustecken. Kelly James war ein ganzer Kerl – ein zielstrebiger Mann. Er war ein leidenschaftlicher Mensch, nicht nur, wenn es ums Bergsteigen ging. Er wollte auch, dass sein Leben etwas zählte. Als Kelly erfuhr, dass es in seiner Gemeinde einen *Leben-mit-Vision*-Kurs geben sollte, ergriff er die Gelegenheit beim Schopf. Ohne sich vorher mit Karen abzusprechen, bot er freiwillig an, während dieses 40-tägigen Kurses bei sich zu Hause eine Kleingruppe zu leiten. Wenn er eine Not sah, handelte er ohne zu zögern. Wenn Sie Ihr risikofreies Leben leid sind, dann lesen Sie diese fesselnde Geschichte! Sie wird Sie von der ersten Seite an packen und nicht mehr loslassen.

Rick Warren, Autor von »Leben mit Vision«

In meinen 33 Jahren bei der Polizei habe ich noch nie solche Familien kennengelernt. Auf dem Berg ist zwischen den Rettungskräften und den Familien James, Hall und Cooke etwas Besonderes geschehen. Karens Beschreibung dessen, was auf dem Mount Hood passiert ist, ist die genaueste, die ich bisher gelesen habe. Aus den Ergebnissen unserer Ermittlungen und ihrem Wissen über ihren Ehemann und ihren gemeinsamen Freund Brian Hall hat sie die Ereignisse fantastisch rekonstruiert. Karens Geschichte erzählt von Bergsteigern, Bergrettung, Beziehungen und davon, dass man nie aufgeben darf.

Sheriff Joseph A. Wampler, Hood River County, Oregon

Als Pastor von Karen und Kelly war die Nachricht, dass eins unserer Gemeindemitglieder vermisst wurde, ein Schock. Unsere Gemeinde betete inständig darum, dass die drei Bergsteiger Weihnachten zu Hause feiern könnten. Kelly überlebte zwar diesen schrecklichen Sturm nicht, aber ich bin überzeugt, dass Kelly dennoch Weihnachten *zu Hause* gefeiert hat. Dieses Buch wird Ihnen nicht nur erzählen, was auf dem Berg geschehen ist. Noch wichtiger ist: Sie werden erfahren, was im Leben der vielen Menschen geschehen ist, deren Leben durch diese Tragödie miteinander verbunden wurden. Ich bete darum, dass diese inspirierende Geschichte auch andere zutiefst berührt und sie dazu motiviert, den Blick auf den wahren Gipfel, das wirkliche Ziel unseres Lebens, zu richten.

Gary Brandenburg, Hauptpastor der Fellowship Bible Church, Dallas

Karens Beschreibung der Tragödie auf dem Mount Hood im Dezember 2006 ist die detaillierteste, aber auch ermutigendste, die ich bisher gelesen habe. Karen lässt uns einen persönlichen Blick hinter die Kulissen werfen und erzählt von dem, was damals auf dem Berg geschah und was ihre Familie durchmachen musste. Dies ist eine Geschichte von drei tapferen Männern, deren Bergtour einen entsetzlich tragischen Ausgang nimmt, aber auch eine Geschichte davon, wie eine Familie die schlimmste aller Katastrophen überstehen und dabei an ihrem Glauben festhalten kann.

Steve Rollins, Leiter der Rettungskräfte der Bergrettung

Für die Liebe meines Lebens, Kelly James.
Danke, dass du mich bis zum Mond mitgenommen hast –
und wieder zurück. Ich werde dich nie vergessen!

Karen

Alles ist mir möglich durch Christus,
der mir die Kraft gibt, die ich brauche.

Philipper 4,13

Hold Fast

To everyone who's hurting
To those who've had enough
To all the undeserving
That should cover all of us
Please do not let go
I promise there is hope
Hold fast
Help is on the way
Hold fast
He's come to save the day
What I've learned in my life
One thing greater than my strife
Is His grasp
So hold fast

Will this season ever pass?
Can we stop this ride?
Will we see the sun at last?
Or could this be our lot in life?
Please do not let go
I promise you there's hope

You may think you're all alone
And there's no way that anyone could know
What you're going through
But if you only hear one thing
Just understand that we are all the same
Searching for the truth

The truth of what we're soon to face
Unless someone comes to take our place
Is there anyone?
All we want is to be free
Free from our captivity, Lord
Here He comes

MercyMe

Inhalt

Vorwort

Getrieben von seiner Leidenschaft fürs Abenteuer und die majestätische Schönheit der Berge verließ ein erfolgreicher Architekt namens George William Barrett im Jahr 1906 seine englische Heimat, um die kanadischen Rocky Mountains zu besteigen. Er kehrte nicht mehr zurück und konnte die Geschichte von seinem großartigen Aufstieg zum Gipfel nicht erzählen. Auf jener verhängnisvollen Tour starb Barrett bei einem Unfall in den Bergen, weit entfernt von seiner Heimat. Er hinterließ seine Ehefrau und sechs Kinder. George William Barrett war mein Urgroßvater. Erst nach meiner Hochzeit mit Kelly erfuhr ich von den Umständen seines Todes.

Tief im Inneren wusste ich, dass es kein Zufall sein konnte, dass genau einhundert Jahre später mein Ehemann – Landschaftsarchitekt und leidenschaftlicher Bergsteiger – ebenfalls auf einem Berg in große Schwierigkeiten geriet. Eins von meinen vielen Gebeten in den langen Tagen und Nächten, als wir auf dem Mount Hood nach Kelly, Brian und Nikko suchten, war die Bitte, dass sich meine Familiengeschichte nicht wiederholen würde.

Tragischerweise ereilte Kelly dennoch das gleiche Schicksal wie meinen Urgroßvater. Allerdings schwor ich mir, dass mein Leben anders verlaufen sollte als das meiner Urgroßmutter. Meine Großmutter hatte erzählt, dass ihre Mutter kurz nach dem Tod meines Urgroßvaters an einem »gebrochenen Herzen« gestorben war. Und obwohl mein Herz, so wie ihres, gebrochen war, wusste ich instinktiv, dass ich durch meinen Glauben die Kraft haben würde, weiterzumachen und ohne die größte Liebe meines Lebens weiterzuleben.

Teil 1

Der Mann hinter den Schlagzeilen

Kapitel 1

In dreitausend Metern Höhe

Als Kelly James in beinahe 3 300 Metern Höhe allein in einer Schneehöhle am Mount Hood lag, fragte er sich: *Wo zum T… bleibt Brian?
Komm schon, Kumpel!* Sein Kletterpartner Brian Hall und ihr Begleiter
Jerry »Nikko« Cooke hatten Kelly einige Tage zuvor zurückgelassen,
um abzusteigen und Hilfe zu holen. Es war Dezember und Kelly steckte
auf einem Berg in Oregon fest, weit weg von seinem Zuhause in Dallas,
Texas. Was als kurzer Wochenendausflug geplant gewesen war und
als vorbereitendes Eiskletter-Training für eine Mount-Everest-Tour
dienen sollte, hatte sich zu einem Kampf auf Leben und Tod entwickelt.
Noch nie war Kelly in solch einer Situation gewesen. Er war ein erfahrener Bergsteiger und spielte in Gedanken immer und immer wieder
die Entscheidungen und Ereignisse dieser Tour durch.

Kelly griff nach seinem Mobiltelefon. *Bitte lass mich mit Karen
sprechen.* Kelly wählte und versuchte, seine Frau zu erreichen, aber er
hatte keinen Empfang. *Okay, dann versuche ich es eben mit dem Notruf.*
Kelly wählte, doch wieder hatte er keinen Empfang. Inzwischen war
er so durchnässt, geschwächt und müde, dass er nicht genug Energie
hatte, um sich aus der Schneehöhle zu wagen, um es draußen noch
einmal zu probieren. Ein heftiger Sturm tobte, und selbst wenn er
mehr Kraft gehabt hätte, bestand wenig Aussicht, irgendwo besseren
Empfang zu bekommen. *Ich muss einfach nur abwarten. Brian weiß,
wo ich bin*, dachte Kelly.

Er warf einen Blick auf den Eingang der Höhle und konnte sehen,
dass der Neuschnee ihn beinahe vollständig zugeweht hatte. Die Bergsteiger hatten diese Höhle gebaut, um sich vor den extremen Wetterbedingungen zu schützen. Sie hatten den Ausflug gemeinsam angetre-
ten, doch jetzt war Kelly von seinen beiden Freunden getrennt. Allein
in der Höhle, versuchte er, sich von seinen Schmerzen in der Schulter
und den Beinen abzulenken. *Ich muss den Schnee vom Eingang weg-
schaufeln*, dachte er. Doch Brian und Nikko hatten die Schneeschau-

fel mitgenommen. *Könnte ich denn überhaupt graben?* Inzwischen zweifelte er an sich selbst. Er konnte seine Füße nicht mehr spüren. Das war eine ganz neue Erfahrung für Kelly, der daran gewöhnt war, in Höchstform zu sein. Er hatte von Natur aus eine körperliche Kraft und Ausdauer, die seine Freunde und Angehörigen immer wieder erstaunte.

Kurz vor dem Gipfel war etwas schiefgelaufen. Mitte Dezember konnte der Mount Hood ebenso grausam sein wie der Mount Everest, und trotz ihrer sorgfältigen Planung konnten die drei Männer dem Zorn von Mutter Natur nicht entfliehen. An der Nordwand des Mount Hood kann man nur aufsteigen, da es extrem gefährlich ist, an einer Eiswand abzusteigen. Der Plan war eigentlich ganz einfach. Hochklettern, den Gipfel überqueren und an der Südwand absteigen. Doch so lief es nicht.

Während Kelly über ihre fatale Lage nachdachte, sprangen seine Gedanken immer wieder zurück zu seiner Familie. Er wusste, dass sie versucht hatten, ihn anzurufen – besonders seine Frau Karen. Egal, wo auf der Welt er gerade unterwegs war: Er und Karen hatten die Vereinbarung getroffen, dass sie jeden Abend miteinander telefonieren und einander gute Nacht sagen würden. In ihrer ganzen Ehe hatten sie es nur bei einer Gelegenheit nicht geschafft, einander vor dem Schlafengehen »Ich liebe dich« zu sagen, und das war, als Kelly auf einem Berg keinen Empfang für sein Mobiltelefon hatte. Er war mit Brian auf dem Mount McKinley gewesen, wo sie fünf Tage lang bei einem »Whiteout«[1] in ihrem Zelt festsaßen – das war die längste Zeit gewesen, die Karen und er jemals nicht miteinander gesprochen hatten.

Ich wünschte, ich wäre zu Hause, dachte er. *Keine Sorge, Mann. Du kommst schon heim,* versuchte er sich selbst zu beruhigen. Kellys angeborener Optimismus hatte ihm in schweren Zeiten immer gute Dienste geleistet. Er glaubte daran, dass der menschliche Geist auch die schwierigsten Umstände überwinden kann. Trotz seines sich verschlechternden Zustands dachte er weiterhin: *Es ist nur eine Frage der Zeit, bis Hilfe kommt.* Seine positive Einstellung verhinderte, dass er

---

1 Meteorologisches Phänomen, bei dem Kontraste in der Landschaft für das menschliche Auge nicht mehr wahrnehmbar sind (Anm. d. Übers.).

dem düsteren Gedanken nachhing, Brian und Nikko könnten eventuell den Abstieg nicht geschafft haben.

Der erfahrene Bergsteiger Kelly James im Alter von achtundvierzig Jahren

Als erfahrenster Bergsteiger der Gruppe wünschte Kelly sich, er könnte bei ihnen sein. Bevor sie sich getrennt hatten, hatte er zu ihnen gesagt: »Bitte sichert euch doppelt ab und geht keinerlei Risiko ein!« Kelly sprach von den Schrauben, die beim Eisklettern ins Eis gedreht werden, um das Seil zu sichern. Je mehr Eisschrauben, desto sicherer. Die Bergsteiger sind zwar aneinander geseilt, aber wenn einer von ihnen abstürzt, ist es für den anderen unmöglich, sich mithilfe ihrer Eispickel und Steigeisen festzuhalten. Der Ruck, der von dem Abstürzenden ausgeht, und sein Körpergewicht können alle anderen Bergsteiger mit in die Tiefe reißen. Auf gefährlichen Abschnitten müssen die Bergsteiger ihre Seile immer wieder mit Eisschrauben sichern, damit, wenn einer abstürzt, der andere nur bis auf die Höhe der letzten Schraube fällt – und nicht Hunderte Meter in den Tod.

Sie müssten schon längst zurück sein. Doch die Wetterbedingungen waren schrecklich, und Kelly dachte sich, dass die Jungs wohl in einer anderen Schneehöhle Zuflucht gesucht hatten und darauf warteten, dass der Sturm nachließ.

Schon seit einer Woche tobte einer der schlimmsten Stürme des Jahrzehnts auf dem Berg. Er brachte eineinhalb Meter Neuschnee und Temperaturen von etwa minus vierzig Grad. Obwohl alle drei Männer groß und kräftig waren, kamen sie gegen den Sturm nicht an. Der orkanartige Wind mit Böen von bis zu 210 km/h hatte sie außer Gefecht gesetzt.

Dennoch hatten sie durchgehalten und in einer Schneehöhle Schutz gefunden. Kelly versuchte, sich zu beruhigen. *Das muss es sein. Das Wetter ist der einzig logische Grund, warum sie bis jetzt noch nicht zurück sind. Beeilt euch einfach, Jungs.*

Als erfahrener Bergsteiger wusste Kelly sehr genau, was in seinem Körper vor sich ging. Er war unterkühlt, und er kannte die Symptome und den Verlauf dieses gefährlichen Zustands. Egal, was passiert, ich werde mich nicht ausziehen, ermahnte er sich. Kelly dachte an ein bizarres Phänomen, das sich mit fortschreitender Unterkühlung einstellt: die sogenannte Kälteidiotie. Der Betroffene meint, ihm wäre sehr heiß, und er fängt an, sich auszuziehen. In der Vergangenheit hatte er Karen Geschichten von diesem Zustand erzählt, wenn sie über die Gefahren des Bergsteigens sprachen. Doch Kelly hätte nie gedacht, dass es einmal ihn selbst treffen könnte. Immerhin war er ein Profi, wenn es darum ging, brenzligen Situationen zu entkommen. In den 48 Jahren seines Lebens war er noch auf keinen Berg gestoßen, den er nicht bezwingen konnte.

Er blendete den Gedanken an die Kälteidiotie aus und gewann wieder Hoffnung. Er würde es aus dieser Schneehöhle hinausschaffen, und er würde über die Unterkühlung siegen, weil er stark und geistesgegenwärtig genug war, um sich gegen den absurden »Ausziehzwang« zur Wehr zu setzen. *Immerhin*, dachte er, *wird Gott mich beschützen.*

Aus Minuten wurden Stunden und Kelly zitterte immer heftiger. Er versuchte zu sprechen und merkte, dass seine Worte schwerfällig klangen. Zum ersten Mal war er sich nicht mehr sicher, wie lange er der bitteren Kälte noch standhalten konnte. Vor der Höhle war die Temperatur weit unter Null gesunken, und die Windböen, die bei bis zu 160 km/h lagen, ließen die Temperatur auf tödliche zweistellige

Minuswerte sinken. Eine Schneehöhle bietet zwar im Allgemeinen einen guten Schutz vor einem Sturm, aber bei diesen extremen Wetterbedingungen hätte Kelly seinen kleinen Campingkocher gebraucht, um Wasser zu kochen, und einen Schlafsack, um seine nasse Kleidung ablegen zu können, die die Unterkühlung nur noch beschleunigte. Doch seine lebenswichtige Ausrüstung, die er vor einigen Tagen noch so sorgfältig beim Packen auf dem Wohnzimmerboden daheim in Dallas geordnet hatte, war nicht hier.

Sein Körper stellte langsam alle Funktionen ein. Doch das, was ihn daran am meisten beunruhigte, war, dass seine Stimme seinen Zustand verriet. Karen wusste, dass etwas nicht stimmte, das war ihm klar.

Wenn er an ihr letztes Gespräch dachte – er konnte sich nicht mehr genau erinnern, wann das gewesen war –, hatte er keinen Zweifel daran, dass seine Gebete erhört worden waren. Er hatte mehrmals versucht, jemanden anzurufen, aber er hatte jedes Mal keinen Empfang gehabt. So hatte Kelly den Versuch aufgegeben, Karen und den Notruf erreichen zu wollen. Dann, am Sonntagnachmittag, hörte er ein Geräusch in der Schneehöhle. Erst dachte er, er hätte geträumt, doch dann merkte er, dass sein Telefon klingelte. Er tastete danach und versuchte, den Anruf anzunehmen, doch er brauchte zu lange.

Mit einem Blick auf sein Telefon sah Kelly, dass sein ältester Sohn Jason gerade angerufen hatte. Kelly setzte sein ganzes restliches Koordinationsvermögen ein, um ihn zurückzurufen, und als er das Telefon am anderen Ende klingeln hörte, murmelte er immer wieder: »Bitte! Bitte!« Dann hörte er Jasons Stimme.

Erleichterung durchströmte Kelly, als Jason ans Telefon ging. Dann nahm Ford, sein zweiter Sohn, seinem Bruder das Telefon ab und fing an, Fragen zu stellen. Kelly sagte den beiden Jungen alles, was den Rettungskräften irgendwie helfen könnte, ihn zu finden. Trotz seines sich ständig verschlechternden körperlichen Zustands war er noch bei klarem Verstand, und er wusste, dass er sich auf seine Söhne verlassen konnte.

Dann kam Karen ans Telefon. Die Stimmen der Jungen waren laut gewesen, und sie hatten ihn mit schnell aufeinanderfolgenden Fragen bezüglich des Rettungseinsatzes bestürmt. Karens Stimme hingegen war leise. Er konnte hören, wie sich ihr die Kehle zuschnürte, als sie »Hallo Schatz« sagte. In diesem Augenblick wussten beide, dass dies ein Gespräch war wie keines zuvor. In der kurzen Unterhaltung berührten sich ihrer beider Seelen. Ihre Herzen sprachen zueinander, ohne dass sie auch nur ein Wort sagen mussten. Sie unterhielten sich einige Minuten und sagten: »Ich liebe dich.« Doch Kelly merkte, dass das, was Karen ihn *nicht* gefragt hatte, am schwersten wog. Zum ersten Mal fragte sie nicht: »Wann bist du wieder vom Berg zurück?«

Kelly legte auf und flüsterte: »Es tut mir leid, mein Schatz.« Es beruhigte ihn, dass die beiden Jungen bei Karen waren, doch er überlegte: *Wo sind meine anderen beiden Kinder, Katie und Jack?* Kelly tat das Herz weh. *Bitte, Gott, hol mich noch nicht. Sie brauchen mich.*

Seine Gedanken sprangen zu dem Wochenende vor seiner Bergtour, als er bei seiner Mutter Lou Ann gewesen war und ihren Küchenboden gefliest hatte. *Das kannst du meiner Mutter nicht antun. Sie hatte schon solch ein hartes Leben. Das wird sie umbringen. Bitte gib mir noch ein bisschen Zeit mit ihr und meinen Geschwistern.*

Dann wurde Kelly innerlich ganz ruhig. Gott hatte ihn schon aus anderen gefährlichen Situationen gerettet, doch instinktiv wusste er, dass es dieses Mal anders ausgehen würde. Der Gedanke, seine Familie zu verlassen, bereitete ihm tiefen Kummer, und er weinte über das, was er zurückließ. *Es war doch nur ein kurzer Wochenendausflug. In zwei Wochen ist Weihnachten. So hätte es nicht ausgehen dürfen.*

Dann, in seiner typischen Kelly-James-Art, lenkte er seine Gedanken auf etwas anderes, und alles, woran er in seinem Leben glaubte, durchflutete sein Herz und seinen Geist. Er wandte den Blick von dieser Erde ab und richtete seine gesamte Aufmerksamkeit auf Gott.

Während seiner ganzen Zeit in der Schneehöhle fühlte sich Kelly nie allein, weil er wusste, dass er nicht allein *war*. Für ihn waren Gott und die Berge nicht voneinander zu trennen. Beim Bergsteigen fühlte er sich Gott am nächsten, und auch dem Tod war er noch nie näher gewesen.

Kelly hatte keine Angst vor dem Sterben. Zu Karens Erstaunen sprach er oft ganz begeistert davon, wie es wohl im Himmel sein würde. Er hatte nie auch nur den geringsten Zweifel daran, was nach seinem Tod mit ihm geschehen würde. Kelly glaubte, wenn seine Zeit komme, würde kein Mensch etwas an dieser Tatsache ändern können. Dieser Frieden, dieser freudige Blick auf sein letztes Ziel, gepaart mit seiner Leidenschaft fürs Leben, machte ihn so anziehend für andere Menschen.

Sein irdischer Körper ließ ihn im Stich und Kelly wurde klar, dass dies später keine Kletterstory sein würde, die Brian und er bei einem kühlen Bier auf der Veranda daheim erzählten. Er dachte an Brian. *Mann, du musst auf sie aufpassen.* Wie bei vielen Bergsteigern bestand auch zwischen ihnen beiden die unausgesprochene Übereinkunft, dass, wenn einer von ihnen starb, der andere sich um dessen Familie kümmern würde. Kelly wusste ohne jeden Zweifel, dass Brian das für ihn tun würde.

Gefangen auf dem Mount Hood, hielt Kelly sich an dem fest, was er glaubte, und gab nie den Gedanken auf, dass bereits Hilfe unterwegs war. Er begriff, dass es dieses Mal keine menschlichen Retter waren, die ihn herausholten, sondern dass er bald die unglaublichste Rettung überhaupt erleben würde. Es war Zeit, seinen irdischen Körper aufzugeben. Doch eines musste Kelly noch für seine Familie tun, bevor er starb. Dort auf dem kalten, schneebedeckten Boden, den Kopf auf seinen Rucksack gebettet, zog er seinen rechten Handschuh aus, streckte den Arm aus und krümmte alle Finger zusammen bis auf einen: seinen Ringfinger, an dem sein JKJ-Siegelring steckte. In den letzten Augenblicken vor seinem Tod wollte Kelly eine Nachricht an seine Familie schicken. Es war seine letzte Liebestat für seine Familie, sein letztes »Ich liebe euch« – wenigstens auf dieser Erde.

Als Kellys Frau bin ich felsenfest davon überzeugt, dass ich in meinem Herzen wusste, wie er seine letzten Minuten, Stunden und Tage verbrachte. Viele Nächte lang lag ich wach und stellte mir vor, was er wohl im Kampf um sein Leben und gegen die Minusgrade seelisch und körperlich durchmachen musste. In den Monaten nach seinem Tod kannte ich noch nicht alle Fakten, die seinen Tod betrafen. Doch die Antworten auf die Frage, was geschehen war, schienen seltsamerweise in Reichweite zu liegen. Ich schrieb das meiner festen Überzeugung zu, dass Gott das Band unserer Liebe selbst im Tod nicht durchtrennt hatte. Im Verlauf des darauffolgenden Jahres erfuhr ich viele unveröffentlichte Einzelheiten über die Tragödie, die meine ursprünglichen Gedanken bestätigten. Doch am erstaunlichsten war der Weg, den ich ging: eine Reise, die die Gegenwart Gottes in meinem Leben und im Leben meines Mannes offenbarte und mir zeigte, dass die Liebe über den Tod hinausreicht.

Kapitel 2

Ein schwerer Anfang

»Bitte, Papa, bring Mama nicht um!«

Seine Hände lagen fest um ihren Hals. Lou Ann hatte gerade noch genug Luft, um um ihr Leben zu betteln. »Jess, bitte hör auf!« Es war nicht das erste Mal, dass ihr Mann versuchte, sie umzubringen. Schon öfter hatte er sie bis zur Bewusstlosigkeit gewürgt.

Die Kinder weinten. Lou Ann rang um Atem und versuchte, seinem Griff zu entkommen. Sie war nur halb so schwer wie der durchtrainierte ehemalige 100-Kilo-Spitzensportler. Er schleuderte sie zu Boden, und so schnell, wie es begonnen hatte, war es vorbei. Jess ging weg und murmelte etwas Unverständliches.

Lou Ann eilte zu den Kindern, um sie zu trösten, und begann zu weinen. Oft hatten sie und die Jungen vor den Misshandlungen fliehen können. Dann waren sie hinaus zum Auto gerannt und hatten sich die ganze Nacht hinter einer nahe gelegenen Scheune versteckt, bis Jess wieder nüchtern war und das Haus am nächsten Morgen verließ, um zur Arbeit zu gehen. Doch dieses Mal hatten sie nicht so viel Glück.

Lou Ann und ihre vier kleinen Söhne waren in einer Falle von häuslicher Gewalt gefangen, und sie hatten so gut wie niemanden, der sie beschützte. Ende der 1950er-Jahre waren die Polizei und das ganze Rechtssystem von Männern dominiert. Viele Leute glaubten, dass man häusliche Gewalt besser hinter verschlossenen Türen hielt. Damals war das Familiensache und ging niemanden sonst etwas an.

Lou Ann war 27, und ihr ganzes Leben war bereits zusammengebrochen. Für sie würde es nicht das märchenhafte Happy End geben, von dem sie als kleines Mädchen geträumt hatte. Ihr einziges Ziel war jetzt, ihre Kinder vor dem Mann zu beschützen, von dem sie einst gedacht hatte, dass *er* sie beschützen und lieben würde.

Als die 18-jährige Lou Ann Sharpless Frank Allison James II. zum ersten Mal über den Campus gehen sah, war sie hin und weg. Er war groß und gut aussehend und spielte in der Footballmannschaft der

Universität von Houston. Jess, wie seine Freunde ihn nannten, war der große Held auf dem Campus und noch lange nach seinen Collegetagen für seine Glanzleistungen als Footballverteidiger bekannt. Unter den Mädchen auf dem Campus hatte er freie Auswahl. Eines Tages erregte eine atemberaubende Brünette seine Aufmerksamkeit. Jess ging auf sie zu und Lou Annes Herz kam ins Stolpern, als so ein guter Fang wie Jess sein Interesse an ihr kundtat. Er eroberte sie im Sturm.

Mit neunzehn heirateten Lou Ann und Jess James. Er war gütig und liebevoll und in jeder Hinsicht genau so, wie sie es sich von ihrem Märchenprinzen erträumt hatte. Sie blieben in Houston und gründeten eine Familie – sie bekamen vier Söhne. Frank Allison James III. war ihr Erstgeborener, gefolgt von Frederick David und Thomas Benny. Ihr Jüngster, Jeffrey Kelly James, wurde am »Murmeltiertag« geboren, am 2. Februar 1958.

Kurz vor Franks Geburt wurde Jess von den *L. A. Rams* verpflichtet und ging nach Los Angeles, um dort Football zu spielen. Doch sein Traum, ein großer Footballstar zu werden, zerplatzte, nachdem

Lou Ann Sharpless 1951
im Alter von achtzehn Jahren

er sich im Trainingslager eine Verletzung zuzog und gezwungen war, nach Texas zurückzukehren. Seine neue Arbeit dort war nicht annähernd so glamourös wie das Leben als Footballstar. Statt sich auf eine riesige Zuschauermenge freuen zu können, die ihm zujubelte, kam er jeden Morgen auf ein großes, ödes Feld voller Bohrtürme. Seine Aufgabe war es, die Anlagen, mit denen texanisches Rohöl gefördert wurde, zu montieren und instand zu halten.

Lou Ann musste zusehen, wie Jess den Kummer über seinen zerbrochenen Traum im Alkohol ertränkte, was schließlich dazu führte, dass er seine Arbeit auf dem Ölfeld verlor. In dieser Zeit begann er, seine Frustration und Wut an ihr auszulassen, und ihre Ehe wurde immer unerträglicher. In den nächsten Jahren hoffte und betete Lou Ann, dass sich wieder alles zum Guten wenden würde. Manchmal wurde es auch besser, aber die Versuchung der Flasche schien stärker zu sein als alles andere. Im Jahr 1960 schließlich beschloss Lou Ann, die inzwischen um ihr Leben und die Sicherheit der Kinder fürchtete, fortzu-

Jess James 1951 beim Football

laufen, um den Misshandlungen zu entfliehen. Obwohl Jess den Kindern noch nie wehgetan hatte, hatte sie Angst, dass auch sie in sein Visier geraten würden, wenn sie alt genug wären, um ihre Mutter zu verteidigen. Mit nur achthundert Dollar in der Tasche – allem, was sie besaß – lud sie ihre vier verschlafenen kleinen Söhne in ihren 1949er DeSoto. Die Jungen waren damals zwischen sieben und zwei Jahre alt. Mit einem letzten Blick auf Houston im Rückspiegel betete sie, dass ihre Probleme jetzt hinter ihr lägen. Doch das sollte nicht so sein.

Lou Ann floh nach Dallas. Sie hoffte, sich in der großen, geschäftigen Stadt verstecken zu können, und sie hatte das Glück, schon am zweiten Tag dort eine Stelle zu finden. Sie machte sich sofort an die Arbeit und bewältigte manchmal bis zu drei Jobs auf einmal, um über die Runden zu kommen. Sie war kaum in der Lage, ihre Familie zu ernähren, und so zogen sie und die Jungen in eine Sozialwohnung in der Nähe des *Baylor Hospital*. Dort nahm sie eine Stelle an, weil das Krankenhaus gut zu Fuß zu erreichen war. Dann wurde ihr schlimmster Albtraum Wirklichkeit. Ohne dass sie etwas davon geahnt hatte, hatte Jess einen Privatdetektiv beauftragt, sie aufzuspüren. Lou Ann vermutete, dass Jess vor lauter Wut darüber, dass er die Kontrolle über sie verloren hatte, ihr nun das wegnehmen wollte, was sie am meisten liebte. Während sie bei der Arbeit war, entführte Jess die Kinder. Frank, der Älteste, konnte ihm entkommen. Die drei jüngeren Kinder waren dem ehemaligen Footballspieler allerdings nicht gewachsen. Er fing sie problemlos ein und nahm sie mit zurück in seine kleine Heimatstadt im texanischen Hügelland.

Lou Ann war außer sich über den Verlust ihrer drei Söhne. Sofort versteckte sie Frank bei ihrer alten, verwitweten Mutter in Arkansas, da es ihrer Ansicht nach nur eine Frage der Zeit war, bis Jess versuchen würde, auch ihn zu holen. Außerhalb von Dallas war Frank sicher. Da ihre Mutter sie finanziell nicht unterstützen konnte, war Lou Ann gezwungen, nach Dallas zurückzukehren und zu arbeiten. Das Geld schickte sie dann an ihre Mutter, damit sie sich ein paar Monate um Frank kümmerte, bis sie einen Weg finden würde, ihre drei anderen Söhne zurückzuholen.

Im Rechtssystem gab es offenbar keine Stelle, an die sie sich wenden konnte. Nach ihren früheren Erfahrungen glaubte Lou Ann, dass die örtlichen Behörden in Jess' Heimatstadt ihr nie und nimmer helfen würden. Der Männerklüngel war undurchdringlich wie eh und je und eine Frau wie Lou Ann hatte nicht den Hauch einer Chance.

Jeden Morgen und jeden Abend betete sie, dass sie einen Weg finden möge, ihre Jungen zurückzubekommen. Ihre Gelegenheit kam eines Abends, als sie in der Spätschicht im Krankenhaus arbeitete. Jess tauchte dort auf und suchte nach ihr, und er hatte ein Messer dabei. In ihrer Angst versteckte sich Lou Ann im Keller, bis die Polizei eintraf. Jess wurde wegen illegalen Waffenbesitzes verhaftet und ins Gefängnis gebracht.

Seit fast drei Monaten hatte sie auf diesen Tag gewartet, und sie musste schnell handeln. Während Jess im Gefängnis war, fuhr Lou Ann in ihrem altersschwachen Auto, bei dem inzwischen der Rückwärtsgang fehlte, die 240 Kilometer bis in seine Heimatstadt. Sie war fest entschlossen, ihre Jungen zu holen. Die waren im Haus von Jess' Vater, und als Lou Ann dort eintraf, verlangte sie ihre Söhne. Sie kamen herausgerannt und sprangen ins Auto. Lou Ann trat das Gaspedal bis zum Bodenblech durch und fuhr nach Arkansas, um ihre jüngeren

Söhne mit ihrem großen Bruder zu vereinen. Als die vier Jungen sich sahen, gab es Umarmungen und Küsse und Gelächter. Die James-Brüder waren wieder zusammen, und Lou Ann wollte dafür sorgen, dass es so blieb.

Übergangsweise ließ sie ihre Söhne bei ihrer Mutter, weil das sicherer war, doch sie wusste, dass die Kinder sie brauchten. Jess, der inzwischen wieder auf freiem Fuß war, stellte ihr allerdings immer noch nach, und sie konnte seinem gewalttätigen Griff nicht entfliehen.

Lou Ann hatte bereits Bekanntschaft mit einem Rechtssystem gemacht, dem ihre Situation offenbar gleichgültig war, doch sie beschloss trotzdem, es noch einmal zu versuchen. Sie rief im Büro des Bezirksstaatsanwalts in Dallas an und war schockiert, als sich am anderen Ende die stellvertretende Staatsanwältin meldete – eine Frau! Es war das erste Mal, dass Lou Ann an so einflussreicher Stelle mit einer Frau redete, und es war das allererste Mal, dass irgendjemand im System bereit war, ihr zu helfen. Die stellvertretende Staatsanwältin stellte einen Haftbefehl gegen Jess aus, und Lou Ann konnte ihre Söhne zurück nach Dallas bringen und versuchen, ihr Leben wieder aufzubauen.

Ihr mörderischer Arbeitsalltag war bisweilen unerträglich, doch Lou Ann hatte keine Wahl – und sie war fest entschlossen, selbst für ihre Söhne zu sorgen. Kelly vergaß nie, wie fest seine Mutter die Zügel in der Hand hielt, obwohl sie rund um die Uhr arbeitete, und auch nicht, wie viel gesunden Respekt vor einer etwaigen Strafe sie ihnen beibrachte. Später erinnerte Kelly sich auch voller Liebe an die Sonntage. Selbst wenn seine Mutter von der Spätschicht kam und versuchte, ein paar kostbare Stunden Schlaf zu bekommen, sorgte sie dafür, dass die Jungen aufstanden und in die Kirche gingen.

Die vier James-Brüder 1963 (von links nach rechts): Frank, Kelly, Benny und Fred

Trotz ihrer schwierigen finanziellen Situation hielt Lou Ann ihre Söhne zusammen und bewahrte sie vor Schwierigkeiten. Ihre Jungen waren ein wahrer Segen für sie, und sie war überzeugt davon, dass jeder von ihnen einmal zu einem ganz besonderen Mann heranwachsen würde.

Die vier Brüder waren unzertrennlich, und obwohl sie sich ständig neckten und es beim Spielen zwischen ihnen handfest zur Sache ging, liebten sie einander heiß und innig. Alle konnten ordentlich Schläge austeilen, und die anderen Kinder begriffen bald: Wenn man sich mit einem James-Bruder anlegte, musste man sich warm anziehen, denn normalerweise bekam man es dann auch mit den anderen drei zu tun.

Die unsichere Situation, von der Hand in den Mund leben zu müssen, änderte sich 1969, als Lou Ann Logan Cameron heiratete. Die Jungen bekamen einen Stiefvater und zwei Stiefschwestern, Carol und Betsy. Nicht lange nach der Hochzeit bekamen sie auch noch eine kleine Schwester namens Traci, die rasch die Herzen der vier James-Brüder eroberte.

Jetzt lebten sie in einem schönen Haus, aber wieder gab es Probleme. Auch hier forderte der Dämon Alkohol seinen Tribut von der Familie. Logan schaffte es am Ende, vom Alkohol loszukommen, und hörte auf zu trinken, doch seine Sucht war nicht folgenlos geblieben.

Obwohl Kellys Kindheit alles andere als ideal war, hatte er immer eine positive Lebenseinstellung behalten. Er besaß die einzigartige Fähigkeit, die schlechten Zeiten als solche wahrzunehmen, die Verantwortung zu erkennen, die jeder für sein eigenes Handeln trug, aus Fehlern zu lernen und immer einen großen, wunderschönen Regenbogen nach dem Sturm zu sehen. Mit dieser Einstellung begegnete er sogar seinem Vater. Nach Jess' und Lou Anns Scheidung besuchten die Jungen gemäß Gerichtsbeschluss jeden Sommer ihren Vater. In all den Jahren erinnerte sich Kelly zwar auch an das Negative, aber das hinderte ihn nicht daran, die guten Zeiten zu lieben und an ihnen festzuhalten. Er war in der Lage, eine zurückhaltende, aber liebevolle Beziehung zu seinem Vater aufzubauen. Kelly sagte einmal: »Trotz allem, was passiert ist, liebe ich meinen Vater, und ich vermisse ihn. Wir hatten auch unsere guten Zeiten zusammen.« Manchmal schüttelte Lou Ann ungläubig den Kopf, wenn Kelly zu ihr sagte: »Aber Mama, ich hatte eine tolle Kindheit!« Sie wusste, dass er meinte, was er sagte.

Kelly hatte nur wenige Eigenschaften von seinem Vater, doch es gefiel ihm, dass er seine Sportlichkeit geerbt hatte. Alle vier James-Brüder hatten beeindruckende sportliche Fähigkeiten. Frank, der Älteste, war ein begabter Footballspieler, und Kelly, der Jüngste, brachte herausragende Leistungen als Kapitän der Ringermannschaft der *Lake Highlands Highschool* in Dallas.

Kelly (rechts) mit seiner Schwester Traci und seinem Bruder Frank im Jahr 1987

Diese beiden Brüder verband mehr als nur ihre Blutsverwandtschaft und ihre sportlichen Fähigkeiten. Beide entwickelten schon in jungen Jahren eine tiefe Liebe zu Gott. Während die meisten Jungen ihres Alters sich ausschließlich auf Mädchen und Sport konzentrierten, hatten Frank und Kelly auch noch eine unerklärliche Leidenschaft für ein ganz anderes Thema, das sie für den Rest ihres Lebens prägen sollte. Für sie war der Glaube an Gott nicht nur für Sonntage reserviert. Oft blieben sie bis spät in die Nacht auf und diskutierten über Theologie, und zwar auf eine sehr erwachsene Art und Weise. Kelly dachte gern an diese Gespräche über Gott zurück, wenn er über seine Beziehung zu Frank sprach, und im Laufe ihrer Schulzeit vertiefte sich ihre Beziehung immer mehr. Als Kelly sich für ein College entscheiden musste, trat er in die Fußstapfen seines ältesten Bruders und ging an die *Texas Tech University*.

Nach der *Texas Tech* promovierte Frank in Geschichte an der *Oxford University* und machte außerdem seinen Doktor in Theologie am *Westminster Theological Seminary* in Pennsylvania. Später wurde er Direktor des *Reformed Theological Seminary* in Orlando, Florida, und arbeitete als Professor für systematische und historische Theologie. Im Gegensatz zu seinem Bruder schlug Kelly eine weniger akademische Laufbahn ein, doch sein Bestreben, seinen Glauben besser zu verstehen und mehr darüber zu lernen, war dem von Frank sehr ähnlich – nur auf ganz andere Art und Weise. Ihr Leben verlief in sehr unterschiedlichen Bahnen, doch ihre Reise endete so, wie sie begonnen hatte: Sie teilten ihre Liebe zu Gott, und der Älteste passte auf den Jüngsten auf.

Kapitel 3

Unser Abenteuer beginnt

Es war einige Tage vor Weihnachten 1997, als meine beste Freundin Kathleen McDonald Jacobson mich bat, sie und ihren Mann Jake zu einer Weihnachtsfeier zu begleiten. Mir war klar, dass Kathleen etwas im Schilde führte. Sie erwähnte, dass ihr Landschaftsarchitekt, auch unter dem liebevollen Spitznamen »Tarzan« bekannt, ebenfalls kommen würde. Ich hatte mich gerade aus einer sehr schmerzhaften Beziehung gelöst und war dabei, mein Leben wieder in den Griff zu bekommen – und Kathleen versuchte mich zu »verkuppeln«, so wie jede gute Freundin es tun würde. Sie war fest entschlossen, den perfekten Partner für mich zu finden.

Als ich Kelly James durch die Tür kommen sah, musste ich lächeln. Dieser Mann war kaum zu übersehen. Sein schulterlanges braunes Haar, und seine funkelnden hellbraunen Augen und sein leuchtend blaues Jackett ließen ihn in der konservativen Gesellschaft ziemlich auffallen.

Beinahe im selben Augenblick sagte ich mir: *Süß. Ja. Aber nichts für mich.*

Kelly sah ein bisschen zu sehr nach dem »bösen Jungen« aus, und ich hatte schon vor längerer Zeit die Entscheidung getroffen, mich von solchen Typen fernzuhalten. Trotz meiner Vorbehalte fingen wir ein Gespräch an, und er erzählte mir davon, dass er an diesem Tag mit seinen Kindern Paintball gespielt hatte. Ich erfuhr von seinen vier wunderbaren Kindern: Jason, der Künstler und Denker; Ford, der Missionar und Sportler; Katie, seine wunderhübsche Prinzessin; und Jack, ein Geschenk des Himmels.

Mitten in der Paintballgeschichte schaute Kelly plötzlich betreten. Er deutete auf eine Seite seines Gesichts und erklärte, es wäre geschwollen, weil eines der Kinder ihn getroffen hatte. Den blauen Fleck in seinem Gesicht hatte ich zwar nicht bemerkt, aber ich stellte schnell fest, dass mein erster Eindruck von ihm falsch gewesen war. Ich schaute hier in die Augen eines sehr guten Mannes.

Schon nach unserem ersten offiziellen Rendezvous waren Kelly und ich unzertrennlich. Wenn wir später zurückschauten und über den Anfang unserer Beziehung sprachen, wurde uns immer wieder klar, dass wir uns zum perfekten Zeitpunkt kennengelernt hatten. Kelly hatte sehr jung geheiratet und war geschieden, als wir uns kennenlernten. Offen und ehrlich erzählte er mir, wie er in den letzten Jahren versucht hatte, sein Leben wieder zu ordnen. In dieser Zeit war Kelly geistlich und emotional gewachsen. Nun war er viel mit seinen Kindern und seiner Arbeit als selbstständiger Landschaftsarchitekt beschäftigt. Er hatte schon eine Menge Kummer erlebt, genau wie ich. Damals wussten wir noch nichts von den Gebeten des jeweils anderen, aber wir beide hatten Gott um Wegweisung gebeten, und zu unserem großen Erstaunen hatte er uns geradewegs zueinander geführt.

Mit Kelly zusammen zu sein war anders als alles andere, was ich bisher erlebt hatte. Seine Leidenschaft fürs Leben und seine Liebe zu den Menschen waren ansteckend. Ich tat Dinge, die ich mir nie hätte träumen lassen, und die größte Überraschung von allen war das Bergsteigen. Etwa zwei Monate nach unserem ersten Rendezvous fragte mich Kelly, ob ich Lust hätte, mit ihm zelten zu gehen. Er wurde in dem Jahr vierzig, und er wollte diesen besonderen Geburtstag auf einem Berg feiern. Ich war noch nie zelten gewesen, und eine Geburtstagsfeier auf einem Berg klang nach etwas, das bestimmt großen Spaß machte. Die Tatsache, dass es Februar war und wir zum Mount Wheeler in New Mexico wollten, hätte für mich ein erster Hinweis darauf sein sollen, dass dies weder ein typischer Campingausflug noch eine typische Geburtstagsfeier war.

Meine Freunde Jon »Jake« Jacobson (links) und Kathleen Jacobson (rechts) mit mir in der Mitte

Vor dem Ausflug nahm Kelly mich in ein Geschäft für Outdoor-Ausrüstung mit und half mir, Schuhe auszusuchen und Bekleidung, die angeblich besonders gut Schweiß aufsaugte. Ich wusste nicht ganz genau, warum ich so etwas brauchen sollte. Bisher war ich mein Leben lang auch ohne schweißaufsaugende Kleidung ausgekommen, doch Kelly klang sehr überzeugend, also willigte ich ein. Er reichte mir eine Checkliste mit einigen anderen Dingen, die ich mitbringen sollte, und sagte: »Das ist alles. Mehr brauchst du nicht.« Dann setzte er hinzu: »Ach, und übrigens: Du solltest zur Vorbereitung besonders intensiv trainieren.«

Einige Wochen später trafen wir mit riesiger Vorfreude am Berg ein. Ich schaute mich um und fragte: »Also, wo werden wir campen?«

Kelly streckte die Hand aus und sagte: »Da oben.« Ich holte tief Luft und schluckte schwer, als mir klar wurde, dass ich mindestens noch zwei Monate Stepptraining im Fitnessstudio brauchen würde, ehe ich für diesen Aufstieg bereit war. Kelly schien meine lange Pause oder meinen Mangel an Begeisterung nicht zu bemerken, und legte los. Weil ich keinen eigenen Rucksack hatte, schnallte er mir einen seiner Ersatzrucksäcke auf den Rücken und sagte: »Gehen wir!«

Der Aufstieg war körperlich viel anstrengender, als ich erwartet hatte. An einigen Stellen lag der Schnee knietief, und es erschöpfte mich, ständig die Beine zu heben und hindurchzustapfen. Fest entschlossen, meinen neuen Freund zu beeindrucken, ging ich einfach weiter – und fiel immer weiter hinter Kelly zurück. Ich bot wohl einen ziemlich einmaligen Anblick, denn ich weiß noch, dass Kelly sich umdrehte und schallend zu lachen begann. Zu meiner Erleichterung zog er ein Paar Schneeschuhe aus seinem Rucksack und kam auf mich zu, um sie mir an die Füße zu schnallen. Kelly sagte: »Ich schätze, daran hätte ich eher denken sollen.« Ich beschloss, meine Kommentare für mich zu behalten, und lächelte nur.

Da dies meine erste Bergtour war, war ich denkbar schlecht für die freie Natur ausgerüstet. Ich stellte schnell fest, dass mein modischer Parka mit dem Kunstpelz, ebenso wie mein Make-up und die anderen Schönheitshelferchen, die ich heimlich in den Rucksack geschmuggelt hatte, als Kelly gerade nicht hinschaute, definitiv nicht praktisch waren. Ich verstand auch, warum Kelly so lang und breit davon geredet hatte, ich sollte »leicht packen«. Es kam mir so vor, als würde mein Rucksack immer schwerer, je länger wir kletterten. Irgendwann konnte ich nicht mehr und fragte Kelly, ob wir eine Pause machen könnten. Ohne zu zögern blieb er stehen und half mir, den Rucksack abzunehmen. Er zog den Reißverschluss auf und griff hinein, um einen Eiweißriegel für mich herauszuholen. Dann hielt er inne und schaute mich völlig entgeistert an, als er meinen kabellosen, butanbetriebenen Lockenstab hervorzog. »Karen, warum hast du einen Lockenstab im Rucksack?« Etwas peinlich berührt legte ich einfach den Kopf auf die Seite und lächelte. Weitere Erklärungen waren für Kelly überflüssig. Er schüttelte den Kopf, erwiderte mein Lächeln und murmelte etwas Unverständliches.

Kelly und ich auf dem Mount Wheeler

Bei unserem weiteren Aufstieg folgte ich ihm und bemühte mich, genau in seine Fußstapfen zu treten, um Kraft zu sparen. Immerhin machte Kelly die ganze Arbeit, indem er den Weg im Schnee bahnte. Die fantastische Aussicht half mir, den schweren Rucksack und die körperlichen Anstrengungen zu vergessen. Der schneebedeckte

Berg und die Vögel, die über uns hinwegglitten, waren einfach atemberaubend. Es war so ruhig und es herrschte völliger Frieden. So etwas hatte ich
noch nie gesehen oder erlebt.

Nach einem Tag Aufstieg erreichten wir den Gipfel und begannen
danach den Abstieg, um unser Zelt
auf halber Höhe des Berges aufzuschlagen. Bei Sonnenuntergang fiel
die Temperatur rapide ab, und ich
machte mir Sorgen, dass wir tatsächlich bei Temperaturen unter dem
Gefrierpunkt draußen übernachten
würden. Naiv wie ich war, tröstete
ich mich damit, dass ich von meinem letzten Skiausflug noch ein Paar
Handwärmer in meinem Parka hatte,
und überlegte, ob sie wohl Erfrierungen verhindern konnten.

Dieses Foto von Kelly, wie er
an einer Brücke hochklettert,
erschien am 6. Juni 1992 in der
Dallas Morning News.

Glücklicherweise sagte Kelly, gerade als ich anfing zu zweifeln, ob es wirklich so klug war, im Februar
auf einen Berg zu klettern: »Ich habe eine Überraschung.«

Aus seinem Rucksack zog Kelly eine Flasche Wein und einen
CD-Spieler, und wir stießen auf seinen Geburtstag an. Unter einem
strahlenden Sternenhimmel legte Kelly eine Jimmy-LaFave-CD
ein und spielte »Walk Away Renee«. An jenem Abend tanzten wir
auf dem Berg, und es war das erste Mal, dass Kelly mir seine Liebe
erklärte.

Als wir verheiratet waren, sagte er mir immer wieder, dass dies
der romantischste Abend seines Lebens gewesen sei. Wir ließen diesen besonderen Augenblick oft wieder aufleben, indem wir das Licht
dämpften und zum gleichen Song in unserem Wohnzimmer tanzten.

Bei diesem Ausflug mit Kelly fing ich an, seine Liebe zu den Bergen
und zum Bergsteigen kennenzulernen. Er hatte im College mit dem

Bergsteigen begonnen, und von da an war es zu einer Leidenschaft geworden, die ihn in tiefster Seele berührte. Sein Leben lang riefen ihm die Berge zu, seinen Rucksack auf den Rücken zu schnallen und sich an einen Aufstieg zu machen, der noch schwieriger war als der vorangegangene.

Das Bergsteigen war für Kelly eine ernsthafte Angelegenheit, und er war ein ernsthafter Bergsteiger. Er studierte und trainierte diesen Sport voller Hingabe und mit dem Ehrgeiz, so gut zu sein, wie er irgend sein konnte. Diese Leidenschaft brachte ihn dazu, einige der von Bergsteigern am meisten verehrten Berge zu besteigen und zu bezwingen: den Mount McKinley, den Eiger und den Alpamayo, aber auch andere beeindruckende Berge in den Alpen und den Anden. Zudem war Kelly auf Dutzenden von Klettertouren auf dem Mount Rainier in Washington für Verwandte und Freunde der Bergführer gewesen.

Wenn Kelly gerade nicht auf einem Berg war, suchte er immer nach Möglichkeiten, zu improvisieren und seine Technik zu verbessern. In einem Jahr verbrachte er seine Mittagspausen damit, an einer Mauer neben einer Brücke in Dallas hochzuklettern.

Der Anblick von Kelly an der Mauer fiel einer Fotografin der *Dallas Morning News* auf, die eines Tages vorbeifuhr. Sie hielt an und fragte Kelly, ob sie ihn fotografieren dürfte. Er stimmte zu, allerdings nur unter der Bedingung, dass sie den Standort der Brücke nicht nannte. Andernfalls fürchtete er, dass die städtischen Behörden seiner Mittagsbeschäftigung ein Ende setzen würden.

Am nächsten Morgen war Kelly auf der ersten Seite des Lokalteils, und der Standort seines geheimen Kletterplatzes wurde genannt. Sofort rief Kelly die Fotografin an, um sie zu fragen, warum sie den Standort doch preisgegeben hatte. Die Fotografin entschuldigte sich und sagte, jemand habe das noch geändert, nachdem sie das Foto eingereicht habe. Natürlich musste sich Kelly jetzt nach einem neuen Abenteuer für die Mittagspause umschauen.

Manche Leute betrachteten ihn vielleicht bloß als Extremsportler, doch Kelly hatte viele Facetten. Er war ein Tausendsassa und beherrschte viele Dinge sehr gut. Kelly schrieb großartige Gedichte, gestaltete wunderbare Landschaften und war ein talentierter

Zimmermann. Er verfügte über außergewöhnliche körperliche und mentale Kräfte und war dennoch einer der sensibelsten und romantischsten Männer, die ich je kennengelernt habe.

Kelly liebte das Bergsteigen, doch seine Leidenschaft galt auch seinen Kindern und mir. Mithilfe von Gedichten, Liebesbriefen und innigen Gesprächen zeigte er uns, wie sehr er uns liebte und achtete. (Am Ende dieses Buches habe ich einige seiner Gedichte und Briefe an mich angefügt.) Kelly bemühte sich oft darum, alles ihm Wichtige miteinander zu verbinden, und die Kinder und ich wussten, dass seine Liebe zum Bergsteigen ein unentbehrlicher Bestandteil seines Lebens war.

Der absolute Höhepunkt seiner Bemühungen, alles, wofür sein Herz schlug, miteinander zu verbinden, war sein Heiratsantrag auf dem Mount Rainier. Ich hatte ihn und drei seiner Freunde – Sean McCarthy, Mark Oehlschlaeger und John McWhinney – auf diese Bergtour begleitet. Kelly war so glücklich, dass er mich dabeihatte, und er sprach immer wieder davon, dass diese Tour das Abenteuer meines Lebens sei. Ich hatte monatelang trainiert, und es war die körperlich herausforderndste Bergtour, die ich bisher unternommen hatte.

Kelly hatte den Mount Rainier, der mehr als 4 300 Meter hoch ist, schon über zwanzig Mal bestiegen, und jetzt wünschte er sich, dass ich auch einmal diese Erfahrung machte. Auf dieser Tour lernte ich die Grundlagen des Bergsteigens, zum Beispiel, wie man sich mit einer Eisaxt abfangen kann, wenn man stürzt. Ich erlebte das hilflose Gefühl, eine Lawine zu hören, die ganz in der Nähe abging.

Es war ein zweitägiger Aufstieg. Am ersten Tag überquerten wir den Gletscher, seilten uns aneinander und stiegen dann weiter den Berg hinauf, bis wir unser erstes Lager auf knapp 2 400 Metern Höhe erreichten. Am zweiten Tag gingen wir um vier Uhr morgens los, um möglichst früh den Gipfel zu erreichen und dann vor dem Nachmittag wieder im Lager zu sein. Als wir da so in der Dunkelheit vor dem Sonnenaufgang vor uns hinkletterten und nur unsere Stirnlampen hatten, die uns den Weg wiesen, dachte ich: *Das macht keinen Spaß.* Anders als Kelly, der ganz in seinem Element war, empfand ich keine Begeisterung dabei, in den frostigen Morgen-

stunden an einer Bergwand zu hängen. Es war kalt, Furcht einflö-
ßend und unglaublich anstrengend.

Kelly schaute zurück und ich denke, er spürte meine Entmutigung.
Er lächelte und sagte: »Keine Sorge! Du machst das sehr gut! Wenn die
Sonne rauskommt, bekommst du bessere Laune. Versprochen!«

Als der Tag anbrach, konnte ich sehen, wie weit wir geklettert
waren. Die Aussicht war atemberaubend und ich hatte plötzlich eine
ganz andere Einstellung zu diesem Erlebnis. Es war unglaublich.

Wir waren dem Gipfel schon recht nahe gekommen, als Kelly
beschloss, an einem Platz namens »Camp Hazard« auf etwa 3 500
Metern Höhe Rast zu machen. Er wollte die Situation neu abwägen
und abschätzen, wie unsere Kondition für den Gipfelaufstieg war. An
diesem Punkt änderte Kelly seine Meinung und entschied, dass der
größte Teil unserer Gruppe besser umkehren sollte. Er sagte zu uns:
»Ich schicke euch alle zurück, außer John. Es ist schon spät, und wir
kommen zu langsam voran. Wenn wir alle weitergehen, sitzen wir
morgen bei schlechtem Wetter auf dem Gipfel fest, und dann müssen wir uns eine Schneehöhle bauen.« Kelly behielt das Wetter immer
genau im Auge und beobachtete sorgfältig die Wolken in der Ferne.

Kelly macht mir 1999 auf Mount Rainier seinen Heiratsantrag.

Im Rückblick weiß ich, dass ich Gipfelfieber hatte, denn als Kelly mir sagte, dass ich nicht mitkommen dürfe, wollte ich nichts anderes mehr, als die Spitze des Berges zu erreichen. Der Umstand, dass die Gefahr mir egal war, schockierte mich, denn das entsprach so ganz und gar nicht meiner sicherheitsliebenden Natur.

Unsere Hochzeit. Von links nach rechts: Katie, ich, Kelly, Jack, Jason und Ford

Während Kelly und John weiterkletterten, machten wir uns auf den Weg zu dem unteren Zeltlager. Ich dachte: *Ich werde nie wieder mit ihm reden!* Sean, von Beruf Psychiater, spürte meine Frustration und beschloss, mir über diesen Augenblick hinwegzuhelfen. Jahre später sollten Kelly, Sean und ich uns gern an dieses Ereignis erinnern und über Seans improvisierte Therapiestunde auf dem Abstieg vom Mount Rainier lachen.

Endlich kamen wir wieder in unserem Zeltlager an, und Kelly und John stießen einige Stunden später zu uns. Sie waren total begeistert, dass sie den Gipfel erreicht hatten.

Ich saß in meinem Zelt, und Kelly steckte den Kopf herein und sagte: »Komm raus.«

Ich drehte mich weg und sagte: »Nein. Ich bin sauer auf dich, weil du mich nicht mit auf den Gipfel gelassen hast.«

Kelly lachte laut auf, und das machte mich nur noch wütender. »Komm schon«, sagte er dann. »Ich hab' was, das dich aufmuntert.«

Neugierig und gelangweilt vom Herumsitzen im Zelt kam ich widerstrebend heraus. »Nichts wird mich aufmuntern«, brummelte ich.

Kelly erwiderte: »Ich wette doch.«

Und ganz plötzlich, mitten auf dem schneebedeckten Berg, kniete Kelly sich vor mich hin und fragte: »Wie willst du den Rest deines Lebens verbringen?« Dann zog er einen Verlobungsring aus der Jackentasche. Kelly musste nicht ausdrücklich fragen: »Willst du mich heiraten?« Es war ganz klar, was er meinte.

Ohne Zögern sagte ich Ja und fing an zu weinen.

Sein Heiratsantrag war eine absolute Überraschung. Obwohl wir nun schon über ein Jahr miteinander gingen und es beide auf jeden Fall ernst meinten, hatte ich nie vom Heiraten gesprochen. Nicht, weil ich nicht interessiert gewesen wäre. Vielmehr wollte ich, dass dieser freiheitsliebende Mann mit seiner großen Liebe zu den Bergen selbst zu der Erkenntnis kam, dass er nicht ohne mich leben konnte. *Ich* wusste bereits, dass ich nicht ohne ihn leben konnte.

Kelly hatte mich nicht nur an den perfekten Ort gebracht; er hatte offenbar auch an jedes Detail gedacht. Er hatte bewusst seine besten Freunde mit auf den Ausflug genommen, damit sie an einem der größten Augenblicke seines Lebens teilhaben konnten. Er hatte auch dafür gesorgt, dass sie eine schussbereite Kamera dabeihatten, damit wir später ein Foto als kostbare Erinnerung an dieses Erlebnis hatten. Ich hatte den emotionalen Gipfel meines Lebens erreicht, und der geografische Gipfel, den ich gerade nicht hatte besteigen dürfen, verlor im Vergleich dazu seine Bedeutung.

Wieder daheim, startete ich einen Rundruf, um allen meine Neuigkeiten mitzuteilen. Es war umso schöner, als ich erfuhr, dass Kelly nicht nur meine Eltern um ihren Segen, sondern auch seine Kinder um Erlaubnis gebeten hatte, mich heiraten zu dürfen. Kellys Liebe zu seinen Kindern und sein Wunsch, dass wir zu einer starken Familie zusammenwachsen würden, berührte mich sehr und vertiefte den Respekt, den ich für ihn empfand, noch mehr. Mit den Kindern an unserer Seite wurden wir am 30. September 2000 in unserer Kirche getraut. Über 75 unserer engsten Freunde und Verwandten wurden Zeugen unseres Jaworts. Gemeinsam machten wir uns daran, das Leben unserer Träume aufzubauen.

Kelly beteiligte uns immer am Bergsteigen, sowohl körperlich als auch gefühlsmäßig. Ob es darum ging, einen Ausflug zu planen oder Geschichten vom Gipfel zu erzählen, er vermittelte uns immer das Gefühl, dass wir an seinen Abenteuern teilhatten. Kurz nach unserer Hochzeit fing er an, nach einem neuen Kletterpartner zu suchen, weil sein ehemaliger Partner weggezogen war und das Bergsteigen aufgegeben hatte. Kelly wusste, welche Eigenschaften und Fähigkeiten nötig waren, um einen Berg erfolgreich zu besteigen und sicher zurückzukehren. Ein guter Kletterpartner passt immer auf seinen Gefährten auf und kann der entscheidende Faktor für Erfolg oder Scheitern, Leben oder Tod sein. Kelly nahm mich zu den »Kennenlern-Essen« mit und fragte mich anschließend, wie ich über die Kletterpartner-Kandidaten dachte.

Ich lernte einige solcher Bergsteiger kennen und sagte Kelly danach immer das Gleiche: »Er ist es nicht. Ich weiß, er würde das Seil zu schnell durchschneiden.«

Ich sprach von dem Dilemma, in dem Bergsteiger sich befinden, wenn sie aneinandergeseilt sind und einer von ihnen stürzt. In manchen Fällen müssen sie in Sekundenbruchteilen die Entscheidung treffen, das Seil unter sich durchzuschneiden und den anderen Bergsteiger abstürzen zu lassen, da er sie andernfalls mit in die Tiefe reißen würde. Ich wollte sicher sein, dass der Mann, den Kelly als Kletterpartner aussuchte, alles in seiner Macht Stehende tun würde, um meinen Mann zu retten, bevor er das Seil durchschnitt. Dieser Mann sollte Brian Hall sein.

Schon als ich Brian zum ersten Mal traf, wusste ich sofort, dass er der richtige Kletterpartner für Kelly war. Er war Fitnesstrainer und der Inbegriff von Gesundheit. Doch was in seinem Inneren steckte, beeindruckte mich noch mehr. Er war gutherzig und gewissenhaft und einer der loyalsten Menschen, die ich je kennengelernt habe. Das waren auch Eigenschaften, die Kelly zu schätzen wusste, und durch ihren gegenseitigen Respekt und ihre unglaublichen Abenteuer bauten die beiden eine Bindung zueinander auf, die niemand zerstören konnte.

Kelly und Brian Hall 2006 in Colorado

Bald gehörte Brian zu unserer Familie, und die Kinder und ich liebten ihn heiß und innig. Er und Kelly hatten so viel Spaß zusammen! Oft saßen wir am Esstisch und lachten über ihre Geschichten, bis wir kaum noch Luft bekamen. Es dauerte nicht lange, bis Brian mitbekam, dass zur Familie zu gehören auch bedeutete, dass er als Kellys Komplize auch ebenso großen Ärger bekommen konnte wie Kelly.

Eines Tages hatten Kelly und Brian die großartige Idee, an einer Seite unseres zweigeschossigen Holzhauses eine Eis-Kletterwand zu errichten. Ich war gerade nach Hause gekommen, als Jack (damals zehn Jahre alt) mir entgegenrannte, um mir zu erzählen, was Dad plante.

»Ach, tatsächlich?«, erwiderte ich.

Als ich in Kellys Büro ging und ihn darauf ansprach, schaute er Jack an und sagte: »Du Petze.« Jack schaute verwirrt drein. Er konnte nicht verstehen, warum ich nicht auch begeistert von der Idee war.

Kelly erklärte, dass er und Brian »so einen ganz coolen Schaumstoff« gefunden hatten, den sie außen am Haus anbringen konnten, um dann ihre Eisäxte zu schwingen und daran hinaufzuklettern.

Meine prompte Antwort: »Ihr wollt mich wohl auf den Arm nehmen? Ihr werdet einmal daran hochklettern und das war's. Euch wird's zu langweilig, und dann kommt jedes Kind aus der Nachbarschaft her und wirft spitze Gegenstände auf unser Haus. Die Antwort ist Nein.«

Kelly plusterte sich auf und sagte: »Wir machen es, und basta.«

Als ich seine Reaktion sah, wusste ich, dass mir nur noch eine Möglichkeit blieb: Ich musste die Lou-Ann-Karte ausspielen. Es gab nur eine einzige Person, die Kelly sofort zur Vernunft bringen konnte, wenn er sich etwas in den Kopf gesetzt hatte, und das war meine Schwiegermutter.

Ich sagte ihm: »Okay. Wenn das so läuft, dann ruf ich deine Mutter an.«

Kelly war plötzlich besorgt und platzte heraus: »Ruf bloß nicht Mama an!«

Ich wählte die Nummer und erklärte Lou Ann die Lage. Lou Ann sagte nur vier Wörter: »Hol ihn ans Telefon.«

Keine Minute später hörte ich Kelly sagen: »Ja, ich bin brav, Mama. Ich verspreche dir, ich werde ganz brav sein.«

Unnötig zu sagen, dass wir keine Eiswand bekamen – und Brian brachte mir sogar noch einen Blumenstrauß. Bis heute lachen Lou Ann und ich über diese Eiskletterwand und Kellys und Brians rasche Meinungsänderung, als Mama Lou Ann »Nein« sagte.

Für Außenstehende mochte es so gewirkt haben, als wären Abenteuer und Romantik so etwa das Einzige, was Kelly und mich verband. Doch die wichtigste Verbindung zwischen Kelly und mir war unser

Glaube. Als wir uns kennenlernten, dachte ich, ich wüsste, was Glaube bedeutet. Aber an Kelly war irgendetwas anders. Er lebte sein Leben mit einer tiefen Begeisterung und einem Optimismus, der sich auch auf den Tod erstreckte. Das war eine Einstellung, die ich selbst nicht kannte und die mich faszinierte. Ich beobachtete ihn, hörte ihm zu und dachte im Stillen: *Was hat oder weiß er, das ich nicht habe oder weiß?* Ich wollte gern dazulernen, und er half mir voller Begeisterung, besser zu verstehen, was echter Glaube bedeutet. Während unserer gesamten Beziehung ermutigte und führte er mich. Viele Abende lang saßen wir im Wohnzimmer am Kaminfeuer und sprachen über unsere Bestimmung im Leben.

Als Paar trafen wir die Vereinbarung, dass wir unseren Blick auf Gott gerichtet halten wollten, statt aufeinander. Unsere Theorie war, dass wir einander zwangsläufig enttäuschen mussten, weil wir Menschen sind. Wenn wir Gott als die Antwort auf alle unsere Fragen betrachteten, würde sich alles andere ordnen. Wir beide wuchsen geistlich, und dabei war es, als würden unsere Seelen untrennbar miteinander verbunden. Ich hörte nie auf, darüber zu staunen, wie viel Glück, Abenteuer und Liebe mein Mann in mein Leben brachte. Dafür werde ich ewig dankbar sein.

Kapitel 4

Ein zauberhaftes Jahr

Für Kelly und mich war das Jahr 2006 ein märchenhaftes Jahr. Kellys Karriere als Landschaftsarchitekt ging steil nach oben. Er war 48 Jahre, und seine unglaubliche Begabung und Kompetenz für modernes Design erregten im ganzen Land Aufmerksamkeit. Seine Projekte waren in *Metropolitan Home* und *Better Homes and Gardens* vorgestellt worden, ebenso wie in mehreren Designmagazinen und Zeitschriften aus der Gegend um Dallas. Kelly hatte ein wunderbares Büro bei uns daheim, und wenn er gerade etwas Sensationelles entwarf, konnte ich seine Begeisterung im ganzen Haus hören. Seine Leidenschaft für gutes Design inspirierte mich und ich liebte es, die Freude in seinem Gesicht zu sehen, wenn er mir ganz genau jedes Detail seiner Zeichnungen erklärte.

Doch Kellys Begeisterung beschränkte sich nicht nur auf seine Arbeit. Er konnte sich auch für alles begeistern, was ich tat. Im Jahr 2001 begann ich zu malen, während Kelly und Brian auf einer ihrer Klettertouren waren. Das Bergsteigen und seine Abenteuerlust waren die einzigen Gründe, aus denen sich Kelly von mir losreißen konnte. Eines Wochenendes beschloss ich, dass ich auch ein Hobby brauchte. Ich hatte zwar noch nie Malunterricht gehabt, aber ich versuchte mich an der Kopie eines sehr teuren Gemäldes, das wir einmal in Santa Fe in New Mexico gesehen hatten. Zu meinem absoluten Erstaunen schaffte ich es, das Gemälde in der Kunstbroschüre, die wir zur Erinnerung aufgehoben hatten, perfekt zu kopieren. Das Original hätten wir uns nie im Leben leisten können.

Als Kelly wieder nach Hause kam, erklärte ich, ich hätte eine Überraschung für ihn, und zeigte ihm mein Gemälde. Erst dachte er, ich hätte das Originalbild gekauft. Ich erzählte ihm, was ich getan hatte, und präsentierte ihm die grandiosen Kosten von 58,27 Dollar. Er schüttelte den Kopf, lachte und ließ seine gesamte Kletterausrüstung mitten im Wohnzimmer fallen. Dann rannte er in die Garage, um Hammer und Nägel zu holen und mein Gemälde an der Wand aufzuhängen. Das wurde zu einer Tradition, die wir nach jeder seiner Bergtouren wiederholten. Wenn er nach Hause kam, lud er seine Kletterausrüstung ab, und dann blieben wir lange auf und redeten über mein neuestes Kunstwerk und seinen Weg zum Gipfel. Diese Zeit war uns sehr wertvoll.

Kellys Entwurf für einen Swimmingpool erschien im Oktober 2005 in *Metropolitan Home.*

Mit Kellys Ermutigung begann ich, eigene Bilder zu malen, und im Sommer 2006 hatte ich meine erste Ausstellung in einer Galerie. Am Eröffnungsabend wurde mir ganz warm ums Herz, als ich hörte, wie er ständig mit mir angab und sich immer mit den Worten »Ich bin *ihr* Ehemann« vorstellte.

44

Kelly spielte auch eine große Rolle bei einer anderen wichtigen Veränderung in meinem Leben. Er ermutigte mich, meine Position als stellvertretende Direktorin einer großen Public-Relations-Agentur aufzugeben, um mein Leben in ein besseres Gleichgewicht zu bringen. Ich wollte mehr Zeit mit Kelly und meiner Mutter verbringen, die sehr krank geworden war.

Eines Sonnabends bei einer Tasse Kaffee fragte ich Kelly: »Was würdest du davon halten, wenn Jessica und ich uns zusammen selbstständig machen?« Kelly sprang von seinem Stuhl

Kelly und ich bei meiner ersten Ausstellung in einer Kunstgalerie 2006

und sagte: »Machst du Witze? Du und Jessica, ihr beiden seid das Dynamische Duo!« Jessica Nuñez war eine ehemalige Kollegin von mir und eine gute Freundin, für die ich viel Bewunderung und Respekt empfand.

In den nächsten Monaten ermutigte mich Kelly unermüdlich. Nach mehr als zwanzig Jahren in der Kommunikationsbranche als Reporterin und Beraterin für Public Relations war ich bereit, auf eigenen Beinen zu stehen. Im Herbst 2006 gründeten Jessica und ich eine kleine, exklusive PR-Agentur. Bei der offiziellen Firmengründung lächelte Kelly und sagte: »Jetzt müsst ihr auch eine eigene Firmenweihnachtsfeier machen. Ich kann's kaum erwarten – und dann will ich neben einer der Inhaberinnen sitzen!«

Gleichgültig, was in meinem Leben passierte, ich wusste immer, dass Kelly mein größter Fan war – und ich war seiner. Zu unser beider Überraschung waren wir nicht die Einzigen, die an unserer Geschichte interessiert waren. Ein Reporter der *Dallas Morning News* wurde auf Kellys fantastische Designs, meine Bilder und unsere Hausrenovierung aufmerksam und fragte, ob er einen Artikel darüber schreiben dürfte. Wir fühlten uns sehr geschmeichelt und sagten sofort Ja. Der Artikel trug den Titel »Die Renovierer: In guten, schlechten und chaotischen Tagen«². Darin beschrieb der Reporter, wie wir die »größte Herausforderung« annahmen, »die eine Ehe bietet: eine komplette Hausrenovierung – ohne auszuziehen«. Was dem Reporter besonders imponierte, war der Umstand, dass wir die Ärmel hochgekrempelt und die meiste Arbeit selbst erledigt hatten. Mit vereinten Kräften – Kellys Fähigkeiten als Designer und Zimmermann und meinem Talent für Trockenbau und Malerarbeiten – hatten wir unser Haus mit einem begrenzten Budget radikal renoviert.

An dem Tag, als der Artikel erscheinen sollte, rollte ich mich um fünf Uhr morgens aus dem Bett und rannte zum Kiosk. Mit einem Stapel Zeitungen in der Hand rannte ich zurück zum Haus, schaltete im Schlafzimmer alle Lichter an, sprang aufs Bett und weckte Kelly.

Als wir den Artikel lasen, kicherten wir wie kleine Kinder. Wir schauten uns in die Augen und besiegelten den Augenblick mit einem Kuss. Wir wussten, dass wir eine ganz besondere Beziehung hatten, und auch nur einen Bruchteil davon schwarz auf weiß vor uns zu sehen, war eine Erinnerung fürs Leben. Kelly und ich führten ein traumhaftes Leben und genossen jede einzelne Minute.

---

2   Originaltitel: »Remodel Relationship: For Better, Worse, or Remodeling«.

Teil 2

Der Sturm

Kapitel 5

Der Anruf, der mein Leben veränderte

Ein turbulentes, erfolgreiches Jahr lag hinter uns und Kelly und ich freuten uns auf die Feiertage. Er wollte nur noch übers Wochenende zu einer kurzen Klettertour, und dann wollten wir es ruhiger angehen lassen und Weihnachten genießen. Kelly freute sich schon lange auf diesen Ausflug im Dezember. Er und Brian hatten nämlich bei einer Tour auf den Mount Rainier einen anderen Bergsteiger namens Jerry »Nikko« Cooke kennengelernt. In jenem Sommer 2006 hatten Kelly und Brian sich entschlossen, auf einer neuen, technisch anspruchsvolleren Route namens »Liberty Ridge« zu klettern. Auf dem Weg zum Gipfel waren sie eine Weile zusammen mit Nikko, einem Rechtsanwalt aus New York, und seinem Kletterpartner Willy Nash unterwegs gewesen. Sie hatten sich auf Anhieb prima verstanden und gegenseitig ihre Kletterkünste bewundert. Irgendwann mussten sie sich dann verabschieden, damit Kelly und Brian schneller vorankamen.

Als Kelly wieder unten war, rief er mich an und sprach von seinen neuen Freunden. Er gewann schneller neue Freunde als sonst irgendjemand, den ich kannte, und er war ein ausgezeichneter Freund: immer bereit, zu reden, zu helfen oder einen Rat zu geben. Bei unserem Gespräch sagte er, dass er sich allmählich Sorgen um seine neuen Freunde machte, denn er hatte sie noch nicht vom Berg herunterkommen sehen. Kelly und Nikko hatten ihre Telefonnummern ausgetauscht, und bei einem Aufenthalt auf dem Flughafen in Denver rief Kelly Nikkos Frau Michaela an. Er stellte sich vor und erklärte, er wolle sich nur vergewissern, dass Nikko den Abstieg gut geschafft habe. Sie sagte Kelly, dass sie von Nikko gehört habe und es ihm gut gehe. Michaela und ich sprachen später einmal über die Freundschaft zwischen den beiden Männern und Kellys besorgten Anruf. Damals dachten weder sie noch ich, dass wir einmal auf eine Weise miteinander verbunden sein würden, die wir uns nie hätten vorstellen können.

Michaela und Jerry »Nikko« Cooke bei ihrer Verlobung

Mittwoch, 6. Dezember
Kelly stand früh auf, packte seine Kletterausrüstung und küsste mich zum Abschied. Er sagte: »Bitte bete am Freitag für mich. Das wird der härteste Tag.«

Wir umarmten uns und sagten beide: »Ich liebe dich.«

Ich schaute ihn an und sagte sehr ernst: »Verlass mich bloß nicht.« Das hatte ich schon oft gesagt, wenn wir ausführliche Gespräche über das Bergsteigen führten und wie ich darüber dachte. Kellys Hobby machte mir Angst; ich wusste nicht, was ich machen sollte, wenn ihm etwas zustieß. Seit seinem Heiratsantrag beschränkten sich meine Naturexpeditionen auf leichte Klettertouren, wenn wir als Familie im Urlaub zelten waren. Ich fühlte mich wohler, wenn ich daheimblieb, als wenn ich Hunderte Meter einen eisigen Berg hinaufkletterte. Zudem war Kelly ein ernst zu nehmender Bergsteiger, der Berge bezwang, die meine körperlichen Fähigkeiten weit überstiegen.

Kelly lächelte, schaute mir tief in die Augen und sagte: »Ich werde dich niemals verlassen.«

»Versprochen?«, fragte ich rasch zurück.

»Versprochen«, erwiderte er.

Und damit war er aus der Tür und unterwegs zu Brian und zum Flughafen. Pünktlich wie ein Schweizer Uhrwerk rief mich Kelly an jenem Abend an. Er redete von dem bevorstehenden Aufstieg und wie aufgeregt er und die Jungs schon seien.

Noch einmal bat er mich, am Freitag für ihn zu beten. Ich versprach es ihm, und er sagte: »Ich ruf' dich an, sobald ich wieder vom Berg runter bin. Ich hab' dich sehr lieb.«

Donnerstag, 7. Dezember

Am Donnerstag erwartete ich keinen Anruf von Kelly, weil er wahrscheinlich überhaupt keinen Mobilfunkempfang hatte. Ich hatte noch nichts weiter geplant, also beschloss ich, den Weihnachtsbaum zu schmücken. Kelly, Jack und ich hatten unseren Baum einige Tage vor Kellys Abreise ausgesucht, aber noch keine Gelegenheit gehabt, ihn zu schmücken. Als Landschaftsarchitekt und Naturbursche war Kelly ein Verfechter von echten Bäumen. Es war jeden Dezember das Gleiche: Wenn Kelly durch unser Wohnzimmer lief, sagte er: »Riech doch mal – so riecht nur ein Nadelbaum! Diesen Geruch muss man einfach lieben!« Während unserer ganzen Ehe hatte ich noch nie den Weihnachtsbaum ohne Kelly geschmückt. Doch dieses Jahr hatte ich Bedenken: Es würde sicher bis kurz vor Weihnachten dauern, bis wir nach Kellys Rückkehr Zeit fänden, uns mit dem Baum zu befassen. Kelly hatte noch nie eine Bergtour im Dezember gemacht, also beschloss ich, ihn in diesem Jahr mit dem fertigen Baum zu überraschen. Über die Jahre hatte Kelly gelernt, die verrückten Weihnachtsbäume zu mögen, die ich immer plante, und Spaß daran zu haben. Er wusste, dass wir dieses Jahr einen modernen orange-pink-farbenen Baum haben würden, und würde sich über meine kindliche Begeisterung, ihn diesmal ganz allein zu schmücken, königlich amüsieren.

Als ich in die Garage ging, um den Weihnachtsbaumschmuck zu holen, kam mir der Gedanke: *Bringt das Unglück?* Doch sofort verbannte ich diesen Gedanken wieder. *Nein, an so etwas glaubst du nicht. Gott hat alles im Griff… also hör auf, so zu denken.*

Sonntag, 10. Dezember, Vormittag

Durch die bevorstehenden Feiertage und meinen vollen Terminkalender – unsere Firma steckte ja immer noch in der Anfangsphase – beschloss ich, dieses Mal nicht zu malen, während Kelly fort war. Es war ein wunderschöner Sonntag, also entschied ich mich, meiner Mutter beim Blumenzwiebelstecken in ihrem Garten zu helfen. Kelly würde am Montag nach Hause kommen, und ich dachte, es wäre gut, ein bisschen Zeit mit meiner Mutter zu verbringen. Obwohl meine Eltern, Ann und Roy Oddy, geschieden waren, lebten beide immer noch in Dallas, ebenso wie mein jüngerer Bruder Karl. Wir standen uns als Familie sehr nahe. Meine Mutter litt an Kardiomyopathie[3] und hatte sich einigen Herzoperationen unterziehen müssen. Im Moment hatte es daher für mich Vorrang, Zeit mit meiner Mutter zu verbringen. Kurz vor Mittag beschloss ich, eine Pause von der Gartenarbeit einzulegen und die Nachrichten auf meinem Mobiltelefon abzuhören.

Es war der Anruf, den ich am meisten fürchtete, und es war der Beginn des schrecklichsten Albtraums meines Lebens. Die Stimme am anderen Ende erklärte, dass Kelly, Brian und ihr Freund Nikko Cooke nicht zur vereinbarten Zeit wieder unten am Mount Hood eingetroffen seien. Die Männerstimme sagte, der Sheriff wolle sich vergewissern, dass ich nichts von Kelly gehört hatte, bevor sie einen Suchtrupp losschickten.

Ich erzählte meiner Mutter von dem Anruf. Sie umarmte mich und sagte: »Geh nur.« Gerade als ich zur Tür hinauswollte, hielt sie mich noch einmal auf: »Warte, vergiss die hier nicht«, und reichte mir einen Beutel mit Blumenzwiebeln, die ich in meinem eigenen Garten stecken wollte.

Auf der Heimfahrt rief ich zuerst Ford an, Kellys 23-jährigen Sohn. »Bitte komm nach Hause«, sagte ich. »Dad wird vermisst, und ich brauche dich. Wir müssen zusammen seine E-Mails und Kletterpläne durchgehen. Der Sheriff muss alle Einzelheiten erfahren, die wir finden können.«

---

3   Eine Erkrankung des Herzmuskels (Anm. d. Übers.)

Die fünfzehnminütige Autofahrt schien eine Ewigkeit zu dauern. Die ganze Zeit über betete ich immer wieder: »Bitte, Gott, nicht jetzt. Wir haben noch so viel zusammen vor!«

Kurz darauf kam Ford ins Haus gestürzt und fragte: »Was ist passiert?«

Nachdem ich ihm die Situation erklärt hatte, gingen wir in Kellys Büro, um seine Computerdateien durchzusehen. Ford hatte mit seinem Vater zusammengearbeitet, und ich wusste, dass sie über den Ausflug gesprochen hatten. Wenn wir addierten, was Kelly mir erzählt hatte, was er mit Ford besprochen hatte und was in seinen E-Mails an und von Brian und Nikko stand, konnten wir dem Sheriff hoffentlich so viele wertvolle Informationen wie möglich liefern.

Ich hatte seit Mittwochabend nicht mehr mit Kelly gesprochen, doch er hatte mich vorgewarnt, dass es auf dem Berg wohl nur sehr sporadisch einen Mobilfunkempfang geben würde. Ich sollte mir keine Sorgen machen, wenn ich in den nächsten Tagen nichts von ihm hörte. Trotz Kellys Hinweis hatten die Kinder und ich ihn das ganze Wochenende immer wieder einmal angerufen. Das machten wir eigentlich immer so, wenn er unterwegs war. Wir riefen ihn unabhängig voneinander an, um zu sehen, ob einer von uns ihn zufällig erwischte, wenn er gerade Empfang hatte. Bisher hatte keiner von uns ihn erreichen können.

Sheriff Joseph Wampler aus Hood River, Oregon, war für den Fall der vermissten Bergsteiger zuständig. Ich wählte die Nummer, die man mir auf der Mailbox hinterlassen hatte, und stellte binnen weniger Minuten fest, dass der Sheriff die Vermisstenmeldung sehr ernst nahm. Ich erklärte, dass

Sheriff Joseph Wampler leitet den Rettungseinsatz.

53

Kelly über 25 Jahre Erfahrung als Bergsteiger habe. Dann berichtete ich ihm alles, was ich über Kellys Pläne wusste, die er mir am Abend vor seiner Abreise beschrieben hatte.

Kelly, Brian und Nikko planten, zwei Nächte auf dem Berg zu verbringen. Sie wollten am Parkplatz bei *Cooper Spur Lodge* aufbrechen, an der Nordwand bis zum Gipfel aufsteigen, auf der Südseite absteigen und bei *Timberline Lodge* ankommen. Ein Freund von Brian sollte sie an der *Timberline* abholen und sie zu ihrem Mietwagen fahren, der auf der Nordseite des Berges geparkt war. Sie wollten nicht auf der Aufstiegsroute an der Nordseite absteigen, weil das technisch zu schwierig war. Sie wollten eigentlich beide Nächte auf dem Berg verbringen, aber Kelly erwähnte, dass sie auch eine alte Hütte ausprobieren wollten, die – wie ich später erfuhr – »Tilly Jane« hieß.

Das Such- und Rettungsteam beim Beladen des Schneefahrzeugs

In Kellys E-Mail stand, dass die drei sich sehr auf die Hütte am Samstagabend freuten. Nach gelungenem Abstieg wollten sie sich eine wohlverdiente Runde Bier gönnen. Nikko musste schon eher zurückfliegen, am frühen Sonntagmorgen. Kelly und Brian wollten den Tag noch zum Snowboarden nutzen, bevor sie am Montag, dem 11. Dezember, nach Hause zurückkehrten.

Der Sheriff hörte mir aufmerksam zu und teilte mir mit, dass das Wetter immer schlechter wurde. Sie wollten allerdings noch vor Einbruch der Dunkelheit ein Schneefahrzeug hinauf zur *Tilly-Jane*-Hütte schicken. Er wollte uns um zwanzig Uhr wieder anrufen.

Sonntag, 10. Dezember, Nachmittag
Wenn der Sheriff anrief, musste die Familie zusammen daheim sein. Ich rief Jason (damals fünfundzwanzig Jahre) und Katie (damals zwanzig Jahre) an und bat sie herzukommen. Sie sollten allerdings Jack (damals zwölf) nicht anrufen und beunruhigen. Jack war bei seiner Mutter und ich sah keinen Grund, ihn jetzt schon in Aufregung zu versetzen.

Kelly mit seinem ersten Kletterpartner Keith Airington

Als ehemalige Journalistin hatte ich über zehn Jahre als Nachrichtenreporterin bei Tochterunternehmen der Fernsehsender ABC, NBC und CBS überall im Land gearbeitet. Meistens hatte ich über Verbrechen berichtet und so viel mit der Polizei zu tun gehabt. Meine

Erfahrung sagte mir, dass der Ton des Sheriffs und seine Erklärungen zum Gelände bedeuteten, dass die Situation sehr ernst war. Während wir auf Jason und Katie warteten, rief ich Kellys guten Freund und ehemaligen Kletterpartner Keith Airington an.

»Keith, irgendwas stimmt nicht. Kelly wird auf Mount Hood vermisst. Ich stehe mit dem Sheriff in Kontakt, aber ich habe Angst und weiß nicht, was ich tun soll.«

Er reagierte genauso, wie ich es erwartet hatte. »Halt durch, Mädchen. Er ist ein zäher Bursche; es geht ihm sicher gut. Ich rufe jetzt ein paar Leute an. Melde dich bitte sofort, wenn du was hörst. Halt durch.«

Keith hatte Kelly im College das Klettern beigebracht, und die beiden hatten sich in all den Jahren unglaublich nahegestanden. Kelly hatte seiner Bewunderung für Keith dauerhaften Ausdruck verliehen, indem er seinem Sohn Jack »Airington« als zweiten Vornamen gab.

Es dauerte nicht lange, bevor Keith mich zurückrief und sagte: »Hey, ich hab' mit Steve Rollins geredet, dem Rettungsleiter der Bergrettung von Portland. Ich geb' dir seine Nummer, falls du ihn mal anrufen willst. Ich werd' noch mit ein paar anderen Leuten telefonieren. Mach dir keine Sorgen. Wir finden ihn.«

Trotz Keiths Beruhigungsversuchen sagte mir mein Bauchgefühl, dass es dieses Mal um alles ging – um die größte Angst, die die Frau eines Bergsteigers haben konnte.

Sonntag, 10. Dezember, früher Abend
Jason traf als Erster ein, und er gesellte sich zu mir und Ford in meinem Büro in der ersten Etage. Sofort begannen Ford und ich, Jason auf den aktuellen Stand der Dinge zu bringen. Nachdem wir ihm die Situation erklärt hatten, wurde es ganz still im Raum. Wir alle suchten eine Antwort auf die Frage, was wir als Nächstes tun sollten. Ich fing an, darum zu beten, dass das Telefon klingelte.

Dann fragte Jason: »Hat irgendjemand versucht, Dad anzurufen?«

Ford und ich erwiderten einstimmig: »Ja!« Wir hatten es Dutzende Male versucht, doch unsere Anrufe landeten immer sofort auf seiner Mailbox.

Jason zog sein Mobiltelefon hervor. »Ich versuch's mal«, sagte er und wählte Kellys Nummer. Sein Gesicht nahm einen verblüfften Ausdruck an. »Es klingelt.« Doch am Ende ging der Anruf auch wieder auf die Mailbox.

Einige Sekunden später klingelte Jasons Telefon. Ich fragte mich nervös: *Kelly?*

Jason ging schnell ans Telefon, lauschte einen Moment und rief dann: »Dad?«

Kelly hatte das Telefon klingeln hören und Jason zurückgerufen.

Jason fragte: »Dad, wo bist du?« An Jasons Gesichtsausdruck sahen wir, dass Kelly in Schwierigkeiten steckte.

Die beiden ältesten Söhne waren oft mit ihrem Vater klettern gewesen, und alles, was Kelly ihnen beigebracht hatte, fiel ihnen schlagartig wieder ein. Jason und Ford schalteten völlig auf »Notfallmodus« um und stellten ihm jede erdenkliche Frage, die für den Such- und Rettungsdienst relevant sein konnte. Kelly erklärte ihnen, dass er in einer Rinne in einer Schneehöhle auf der Nordseite des Mount Hood sei, kurz unter dem Gipfel.

Die Jungen wiederholten ihre Fragen mehrmals, um sicherzustellen, dass Kelly auch wirklich wusste, wo er sich befand. Dann fragten sie ihn, welche Orientierungspunkte es in der Nähe gebe. Ford schrieb die Informationen für die Rettungskräfte auf, die so viele Einzelheiten wie möglich brauchten, um ihn zu finden.

Die nächste Frage war: »Wo sind Brian und Nikko?«

Kelly antwortete: »Brian ist in der Stadt und holt Hilfe, und Nikko sitzt im Flugzeug.« Er setzte hinzu, dass er fror und durchnässt und geschwächt sei.

Als sie fragten, ob er verletzt sei, antwortete Kelly: »Nein.«

Dann fragten sie noch einmal: »Geht es dir gut?«

Kelly erwiderte: »Nein.«

Die Jungen fragten: »Dad, hast du etwas zu essen?«

Kelly erklärte: »Ich habe eine halbe Apfelsine.«

Während die Jungen mit Kelly sprachen, rief ich übers Festnetz den Sheriff an, um ihm mitzuteilen, dass wir gerade mit Kelly telefonierten. Ich bestätigte ihm, dass mein Mann in Not und ein Rettungseinsatz erforderlich sei. Ich hielt das Telefon in die Nähe der Jungen, damit der Sheriff dem Gespräch mit Kelly folgen konnte. Die Jungen sagten zu ihrem Vater, dass wir gerade mit dem Sheriff telefonierten und dass ein Such- und Rettungstrupp so gut wie auf dem Weg zu ihm sei.

Dann durfte ich mit meinem Mann sprechen. Ich wusste, dass die Jungen alle Informationen gesammelt hatten, die für den Rettungseinsatz notwendig waren. Ich selbst musste nur stark und optimistisch klingen und ihm Hoffnung geben, während er frierend und allein in dieser Schneehöhle lag. »Hallo, Schatz«, sagte ich mit tränenerstickter Stimme.

Mit so viel Energie, wie er aufbringen konnte, erwiderte er: »Hey, mein Schatz.«

Ich war bestürzt, dass er kaum sprechen konnte. Als Frau eines Bergsteigers hatte ich von den schlimmstmöglichen Bergnotsituationen gehört, und ich wusste, dass er definitiv in großen Schwierigkeiten steckte. So seltsam das auch klingen mag, ich konnte spüren, dass ihm bitterkalt war. Seine Stimme war schwach und seine Worte kamen schleppend.

Mein Körper fing an, auf diese ernste Situation zu reagieren. Mir war plötzlich entsetzlich übel. Ich konnte kaum noch stehen, weil meine Knie nachgeben wollten. Doch ich war fest entschlossen, ihn so gut wie möglich zu ermutigen, gegen die Kälte und seinen sich verschlechternden Zustand anzukämpfen.

Ich sagte: »Schatz, ich habe gerade den Weihnachtsbaum geschmückt, und er ist sehr hübsch geworden. Du musst heimkommen und ihn dir anschauen.«

Ich konnte Kelly beinahe lächeln hören, als er all seine Kraft zusammennahm, um zu antworten. »Das werde ich.«

Dann sagte ich: »Kelly James, ich liebe dich so sehr.«

Und er antwortete mit einem von Herzen kommenden: »Ich liebe dich auch.«

Aus Angst, dass die Unterkühlung ihn überwältigen würde und er dann vielleicht nicht mehr aufwachte, drängte ich ihn wachzubleiben. Zu meiner Überraschung erfuhr ich später, dass der Sheriff meine flehentliche Bitte an Kelly über das Festnetztelefon gehört hatte, das ich auf dem Schreibtisch abgelegt hatte. Irgendwann sagte er einmal zu einem Reporter, dass ihm das beinahe »das Herz zerrissen« hätte.

Kelly wusste, dass *ich* wusste, dass er in schlechter Verfassung war. Doch wir sagten diesbezüglich nichts zueinander, weil keiner von uns sich der Tatsache stellen konnte, dass dies vielleicht unser letztes »Auf Wiedersehen« war. Bevor wir auflegten, gab ich Kelly noch eine Nachricht vom Sheriff weiter: Er sollte sein Telefon ausschalten, um den Akku zu schonen. Bei mir begannen die Tränen zu fließen und ich konnte nicht weitersprechen.

Die Jungen übernahmen und sagten: »Dad, Hilfe ist unterwegs. Sie kommen und holen dich. Halt durch.«

Als wir auflegten, verlor ich völlig die Fassung. Kelly war in Not, und er brauchte *schnell* Hilfe. Weinend setzte ich mich aufs Sofa. Die Jungen legten ihre Arme um mich, und ich spürte, wie ihre Sorge wuchs.

Meine Freundinnen Ellen Miller (links), Jessica Nuñez (Mitte) und ich

Ein paar Minuten später gewann die Kämpferin in mir wieder Oberhand. Ich stand auf und sagte: »Wir holen ihn.« Als Unterstützung für mich und die Aktion rief ich meine Freundinnen an, die postwendend reagierten. Kathleen und meine Geschäftspartnerin Jessica traten sofort in Aktion. Sie halfen mir, über die nächsten Schritte zu entscheiden und die Reisevorbereitungen zu treffen. Als die praktischen Pläne umgesetzt waren, machte sich meine liebe Freundin Ellen Miller an der geistlichen Front an die Arbeit und organisierte noch am gleichen Abend eine Gebetskette, die für die sichere Rückkehr von

Steve Rollins, Leiter der Bergrettung in Portland, auf der Suche nach den Bergsteigern

Kelly, Brian und Nikko betete. Ellen und ihr Mann Steve waren nicht nur liebe Freunde, sondern auch unsere Nachbarn, und Kelly und ich gingen oft schnell einmal über die Straße, um sie zu besuchen.

Meine nächste Priorität war es, so schnell wie möglich einen Flug nach Portland zu organisieren. Nach der Bergung musste Kelly mit Sicherheit ins Krankenhaus. Da ich wusste, dass er uns alle bei sich haben wollen würde, beschloss ich, die ganze Familie ins nächstmögliche Flugzeug zu setzen.

Kurz darauf traf Katie ein. Jetzt waren die drei ältesten Kinder daheim. Ich rief Jacks Mutter an und erklärte ihr die Situation. Sie stimmte mir zu, dass es angesichts der vielen Anrufe und der sorgenvollen Stimmung in unserem Haus für Jack wohl das Beste war, wenn er die Nacht bei ihr verbrachte und ich ihn auf dem Weg zum Flughafen abholte. Wir hatten großes Glück, dass Jack nur am anderen Ende der Straße bei seiner Mutter und seinem Stiefvater war. Sie sagte: »Ich hole Jack ans Telefon.«

Ich bot jedes Gramm Selbstbeherrschung auf, damit sich meine Sorge nicht in meiner Stimme widerspiegelte. Doch Jack war ein ziemlich aufgeweckter Zwölfjähriger, der schnell mitbekam, wenn etwas los war. »Hallo Schatz. Weißt du was? Jason, Ford und Katie sind hier. Wir holen dich morgen superzeitig ab, um drei Uhr früh, damit wir alle zusammen zum Flughafen fahren können. Wir haben gerade mit Dad telefoniert, und er hängt im Moment auf dem Berg fest. Wir möchten als ganze Familie da sein, wenn er wieder runterkommt.«

Jack fragte: »Geht es Dad gut?«

Ich wählte meine Worte sehr sorgfältig. »Die Rettungskräfte machen sich gerade fertig, um hochzugehen und ihn zu holen. Er wird sich freuen, dass wir kommen.«

»Okay«, sagte Jack. »Ich hab' dich lieb.«

»Ich dich auch.«

Ich fühlte mich besser, weil wir etwas unternahmen, doch das erwies sich als sehr flüchtiger Trost.

Während wir unseren Reiseplan entwarfen, rief das Büro des Sheriffs an und sagte, dass Kelly unbedingt sein Telefon einschalten musste. Sein Mobilfunkanbieter wollte versuchen, sein Signal zu triangulieren, um seinen genauen Standort zu ermitteln. Mir rutschte das Herz in die Kniekehlen. Wir hatten Kelly doch gerade gesagt, er solle sein Telefon ausschalten!

Ich fühlte mich wieder vollkommen hilflos und flehte die älteren Kinder an: »Bitte betet! Betet, so sehr ihr könnt, dass euer Vater sein Telefon wieder einschaltet.«

Dann nahm ich den Zettel mit Steve Rollins Telefonnummer und rief den Leiter der Such- und Rettungsmannschaft an. Ich erzählte ihm von unserem Gespräch mit Kelly, und Steve versicherte mir, dass er am nächsten Tag auf dem Berg nach Kelly suchen würde.

»Danke. Und bitte, finden Sie ihn«, sagte ich, bevor wir auflegten.

Steve erwiderte: »Wir werden unser Bestes tun.«

Montag, 11. Dezember, 2 Uhr

Mir schwirrte der Kopf. Es war zwei Uhr morgens, bevor ich ins Bett kam, und in weniger als einer Stunde musste ich die Kinder wecken und mit ihnen zum Flughafen fahren. Ich konnte nicht anders, als immer wieder in Gedanken das Telefonat mit Kelly durchzugehen. Er sagte, dass Brian in der Stadt sei, um Hilfe zu holen. Bis dahin war alles sehr logisch. Aber warum sagte er, dass Nikko im Flugzeug saß? Dann erinnerte ich mich an mein Telefonat mit Michaela, Nikkos Frau, mit der ich am Abend gesprochen hatte. Sie machte sich Sorgen, weil Nikko nicht mit dem geplanten Flug in New York angekommen war. Als wir mit Kelly sprachen, wusste er Tag und Uhrzeit, und er ging davon aus, dass beide Bergsteiger es wohlbehalten vom Berg geschafft hatten.

Der Umstand, dass Kelly und Brian sich getrennt hatten, lag mir schwer auf der Seele. Die beiden Männer hätten einander nie verlassen, es sei denn, es gab keine andere Möglichkeit. Irgendetwas musste schrecklich schiefgelaufen sein.

Kelly hatte auf die Frage der Jungen, ob er verletzt sei, auch unterschiedlich geantwortet. Zuerst hatte er vielleicht versucht, uns nicht zu beruhigen, und seine Antwort dann doch noch einmal überdacht. Ihm war bewusst, dass ich während des Telefonats bei den Jungen war, und er hatte mich schützen und mir verheimlichen wollen, dass er verletzt war. Er wusste, dass es mir das Herz zerreißen würde – und er hatte recht. Ich konnte mir förmlich vorstellen, wie er dachte: *Ich erkläre es Karen und den Kindern, wenn ich vom Berg runter bin.*

Ich weinte immer noch, während ich langsam in den Schlaf dämmerte, und dachte daran, dass sein Telefon ausgeschaltet war. Das Letzte, an das ich mich erinnere, war, dass ich laut sagte: »Schatz, bitte stell dein Telefon an. Gott, bitte lass ihn sein Telefon einschalten.«

Kapitel 6

Unsere Ankunft im Kriseneinsatzzentrum

Montag, 11. Dezember, 3 Uhr

Als mein Wecker um drei Uhr klingelte, brauchte ich einige Sekunden, um mich zu erinnern, dass die gestrigen Ereignisse tatsächlich geschehen waren und kein bloßer Albtraum waren, den ich gehabt hatte. Die Realität kehrte rasch zurück: Mein Mann saß auf dem Mount Hood fest. Ich griff nach dem Telefon neben dem Bett und rief sein Mobiltelefon an. Ich landete sofort auf der Mailbox. *Er hat es nicht wieder angestellt.*

Ich ging von Zimmer zu Zimmer und weckte Katie und Ford. Ich musste nicht zweimal hingehen; sie standen sofort auf. Das war ein krasser Gegensatz zu unseren üblichen frühmorgendlichen Weckversuchen vor Ausflügen, wenn Kelly auf ihre Betten sprang und sie gnadenlos neckte, bis sie endlich aufstanden. Dieses Mal gab es kein Gelächter, keine Kissenschlacht – nur schmerzliches Schweigen, während wir mechanisch unsere Koffer ins Auto luden. Der Mann, den wir alle liebten und brauchten, war unerreichbar für uns und in größerer Not als je zuvor in seinem Leben. Kurz darauf traf Jason ein. Auch er wohnte mit seiner Frau Sara ganz in der Nähe, in einem kleinen Haus, das Kelly für sie renoviert hatte.

Wir holten Jack ab und fuhren schweigsam zum Flughafen. Niemand war in der Stimmung für große Gespräche. Ich sagte den Kindern: »Versucht weiter, euren Dad anzurufen.« Sie wählten ihn abwechselnd an, um zu sehen, ob er sein Telefon eingeschaltet hatte, aber sie hatten kein Glück. Während wir am Flughafen saßen und darauf warteten, dass wir in unser Flugzeug steigen konnten, versuchte ich noch einmal, Kelly anzurufen. Es war gegen 6.30 Uhr *Central Standard Time*. Das Telefon klingelte, bevor die Mailbox ansprang.

»Es hat sich was getan. Sein Telefon hat gerade geklingelt«, sagte ich zu den Kindern.

Alle stellten sich dicht um mich, und ich rief das Büro des Sheriffs an: »Ich glaube, Kelly hat sein Telefon eingeschaltet.«

Die weibliche Stimme am anderen Ende sagte: »Ich schau mal nach. Wir werden laufend von seinem Mobilfunkanbieter informiert. Sie peilen ihn alle fünf Minuten an und überwachen jede Aktivität, um eine Satellitenposition zu ermitteln.« Dann kam sie zurück ans Telefon und sagte: »Nein, es sieht nicht aus, als hätte es irgendwelche Aktivitäten gegeben.«

Ich widersprach: »Nein; ich weiß, dass sich etwas verändert hat.«

Daraufhin sagte sie: »Ich schaue noch mal nach.« Es gab eine kurze Pause. »Ja, jetzt sehe ich etwas. Es sieht so aus, als hätten wir gegen 4.20 Uhr *Pacific Standard Time* ein Signal bekommen. Ich telefoniere mal kurz.«

Als ich auflegte, sagte ich zu den Kindern: »Wir denken, er hat gerade sein Telefon eingeschaltet.«

Alle seufzten erleichtert auf, sagten optimistisch: »Ja!« und klatschten einander triumphierend ab.

Das war ein sehr gutes Zeichen. Es bedeutete, dass Kelly noch am Leben und geistesgegenwärtig genug war, um über Nacht sein Telefon auszuschalten, um den Akku zu schonen, und es wieder einzuschalten, wenn die Rettungskräfte ihre Suche wieder aufnehmen konnten. *Das ist mein Mann!*, dachte ich stolz.

Die Bestätigung, dass er die Nacht überlebt hatte, reichte, um meine Stimmung zu heben. Das Einzige, woran ich jetzt noch denken konnte, war, meinen Mann lebendig vom Berg herunterzuholen.

Als wir ins Flugzeug stiegen, sagte Jack zu mir: »Ich wette, Dad kriegt riesigen Ärger, wenn er nach Hause kommt.«

Ich musste lachen und erwiderte: »Verlass dich drauf. Wenn ich ihn fertiggeküsst habe, versohle ich ihm das Hinterteil!«

Jack grinste. Katie hörte unser Gespräch und setzte in sehr erwachsenem, elterlichen Ton hinzu: »Jawohl! Ich lasse ihn nie wieder irgendwohin gehen!«

Die Kinder und ich waren auf einer Mission, und wir waren fest entschlossen, diesen Mann zurück nach Dallas zu holen. Doch wir waren nicht allein. Kathleen und Jessica setzten ihre Bemühungen vom Vorabend fort und waren schon zeitig aufgestanden, um in Oregon Unterstützung für mich und die Kinder zu organisieren. Eine solche Unterstützung fand sich in Person einer ehemaligen Kollegin von mir, die vor Kurzem nach Portland gezogen war. Sie war sofort bereit, uns am Flughafen abzuholen und zum Mount Hood zu fahren.

Montag, 11. Dezember, 10 Uhr
Bevor wir aus dem Flugzeug stiegen, sagte ich den Kindern, dass wir jetzt zusammenhalten müssten wie nie zuvor. Darin waren wir uns alle einig, und Jason, Ford und Katie warfen Jack einen fürsorglichen Blick zu. Die älteren Kinder liebten Jack heiß und innig, und Jack himmelte sie an. Wir waren immer zu sechst gewesen, aber jetzt waren wir nur zu fünft. Die Welt war aus den Fugen.

Wir waren die Letzten, die aus dem Flugzeug stiegen, und als wir über das Flughafengelände gingen, sah ich einen Mann, der ein Schild mit meinem Namen hochhielt. Instinktiv steuerte ich auf ihn zu, mit den Kindern hinter mir. Meine ehemalige Kollegin Aili Jokela tauchte wie aus dem Nichts auf und nahm mich beim Arm. Sie sagte: »Das ist ein Reporter. Gehen wir da lang.«

Plötzlich traf es mich wie ein Blitz: Ich hatte die Seiten gewechselt. Als ehemalige Reporterin würde ich jetzt erleben, wie es war, mitten in einer Geschichte zu stecken, statt darüber zu berichten. Mein Ehemann, Brian und Nikko waren die Story, und wir waren die verzweifelte Familie. Das alles kam mir unwirklich vor.

Als wir den Flughafen verließen, teilte uns Aili mit, dass wir zum Büro des Sheriffs in Hood River fahren würden statt zum Berg. Das Kriseneinsatzzentrum befand sich dort, und dort würden wir auch die besten Informationen erhalten. Sie setzte hinzu, dass die Medien sich in *Cooper Spur Lodge* versammelt hatten, das auf der Nordseite des Mount Hood lag. Wenn wir zum Büro des Sheriffs fuhren, konnten wir also auch den Kameras aus dem Weg gehen.

Ich brannte darauf, Sheriff Joseph Wampler kennenzulernen. Ich hatte mit ihm telefoniert und wusste bereits, dass er ein Mann der Tat war. In meiner Zeit als Reporterin hatte ich eine tiefe Zuneigung und Wertschätzung für die Polizei entwickelt. So war mir rasch klar gewesen, dass dieser Sheriff den Berg kannte und wusste, wie man einen Rettungseinsatz optimal durchführt.

Im Büro des Sheriffs wurden wir begrüßt, als gehörten wir zur Familie. Wir waren willkommen und fühlten uns gleich wohl. Sie fragten uns, ob wir schon einen Platz zum Übernachten hätten, und als ich das verneinte, buchten sie uns Zimmer in einer örtlichen Frühstückspension. Sie alle wussten genau, dass wir nicht noch am gleichen Abend zusammen mit Kelly abreisen würden.

Als Sheriff Wampler persönlich vor mir stand, bestätigte sich mein Eindruck von unserem Telefonat. Das war definitiv nicht sein erster Rettungseinsatz; er war ein Profi im Umgang mit Angehörigen von Opfern. Er lächelte, wenn er sprach, und wählte seine Worte sehr sorgfältig.

Der Sheriff stellte uns Chief Deputy Jerry Brown vor, Detective Sergeant Gerry Tiffany, die Leiterin der Notrufzentrale Marita Haddan und andere wichtige Mitglieder seines Stabs. Außerdem lernten wir Captain Chris Bernard von der 304. Rettungsstaffel der Luftwaffenreserve kennen. Als ich diesen bemerkenswerten Menschen begegnete, atmete ich erleichtert auf. Diesen Leuten war es wirklich wichtig, unsere Männer vom Berg zu holen und sicher nach Hause zu ihren Familien zu bringen. An dieses Gefühl der Fürsorge und Freundschaft, das ich während der ganzen folgenden Tortur empfand, werde ich mich mein Leben lang erinnern.

Wir wurden auf den neuesten Stand des Rettungseinsatzes gebracht und erfuhren mehr über den Berg, der unsere Lieben aus der Geborgenheit ihres Zuhauses hinaus auf seine eisigen weißen Gipfel gelockt hatte. Mit 3 425 Metern ist der Mount Hood die höchste Erhebung in Oregon, und jedes Jahr versuchen beinahe zehntausend Leute, ihn zu besteigen. Die meisten Bergsteiger wählen die Route auf der Südseite des Berges in der Nähe von *Timberline Lodge* und unternehmen ihre Bergtouren im Frühling und Sommer. Kelly, Brian und Nikko wollten einmal eine richtige Eisklettertour machen; deshalb beschlossen sie, sich an der heimtückischen Nordwand hinaufzuwagen, oberhalb vom *Eliot*-Gletscher in der Nähe von *Cooper Spur*, und das mitten im Winter.

Der Suchtrupp hatte am Sonntag, als die Meldung kam, dass drei Bergsteiger vermisst wurden, eine Notiz gefunden. Die Nachricht auf einem Stück braunem Papier lag auf dem Armaturenbrett ihres gemieteten Geländewagens und trug das Datum von Donnerstag, dem 7. Dezember. Sie lautete:

Wir sind eine Gruppe von drei Bergsteigern und versuchen den Aufstieg an der Nordwand. Die Ranger-Station war geschlossen; deswegen konnten wir keine Parkgenehmigung kaufen. Wir planen, am 7. 12. unterwegs zu übernachten und am Freitag auf der Südseite abzusteigen. Wir werden den Wagen am Samstagnachmittag abholen. BITTE NICHT ABSCHLEPPEN! Falls ein Sturm aufzieht, werden wir über Cooper Spur absteigen und haben Lebensmittel und Benzin im Wagen. Wir bezahlen die Parkgenehmigung dann gern am Samstag.

Vielen Dank, Jerry Cooke.

Als ich von dieser Nachricht hörte, war ich umso zuversichtlicher, dass sie alles richtig gemacht hatten und man sie bald finden würde. *Sie hinterlassen eine Spur ihrer Pläne. Das ist gut*, sagte ich mir.

Montag, 11. Dezember, Mittag
Nachdem wir uns einige Stunden im Einsatzzentrum aufgehalten hatten, trommelte der Sheriff alle zusammen. Er hatte eine Meldung erhalten, dass der Suchtrupp, der zum Gipfel unterwegs war, praktisch in einem Whiteout steckte. Eine Gruppe hatte es bis auf 2 590 Meter geschafft, aber höher konnten die Männer nicht aufsteigen.

Der Sheriff sagte: »Da oben tobt ein Blizzard. Am Gipfel sind Windböen von bis zu 150 Stundenkilometern vorhergesagt, und auf 2 100 Metern bis zu 100 Stundenkilometern. Es tut mir leid, aber wir haben angeordnet, dass sie um 14 Uhr wegen der extremen Wetterbedingungen umkehren sollen. Die Windböen sind so stark, dass sich einige Rettungskräfte schon nicht mehr auf den Beinen halten können, und wir machen uns Sorgen um ihre Sicherheit.«

Mir wurde es ganz flau im Magen, als ich mich daran erinnerte, wie schwach Kelly am Sonntag geklungen hatte. Sie mussten ihn *heute* vom Berg holen. Doch das würde nicht passieren.

Es passiert ihm schon nichts. Er ist in einer sicheren Schneehöhle, versuchte ich, mich selbst zu beruhigen. Schneehöhlen sind ein großartiger Schutz und darin herrschen Temperaturen über dem Gefrierpunkt. Kelly hatte ihren Aufbau genau studiert und in der Vergangenheit schon viele Schneehöhlen gegraben. Eine gute Schneehöhle wird leicht bergauf in eine Schneeverwehung gegraben und ist gerade groß genug für die Bergsteiger, damit sie gegenseitig von ihrer Körperwärme profitieren können. Kelly hatte für diesen Ausflug seine rote Schneeschaufel eingepackt und mir erzählt, dass sie vorhatten, die Nacht in solch einem Schutzraum zu verbringen.

Rettungskräfte im Blizzard auf der Suche nach den Bergsteigern

Trotzdem konnte ich meine Enttäuschung nicht überwinden. Wir waren extra von Dallas hergeflogen, und ich hatte mich darauf eingestellt, herzukommen, mich davon zu überzeugen, dass mein Mann in Sicherheit und bei guter Gesundheit war, und so schnell wie möglich mit ihm zurückzufliegen. Ich war vollkommen auf Aktion eingestellt und dachte nicht einmal daran, dass er sich vielleicht erst erholen musste.

Ich rief Jessica und Kathleen an, um ihnen mitzuteilen, dass die Rettungskräfte Kelly heute nicht mehr erreichen konnten. Die beiden informierten mich wiederum darüber, dass die Medien daheim bereits Wind davon bekommen hatten, dass einige Einwohner von Dallas auf dem Mount Hood vermisst wurden. Ich wusste, dass diese

Gerüchte nur zu weiteren Spekulationen und möglichen Fehlinformationen führen würden, und so stimmte ich zu, Kellys Namen bekannt zu geben und die Situation zu erklären.

Kurz darauf riefen Kathleen und Jessica mich an und sagten, sie fühlten sich aufgrund ihrer Beziehung zu Kelly und mir zu stark in diese Geschichte involviert. Beide fürchteten, dass sie zu emotional reagieren würden, um als Mediensprecher fungieren zu können. Wir einigten uns, dass ein alter Kollege, Mike Androvett – ein ehemaliger NBC-Reporter in Dallas, der jetzt als juristischer Berater arbeitete –, die Nachricht bekannt geben sollte. Nachdem wir also einen Pressesprecher bestimmt hatten, machten sich Jessica und Kathleen daran, die Pressekonferenz zu organisieren.

Kurz vor der Pressekonferenz in Dallas rief Mike mich an und fragte: »Karen, gibt es irgendetwas Bestimmtes, das ich sagen soll?«

»Du kennst mich und du kennst Kelly«, erwiderte ich. »Gib einfach die Informationen weiter und sorg dafür, dass sie verstehen, dass er kein Amateur ist, der etwas Dummes versucht hat, das über seine Fähigkeiten hinausgeht. Ich vertraue dir. Sei einfach fair.« Ich unterbrach mich kurz und dachte, wie glücklich ich dran war, solche Freunde zu haben. »Vielen Dank, Mike.«

Mike sagte: »Verstanden. Pass auf dich auf. Wir beten für ihn.«

Die Nachrichten verbreiteten sich in Dallas wie ein Lauffeuer, aber auch die Gebete. Über Dallas wird oft scherzhaft gesagt, es gäbe an jeder Ecke eine Kirche. Tatsächlich leben in dieser Stadt zahlreiche Bürger, die sich nicht scheuen, über ihren Glauben zu sprechen und zu zeigen, wie echter Glaube aussieht. Einer dieser Menschen ist meine liebe Freundin Ellen, die daran arbeitete, noch mehr Leute in die Gebetskette einzubeziehen. Wir brauchten Gottes Eingreifen.

Es wurde deutlich, was für ein Segen E-Mails sind. Die Gebetsaufrufe aus den Gemeinden landeten bei Angestellten von großen Firmen, die alle Nachrichten von den Bergsteigern und alle Gebetsanliegen an ihre Kollegen weiterleiteten. Diese Bewegung breitete sich übers ganze Land aus und erreichte sogar andere Länder überall auf der Welt.

Die Nachricht war raus, und mit unserer Ankunft intensivierte sich der Rettungseinsatz. Allerdings dachten wir an diesem Punkt noch ganz naiv über den Ausgang der Ereignisse. Wir waren immer noch der Ansicht, dass die Situation sich bald auflösen würde. Man würde Kelly auf dem Luftweg vom Berg holen und Brian und Nikko weiter unten am Berg finden, wo sie sich vor dem Sturm in Sicherheit gebracht hatten. Auch in unseren schlimmsten Albträumen hätten wir uns nicht ausmalen können, dass unsere erste Nacht in Oregon nur eine von vielen sein würde, in denen unsere Lieben auf einem schneebedeckten Schlachtfeld einen erbitterten Kampf zwischen Mensch und Natur ausfochten.

Kapitel 7

Eine unglaubliche Reaktion

Ich war damit beschäftigt gewesen, die Familie zum Mount Hood zu bringen. Das hatte mich vorangetrieben. Aber jetzt saß ich still im Einsatzzentrum und war gezwungen, den Ernst der Lage zu verdauen. Während ich über die nächsten Schritte nachdachte, rief Jessica an und teilte mir mit, dass Kellys ältester Bruder Frank James zu uns unterwegs sei. Frank kam mit dem Flugzeug von Orlando in Florida, wo er wohnte, und wollte sich im Büro des Sheriffs mit mir treffen.

Über die Jahre waren Frank, seine Frau Carolyn und ich uns nahegekommen, was mich sehr freute. Wenn sie in Dallas waren, wohnten sie bei uns. Er würde die Stabilität in diese Situation bringen, die wir alle brauchten.

Ich war noch aus einem anderen Grund froh, dass Frank zum Mount Hood kam. Wir brauchten ihn für sehr viel mehr als nur moralische Unterstützung. Kurz bevor Frank eintraf, telefonierte ich noch einmal mit Jessica und Kathleen. Sie sagten: »Karen, du brauchst da oben einen Sprecher für die ganze Familie. Du hast doch immer gesagt, was für ein großartiger Mensch Kellys ältester Bruder Frank ist. Wie wär's mit ihm?«

»Das ist eine ausgezeichnete Idee«, erwiderte ich. »Ich frage ihn.« Ich war so dankbar, dass Jessica und Kathleen uns halfen, alles zu bedenken. Das gestattete mir, mich auf Kelly, die Kinder und den Rettungseinsatz zu konzentrieren.

Als Frank ins Einsatzzentrum kam, umarmte ich ihn fest. Wir schauten uns in die Augen und waren uns beide darüber im Klaren, dass sein kleiner Bruder, mein Ehemann, sich in einer sehr gefährlichen Lage befand. Bevor Frank den Rest der Familie begrüßte, redete ich unter vier Augen mit ihm und versorgte ihn mit allen Informationen, die mir einfielen. Frank hörte aufmerksam zu. Wir beide waren aufs Handeln konzentriert. Das war eine Krise, und keiner von uns hatte Zeit, seinen Gefühlen nachzugeben. Wir überdachten die Situation und unseren Angriffsplan, so als würden wir in den Krieg ziehen. Das war der Kampf unseres Lebens. Es ging darum, Kelly zu retten, und wir waren bereit zur Schlacht.

Neben Frank kamen auch Verwandte der anderen Bergsteiger nach Hood River. Kellys Mutter Lou Ann, seine jüngste Schwester Traci Hale und Jasons Frau Sara kamen und zogen zu uns in die Frühstückspension. Brians Schwester Angela Hall und seine Eltern, Clara und Dwight Hall, trafen ebenfalls ein. Es war schön, Clara und Dwight wiederzusehen – allerdings hätte ich mir gewünscht, dass es nicht unter diesen Umständen gewesen wäre. Kelly und ich hatten sie vor einigen Jahren kennengelernt, als Brian sie einmal zum Abendessen zu uns mitgebracht hatte. Nikkos Frau Michaela und ihre beste Freundin sowie Nikkos Mutter Maria Kim kamen ebenfalls. Doch nicht nur unsere engste Verwandtschaft war uns eine Stütze. Dutzende Freunde und liebe Menschen tauchten auf und boten uns ihre Hilfe an.

Da die Gruppe immer größer wurde, siedelte der Sheriff uns in einen Konferenzraum neben dem Einsatzzentrum um. Obwohl wir nun so viele waren, nahmen sich der Sheriff und Captain Bernard stets Zeit, um unsere Fragen zu beantworten und mit jedem besorgten Familienmitglied zu sprechen.

Was uns definitiv *nicht* fehlte, war emotionaler Rückhalt.

Dienstag, 12. Dezember, 10 Uhr
Der Tag begann mit großer Begeisterung. Wir bekamen Nachricht, dass die Rettungskräfte schon um sechs Uhr morgens losgezogen waren und dass die Nationalgarde gegen neun Uhr einen Black-Hawk-Helikopter losgeschickt hatte, um die Suche zu unterstützen.

Wir bekamen auch einen Eindruck davon, wie fest alle Beteiligten entschlossen waren, die Bergsteiger zu finden, und davon, wie viele Gruppen an dem Einsatz mitarbeiteten. Neben dem Sheriffbüro von Hood River County, der 304. Rettungsstaffel der Luftwaffenreserve und der Nationalgarde waren auch das Sheriffbüro von Clackamas County, die Portland-Bergwacht, die Corvallis-Bergrettung und eine freiwillige Rettungstruppe namens *Crag Rats* beteiligt. Als ältester Bergsuch- und -rettungsdienst der Vereinigten Staaten nahmen die *Crag Rats* regelmäßig an Rettungseinsätzen auf dem Mount Hood teil.

Das Sheriffbüro von Hood River County leitete die Suchtrupps an der Nordwand, und das Sheriffbüro von Clackamas County überwachte die Suchtrupps an der Südwand. Sie erhielten außerdem Unterstützung von den *Mountain Waves*, einer Gruppe von Outdoorfans, die sich fantastisch mit Technik und Kommunikation auskannte und mitgeholfen hatte, das Signal von Kellys Mobiltelefon zu identifizieren.

Die Mannschaften mussten eine einstündige und mehr als 16 Kilometer lange Anfahrt auf einer steilen, ungeräumten Straße hinauf zum *Cloud Cap Inn* auf sich nehmen, und auch die ganze Ausrüstung musste dorthin gebracht werden. Das *Cloud Cap Inn* diente als Basislager und lag auf etwa 1 800 Metern Höhe. Einige Suchkräfte verbrachten die Nacht in der Hütte, um am Morgen frühzeitig aufbrechen zu können.

Die Rettungskräfte versammeln sich nach ihrer Suche auf dem Mount Hood im *Cloud Cap Inn.*

Als wir von der großen Rettungstruppe und dem Wetterbericht erfuhren, der ruhigeres Wetter vorhersagte, waren wir zunächst sehr zuversichtlich. Bald jedoch wurden wir enttäuscht. Auf dem Berg waren über Nacht 15 Zentimeter Neuschnee gefallen, und weitere Schneefälle waren angesagt. Trotz der Suche am frühen Morgen gab es noch immer keine Nachricht von den vermissten Bergsteigern.

Dienstag, 12. Dezember, früher Nachmittag
Die erste Pressekonferenz der Familien auf dem Berg fand an diesem Nachmittag statt. Ich rief die Familien zusammen und erklärte: »Frank wird unser Familiensprecher, und wir möchten mit euch allen abstimmen, was er sagen soll, damit sich auch jeder dabei wohlfühlt. – Jeder kann selbst etwas sagen, wenn er möchte. Aber wenn ihr möchtet, dass Frank ein paar Worte im Namen aller sagt, dann wird er das gern tun«, setzte ich hinzu.

Als ich zuvor mit Frank gesprochen und ihn gefragt hatte, ob er diese Aufgabe übernehmen würde, hatte er zugestimmt. Er wusste, was zu tun war. Als Frank die Familien ansprach, entstand sofort eine Verbindung. Sie spürten, dass er sich nicht nur um seinen Bruder Sorgen machte. Er war zutiefst um alle drei Männer besorgt, und er war bereit, auf jede ihm mögliche Weise zu helfen. Die anderen Familien waren sich ausnahmslos einig, dass Frank die Familien aller drei Bergsteiger vor der Presse vertreten sollte.

Als Frank seine Sachen zusammenpackte, um sich auf den Weg zur Pressekonferenz zu machen, fragte ich ihn: »Hast du eine Jacke?«

Er deutete auf die leichte Winterjacke, die er trug. Ich schüttelte den Kopf und sagte: »Du brauchst etwas Dickeres.«

Ich hatte einen zusätzlichen Koffer für Kelly mitgenommen und seine orangefarbene Daunenjacke eingepackt. Er hatte für diesen Ausflug seine schwerere blaue Jacke mitgenommen, aber ich dachte mir, dass er vielleicht eine saubere Jacke brauchte, wenn er vom Berg kam. Ich bot sie Frank an. »Nimm Kellys orangefarbene Jacke. Vielleicht bringt sie ja dir und ihm Glück. Und wie du siehst, trage ich die gleiche.«

Frank lachte und fragte: »Du und Kelly, ihr habt die gleichen Jacken?« Frank kannte Kelly ebenso gut wie ich, und er fand, dass ein Partnerlook mit der lieben Ehefrau ganz und gar untypisch für Kelly war.

»Ja«, erwiderte ich mit einem Lächeln. »Er hat sie getragen, als er mir den Heiratsantrag gemacht hat, also nenne ich sie seine Verlobungsjacke. Er wird sie zurückhaben wollen, wenn er vom Berg kommt, also pass gut darauf auf.«

Er schaute mich an und sagte: »Werd ich, Schwester.«

Niemand hatte den Medienansturm erwartet, der kurz darauf losbrechen würde. Frank stellte sich im Namen aller Familien vor, und er sprach die Reporter an, die sich draußen in der Kälte versammelt hatten: »Wir alle leben heute in dem Glauben und der festen Hoffnung, dass wir unsere vermissten Familienmitglieder gesund zurückerhalten werden.«

Dann gab er weitere Einzelheiten über die Ereignisse bekannt, so wie sie sich den Angehörigen darstellten. Anschließend nahm die Pressekonferenz eine große Wendung, da Frank Aussagen von einer Art machte, wie sie für die Abendnachrichten oft herausgeschnitten werden. Als gläubiger Mann wusste er, dass weder die Familien noch die vermissten Männer diese quälende Situation ohne Gottes Hilfe überstehen konnten. Er wusste, dass Kelly und Brian Christen waren, und nach seiner Ankunft in Hood River sprach er auch mit Nikkos Angehörigen und Freunden, um mehr darüber zu erfahren, wer Nikko war und woran er glaubte.

Er fuhr fort: »Heute ist ein Tag für Mut und für Gebete. Wir brauchen Mut, um den Weg durch diesen Schneesturm zu finden, und Gebete können Berge versetzen.«

Alle drei Männer waren gläubig, und Frank war der Ansicht, dass nicht nur über die Fakten und den Wetterbericht gesprochen werden sollte, sondern auch über den Charakter der Männer, die auf dem Berg in Not geraten waren. Er erklärte den Medien, dass alle drei Männer »Männer des Glaubens« waren. Für die Familien war diese Aussage lediglich eine Tatsache, doch wir sollten eine Reaktion erleben, die absolut keiner erwartet hatte. Plötzlich wollten auch andere viel über die Männer erfahren, in deren Leben sowohl der Extremsport als auch Gott eine große Rolle spielte.

Ich sah Frank in Aktion und war unglaublich stolz auf ihn – und ich wusste, Kelly würde es auch sein. Ich konnte kaum erwarten, Kelly wieder bei mir zu haben und die brüderlichen Neckereien zwischen ihm und Frank zu beobachten. Kelly zog Frank auf eine Art und Weise auf, wie es nur ein Bruder kann. Einige meiner liebsten Erinnerungen an Kelly und Frank sind die, wenn der geschliffene Theologe sich bei uns daheim in einen kampflustigen, verspielten Teenager zurückverwandelte – wenn er und Kelly sich gegenseitig neckten und einer versuchte, den anderen zu überflügeln.

Dienstag, 12. Dezember, später Nachmittag

Als wir wieder im Einsatzzentrum waren, riefen Sheriff Wampler und Captain Bernard die Familien zu einer Einsatzbesprechung zusammen. Die Enttäuschung wuchs, als der Sheriff uns erklärte, dass der Helikopter wegen der starken Winde nicht höher als 1 800 Meter aufsteigen konnte. Obwohl er nicht hoch genug fliegen konnte, um nach der Schneehöhle zu suchen, hatten beinahe vierzig Suchkräfte den ganzen Tag tiefer liegende Abschnitte abgesucht, falls Brian und Nikko sich beim Abstieg auf der Falllinie verlaufen hatten, ein Fehler, der vermissten Bergsteigern häufig unterläuft. Der Sheriff setzte hinzu: »Einige Suchtrupps haben es bis auf 2 200 Meter geschafft, und andere sind schon auf 2 700 Metern.«

Doch der Sheriff wollte nicht, dass wir völlig entmutigt weggingen, und teilte uns die neuesten Informationen zu Kellys Mobiltelefon mit. Es gab Fortschritte bei der Lokalisation seines Telefons. Man hatte zwei Punkte mit ziemlicher Sicherheit orten können. Die Signale kamen aus einer Höhe von etwa 3 300 Metern vom Mount Hood in der Nähe des Gipfels. Die Signale ließen außerdem vermuten, dass das Telefon von einem Punkt zum anderen bewegt worden war und dass die Punkte nicht weit voneinander entfernt lagen.

Die zuständigen Mitarbeiter merkten an, dass sie durch Triangulation des Mobiltelefons Kellys tatsächlichen Standort auf circa 500 Meter genau orten konnten. Der Sheriff sagte: »Wir schicken ihm SMS, aber er hat noch nicht geantwortet.«

Ich versuchte, das Ganze rational zu sehen. *Kelly schreibt eigentlich so gut wie nie SMS. Vielleicht hat er sie einfach nicht bemerkt.*

Obwohl 500 Meter nach einem großen Suchgebiet klangen, tröstete mich der Umstand, dass es genau die Stelle war, die Kelly bei unserem Telefonat beschrieben hatte. Ich war erleichtert über die zusätzliche Bestätigung, dass Kelly nicht geistig verwirrt war, als wir mit ihm telefonierten. Er wusste genau, wo er war und was vor sich ging.

Trotz dieser positiven Nachrichten war mir wohl bewusst, dass die Tage vergingen und die Männer immer noch auf dem Berg waren. Wir fragten: »Was ist mit morgen?« In den nächsten Tagen wurden bis zu 1,20 Meter Neuschnee auf dem Berg erwartet. Die Lawinengefahr war extrem hoch. Der Sheriff sagte: »Leute, ich muss euch sagen, dass es nicht gut aussieht für die Suche morgen. Aber wir sind auf Abruf hier und können sofort aufbrechen, sobald das Wetter sich bessert.«

Als ich am Dienstagabend das Einsatzzentrum verließ, hatte ich keine Ahnung, wie viel Aufmerksamkeit diese Geschichte im ganzen Land erregte und wie viel Verstärkung an Einsatzkräften und Material am Mittwoch eintreffen würde. Alles, um die Männer vom Berg zu holen.

Mittwoch, 13. Dezember, 8 Uhr
Der Mittwoch kam, und die Verstärkung ebenfalls. Im Einsatzzentrum informierte uns der Sheriff erfreut, dass die Einsatzkräfte und Materialien auf dem Weg waren. Das große Medieninteresse erregte die Aufmerksamkeit von Bergsteigern überall im Land, die uns gern freiwillig bei diesem Such- und Rettungseinsatz helfen wollten. Und wir bekamen nicht nur neue Rettungskräfte. Diejenigen, die schon tagelang unermüdlich nach den Vermissten suchten, weigerten sich aufzugeben. Wir erfuhren, dass Vertreter einer Firma aus Colorado namens *Alliance for Robot-Assisted Crisis Assessment and Recovery*[4], kurz ARACAR, auf dem Weg zu uns waren und uns fünf ihrer mit Wärmekameras ausgestatteten Flugzeuge für die Suche nach den Bergsteigern zur Verfügung stellten. Jedes dieser computergesteuerten Kleinflugzeuge, auch »Drohnen« genannt, war etwa fünfundvierzig Zentimeter lang und hatte einen batteriebetriebenen Motor. Die Rettungskräfte hofften, dass die Flugzeuge Stellen erreichen konnten, die für Menschen zu gefährlich zu erreichen waren.

Ich war auch schockiert zu hören, dass das FBI mit einer Firma aus der Rüstungsindustrie zusammenarbeitete, die über Technologien zur

---

4   Etwa: Verband für robotergestützte Krisenbewertung und Bergung (Anm. d. Übers.).

Telefonüberwachung verfügte, mit deren Hilfe Kellys Standort über sein Mobiltelefon bestimmt werden konnte. Kellys Mobilfunkanbieter hatte das Gebiet bereits grob abgesteckt, doch diese Rüstungsfirma besaß eine Technologie, die das Suchgebiet noch weiter eingrenzen konnte.

Mike Iwanick von der *Alliance for Robot-Assisted Crisis Assessment and Recovery (ARACAR)* erklärt die Drohne, ein wärmesensibles, unbemanntes Kleinflugzeug, das bei der Suche eingesetzt wurde.

Viele Leute nahmen Anteil und bemühten sich, uns in irgendeiner Form bei der Suche zu helfen. Einige nahmen sich frei und unterstützen die Rettungskräfte, und andere halfen uns mit Sachspenden. Ob amerikanische Firmen, die uns ihre wertvollen Technologien zur Verfügung stellten, oder die freundlichen Anwohner, die uns einen DVD-Spieler und Filme brachten, um Jack zu beschäftigen – die unglaubliche Welle der Zuwendung überwältigte uns. Aus irgendeinem Grund hatte die Geschichte das ganze Land gepackt. Die Menschen waren aufmerksam, beteten und zeigten den starken Wunsch, zum Überleben dieser drei Männer beizutragen. Sheriff Wampler fasste es treffend zusammen: »Ich habe so etwas noch nie erlebt!«

Obwohl wir mehr oder weniger von der Außenwelt abgeschnitten waren, erfuhr ich auch von anderen Reaktionen auf die Geschichte. Freunde erzählten mir, dass einige die vermissten Männer kritisierten und sich beschwerten, dass durch den Versuch, ihnen das Leben zu retten, so viele Ressourcen gebunden waren. Ich war nicht verärgert über die Kritik, aber ich war traurig, dass diese Menschen nicht die Möglichkeit gehabt hatten, diese drei phänomenalen Männer kennenzulernen. Ich wusste, dass Kelly, Brian und Nikko als Erste geholfen hätten, wenn einer von ihren Kritikern in Not geraten wäre. Unsere Männer waren so freundlich und gutherzig – ich war mir sicher, dass sie sich etwas Unglaubliches für jeden ausdenken würden, der bei ihrer Rettung geholfen hatte, sobald sie in Sicherheit waren und sich erholt hatten.

Das Basislager für den Such- und Rettungseinsatz in *Cloud Cap* mit unserem Schild an der Wand

Die Familien blieben während der Suche zwar im Einsatzzentrum, doch wir wurden ständig über die Aktivitäten in *Cloud Cap* informiert, und wir beschlossen, die Rettungskräfte wissen zu lassen, wie sehr wir ihre Anstrengungen zu schätzen wussten. Alle drei Familien dachten angestrengt nach, und gemeinsam kamen wir auf die Idee, mit dem Schneefahrzeug Essen und Energydrinks ins *Cloud-Cap-Basislager* zu schicken. Zuerst schrieben wir eine Nachricht auf einen großen Plakatkarton; dann luden wir mehrere Kisten Energydrinks in das Fahrzeug, das sie den Berg hochtransportierte.

Später erfuhren wir, dass unser Dankeschön freudig aufgenommen wurde, und die Rettungskräfte stellten unser Schild im Basislager auf. Unsere Nachricht lautete:

> *Liebe Rettungskräfte, ihr seid unsere Stars! Danke für eure Energie und euren Einsatz. Unsere Jungs sind ›all-American boys‹[5]. Wir beten für euch um Bewahrung, damit ihr sie zu uns nach Hause bringen könnt. Herzlichst, die Familien von Kelly, Brian und Jerry.*

Die ganze Woche über schickten wir ihnen noch weitere Ladungen Verpflegung. Es war nicht viel, aber wir wollten diese großartigen Rettungskräfte wissen lassen, dass wir das, was sie für unsere Familien taten, nie aus dem Blick verloren oder gar als selbstverständlich betrachteten.

Mittwoch, 13. Dezember, Nachmittag
In dem Wissen, unter welch unglaublicher emotionaler Belastung wir alle standen, griff mein ehemaliger Arbeitgeber erneut ein und fragte Jessica, wer sich für uns um die Medien kümmern sollte. Sein Angebot machte mich so froh. Frank musste ein Interview nach dem anderen bewältigen, und wir brauchten jemanden vor Ort, der sämtliche Medienanfragen koordinierte. Jessica und Kathleen hatten bisher alles telefonisch geregelt, aber die Geschichte entwickelte eine immer stärkere Eigendynamik. Ich betrachtete es als Ironie des Schicksals, dass ich, obwohl ich selbst in der Medienbranche meinen Lebensunterhalt verdiente, Frank nicht bei den Interviews in Hood River helfen konnte. Doch sowohl er als auch ich wussten, welche Rolle wir einnehmen mussten, und meine war es, mich auf die Suche und die Bemühungen hinter den Kulissen zu konzentrieren.

---

5   All-American: repräsentativ für alle US-Bürger (Anm. d. Übers.).

Ich brauchte ungefähr zwei Sekunden, um das Angebot anzunehmen. »Das ist nicht schwer«, antwortete ich Jessica. »Was meinst du – könnten Ashley und Bill kommen?«

Ashley Blaker und Bill Palen sind sowohl in persönlicher als auch in beruflicher Hinsicht zwei der bemerkenswertesten Männer, die ich kenne. Sie sind äußerst talentierte PR-Profis, doch vor allem besitzen sie einen Tiefblick und eine Integrität, die in der amerikanischen Firmenwelt leider nicht oft zu finden sind. Kelly mochte sie beide sehr, und sie hatten uns mehrmals zu Hause besucht. Doch ihr Talent und unsere Freundschaft waren nicht die einzigen Gründe für meine Bitte. Beide Männer sind tiefgläubig. Jeder, der unter diesen Umständen innerhalb dieses engen Familienkreises arbeiten sollte, musste Gott und unseren Glauben verstehen.

Als Ashley und Bill eintrafen, umarmten sie mich, und ich begann zu weinen. Ich hatte schon so viele berufliche Situationen mit diesen Männern durchlebt. Ihre Anwesenheit verlieh mir ein Gefühl der Sicherheit, weil ich wusste, dass sie sich um unsere Familien kümmern würden. Ich dachte: *Kelly ist froh, dass ihr hier seid.*

Nachdem sie nur eine Stunde mit uns zusammen gewesen waren, kam Frank zu mir und sagte: »Diese Männer sind fantastisch.«

Ich lächelte und meinte: »Hab' ich dir doch gesagt.«

Menschen, die Kelly kannten, waren bereit, sehr viel einzusetzen, um ihn vom Berg zu holen. Während ich mit einem der Hilfssheriffs redete, fragte er mich: »Kennen Sie einen Doug Black in Dallas?«

Ich erwiderte: »Ja, er ist einer von Kellys besten Freunden.«

»Dann will ich Ihnen mal sagen, dass er ein unglaublich netter Kerl ist. Er hat mehrmals angerufen und gefragt, wie er uns helfen kann. Er hat uns jede erdenkliche finanzielle Unterstützung angeboten, die wir brauchen, um Kelly zu holen.«

Ich lächelte nur und schüttelte den Kopf. Ich war zutiefst berührt.

Die Geschichte nahm immer größere Ausmaße an. Zwei weitere Nachrichten von den drei Männern waren gefunden worden, und die Medien berichteten darüber. Unsere drei Vermissten waren verantwortungsbewusste, gewissenhafte Bergsteiger, die den Behörden mitteilten, wer sie waren und was sie vorhatten. Die Beamten sagten uns: »Drei Nachrichten hat noch keiner hinterlassen.«

Die erste Nachricht hatte auf dem Armaturenbrett ihres Mietwagens gelegen. Eine weitere handschriftliche Notiz hatten sie in den Briefkasten der Hood-River-Forstbehörde gesteckt. Darin hatten sie die Ausrüstung beschrieben, die sie bei sich hatten, und die Berge aufgezählt, die sie schon bezwungen hatten. Auf dem Zettel stand:

Hallo. Wir sind drei Bergsteiger: Jerry Cooke, Brian Hall und Kelly James. Wollen heute, Donnerstag 7.12., die Nordwand in Angriff nehmen. Haben komplette Ausrüstung bei uns. Am Freitag weiter an der Nordwand; Abstieg bei Timberline. Wir haben Verpflegung, Brennstoff, Seile, Schaufel, Schlafsäcke, dicke Anoraks etc. … Wir haben Erfahrung auf Rainier, Denali, Südamerika-Expeditionen etc. …

Die dritte Nachricht war ein Dankesschreiben. Suchkräfte fanden sie im Logbuch im Gebälk der *Tilly-Jane-Hütte*. Das war der gleiche Ort, den ich dem Sheriff beschrieben hatte, als ich am Sonntagabend mit ihm telefonierte. *Tilly Jane* war in den 1930er-Jahren erbaut worden, um denen, die auf dem Berg unterwegs waren, Schutz und Wärme zu bieten. Die Männer hatten die Nacht vom Donnerstag zum Freitag dort verbracht. In der Nachricht stand:

Danke für Ihre Arbeit an dieser großartigen Schutzhütte. Wir hatten nicht vor zu bleiben, doch die Wärme des Feuers hat unsere Meinung geändert. Wir sind als Gruppe von drei Bergsteigern unterwegs und haben einen 20-Dollar-Schein hinterlassen. Wir machen uns morgen an die Nordwand auf! Wünschen Sie uns Glück! Nikko, B. Hall, Krazy Kelly.

An der Unterschrift und dem Umstand, dass Kelly niemals mit »Krazy Kelly« unterschreiben würde, erkannte ich, dass Kelly die Nachricht nicht selbst geschrieben hatte. Aber ich wusste auch, dass er ganz bestimmt dafür gesorgt hatte, dass sie geschrieben wurde. Kelly bedankte sich immer, und solch eine Nachricht sah ihm ganz ähnlich. Genau genommen entsprach das dem Charakter aller drei Männer.

Sie waren einfach gute Kerle, die die Dinge und Menschen in ihrer Umgebung zu schätzen wussten.

Je mehr die Rettungskräfte erfuhren und je länger wir uns unterhielten, desto mehr merkten wir, dass sie sich mit unseren Familien und den Vermissten verbunden fühlten. Captain Bernard ging wunderbar mit uns um und hielt ständig Kontakt. Nachdem die Ermittler ihre Ausrüstungsliste gefunden hatten, die zwischen zurückgelassenen persönlichen Dingen gesteckt hatte, bemerkte der Captain: »Ich wusste eigentlich von Anfang an, dass diese Männer auf alles vorbereitet waren, aber diese Liste sagt mir einfach, dass sie wirklich alles richtig gemacht haben.«

Captain Chris Bernard von der 304. Rettungsstaffel der Luftwaffenreserve hält die Nachricht in der Hand, die die drei Bergsteiger an der Rangerstation hinterlassen hatten. Frank schaut zu.

Obwohl die Rettungskräfte im Besitz ihrer Nachrichten waren, wurden die drei Männer immer noch vermisst, und auch der Mittwoch brachte keine neuen Erkenntnisse über ihren Aufenthaltsort. Wir hatten einen weiteren Tag mit schlechtem Wetter hinter uns, und die Suchtrupps konnten wieder nicht weiter als bis zur Baumgrenze vorstoßen. Weiter oben schneite es zu heftig. Trotz ihrer fortschrittlichen Technologie mussten die Drohnen bei diesem Wetter am Boden bleiben. Obwohl ich natürlich zutiefst dankbar für all die Hilfe war, die uns zur Verfügung stand, war ein weiterer Tag vergangen und Kelly war immer noch auf dem Berg, fern von mir und seiner Familie. Als ich die Wettervorhersage für Donnerstag hörte, wurde mir schwindlig. In der Nacht sollte der schwerste Sturm der Saison aufkommen, mit Windgeschwindigkeiten von über 160 km/h und weiteren 30 Zentimetern Neuschnee auf dem Berg.

Bitte, Gott, lass sie uns am Donnerstag noch vor dem Sturm finden, betete ich.

Donnerstag, 14. Dezember, morgens

Ich wachte zeitig auf, und bevor ich das Zimmer in unserer Frühstückspension verließ, weckte ich ganz sanft ein Kind nach dem anderen. »Ich gehe zum Büro des Sheriffs. Ihr könnt weiterschlafen, und ich rufe euch an, wenn irgendwas passiert. Macht euch keine Sorgen. Heute wird ein guter Tag«, sagte ich. Bei diesen Worten lächelten sie, ohne die Augen zu öffnen.

Die Kinder glaubten immer noch, dass eine erfolgreiche Rettung und ein glückliches Ende absolut möglich waren. Dafür war ich sehr dankbar. Immerhin kannten sie ihren Vater und sie hatten alles Vertrauen der Welt in seine Fähigkeit zu überleben. Ich konnte Kellys Macher-Mentalität in ihnen erkennen. Er hätte nie gewollt, dass wir die Suche nach ihm aufgaben oder die Hoffnung verloren, dass er überleben könnte.

Im Einsatzzentrum war es geschäftig wie immer. Dass ich mich auf den Weg ins Büro des Sheriffs machte, während Frank zu einer frühmorgendlichen Pressekonferenz davoneilte, war unser neuer Tagesrhythmus. Frank sollte in zwanzig Minuten eine weitere Pressekonferenz halten. Mein Telefon klingelte und Kathleen und Jessica sagten: »Karen, du musst Frank begleiten. Die Leute wollen mehr über die Männer wissen, und sie wollen es von dir hören.«

Ich hatte den Medienrummel um die Suche mental völlig ausgeblendet; daher überraschte mich ihre Bitte. »Muss ich das wirklich tun?«, fragte ich. Die Frauen antworteten: »Ja, es ist wichtig.«

Freunde der Familie boten sich an, mich zum *Cooper Spur Inn* zu fahren, wo die Pressekonferenz stattfinden sollte. Während ich auf der Fahrt dorthin auf dem Rücksitz saß, schaute ich aus dem Fenster und dachte: *Was soll ich denn sagen?* Dann passierte etwas, das ich in meiner ganzen beruflichen Laufbahn noch nie erlebt hatte: Ich machte mir keine Gedanken mehr darum, was ich sagen sollte. Über meinen Mann, seine Fähigkeiten und seinen Glauben konnte ich ewig reden.

Das Wetter war schrecklich. Es war bitterkalt und Eisregen fiel vom Himmel. Ich konnte nur vermuten, mit welch schrecklichen Bedingungen die Männer über uns auf dem Berg zu kämpfen hatten. Ich ging zu Frank, der sich mit den Medien unter einer Zeltplane versammelt hatte.

Erneut brachte Frank den Optimismus der Familien zum Ausdruck. Dann war ich an der Reihe. Ich sagte den Reportern das Einzige, was ich ganz sicher wusste. »Ich weiß, dass mein Mann von diesem Berg herunterkommt. Er hat auf Mount Rainier um meine Hand angehalten, und wir haben vor, unsere Goldene Hochzeit dort zu feiern. Also weiß ich, dass er wieder herunterkommt.«

Der Gedanke, dass wir vielleicht gar keinen Hochzeitstag mehr zusammen feiern sollten, war mir überhaupt noch nicht gekommen. Immerhin hatte mir Kelly erst vor wenigen Tagen in die Augen geschaut und versprochen, dass er mich niemals verlassen würde.

Und ich glaubte ihm.

Donnerstag, 14. Dezember, nachmittags
Später an diesem Tag bekamen wir die aufregende Meldung, dass Kelly sein Telefon am Dienstag, dem 12. Dezember, um 22.55 Uhr eingeschaltet hatte. Da der letzte bestätigte telefonische Kontakt am Montagmorgen stattgefunden hatte, waren wir ganz aus dem Häuschen: Die Aktivierung seines Mobiltelefons bedeutete, dass er bei Bewusstsein und in der Lage war, sein Telefon zu bedienen. Ebenso rasch, wie wir Hoffnung geschöpft hatten, wurde sie allerdings wieder zerstört, als wir erfuhren, dass dieser Bericht nicht korrekt war. Das letzte Mobilfunksignal war am Dienstag um 1.51 Uhr registriert worden. Die Behörden sagten uns, dass möglicherweise der zusammenbrechende Akku dieses Signal verursacht hatte.

Doch das war nicht die letzte enttäuschende Nachricht. Die beiden Drohnen hatten keine Ergebnisse gebracht, und wieder einmal hinderte das schlechte Wetter die Suchtrupps daran, über die Baumgrenze hinaufzusteigen.

Gerade als wir dachten, das Wetter könnte nicht mehr schlechter werden, wurden wir eines Besseren belehrt. Die Wettervorhersage kündigte für den Bundesstaat das schlimmste Unwetter des Jahrzehnts an. Selbst die Medien wurden aufgefordert, ihre Ausrüstung und ihre Satellitenwagen in Sicherheit zu bringen. Der Donnerstag endete und ich dachte, ich würde den Verstand verlieren. Das konnte doch alles überhaupt nicht sein! Wir sollten Weihnachtsvorbereitungen treffen, statt darauf zu warten, Kelly und seine Freunde auf dem Mount Hood zu finden. Gegen die extremen Wetterbedingungen waren wir machtlos. Unsere einzige Chance war ein göttliches Eingreifen.

Kapitel 8

Zeichen von oben?

Schneefall und Wind nahmen zu – ebenso wie unsere Angst. Die Tage begannen, ineinander zu verschwimmen.

Ich fing an, 14 Uhr zu hassen. Wenn die Männer bis zu diesem Zeitpunkt nicht gefunden waren, war die Suche für diesen Tag mehr oder weniger vorbei. Aufgrund des schlechten Wetters mussten die Rettungsmannschaften genug Zeit haben, um vor Einbruch der Dunkelheit sicher den Rückweg zu schaffen.

Jeden Tag, pünktlich wie ein Schweizer Uhrwerk, informierten uns Sheriff Wampler und Captain Bernard darüber, was auf dem Berg geschehen war. Wir hingen an ihren Lippen und ließen die Köpfe hängen, wenn sie ein weiteres Mal die gefürchteten Worte sagten: »Wegen des Wetters werden wir die Suche heute zeitiger abbrechen. Wir hoffen, dass morgen bessere Bedingungen herrschen.«

Wir waren nie ärgerlich auf die Beamten; sie waren ja nur die Überbringer der schlechten Nachrichten. Wir dankten ihnen stets für ihre Bemühungen, umarmten einander und beteten dann für einen besseren nächsten Tag.

Mit jedem weiteren erfolglosen Tag fiel mir der Rückweg zur Frühstückspension schwerer. Die Kinder waren meistens schon vor mir dort. Ich hatte als Reporterin viel Zeit in Kriseneinsatzzentren verbracht, aber die Kinder fühlten sich in der Pension wohler, wo die Stimmung nicht so spannungsgeladen war. Ich war dankbar, dass sie einen Rückzugsort hatten. Vor dem Abendessen sprachen wir über die Suche des Tages und die nächsten Schritte. Nach dem Abendessen fingen alle langsam an, sich zu entspannen.

In der Pension hatten die Kinder und ich beschlossen, gemeinsam in einem großen Zimmer mit mehreren Betten zu schlafen. Katie und ich teilten uns ein Bett, ebenso wie Ford und Jack. Keiner wollte allein sein. Sara und Jason schliefen in einem Zimmer in der Nähe von unserem, während Lou Ann und Traci in der unteren Etage wohnten.

Da ich ein Morgenmensch bin, waren die Kinder und Kelly daran gewöhnt, dass ich mich abends als Erste verabschiedete und ins Bett ging. Aber jetzt hasste ich die Nacht.

Katies und mein Bett stand unter einem Dachfenster, und ich konnte jeden Regentropfen und jeden Windstoß hören. Ich starrte an die Decke, schaute zum Dachfenster und flüsterte Kelly zu: »Schatz, wir sind unterwegs. Bitte halt durch.«

Ich fühlte mich so schuldig, dass ich in einem schönen warmen Bett lag, während er langsam erfror. »Gott, bitte tu das nicht«, betete ich immer wieder. Manchmal, um diesem Szenario zu entgehen, blieb ich in der unteren Etage und versuchte, wach zu bleiben. Ich hoffte einfach, dass ich irgendwann zu müde sein würde, um immer wieder darüber nachzudenken, wie schrecklich es für meinen Mann sein musste, in einem Blizzard in dieser Schneehöhle zu liegen.

Mein Vater Roy Oddy und ich

Freunde aus Dallas riefen oft tagsüber an, doch ich hatte nicht die seelische Kraft, sie zurückzurufen. In der Dunkelheit, wenn alle in der Pension schon schlafen gegangen waren, meldete ich mich bei den Menschen, denen gegenüber ich alle Masken fallen lassen konnte.

Ich versuchte, für die Kinder und Kellys Familie stark zu sein, doch bei meiner Mutter, meinem Vater und meinem Bruder Karl konnte ich so schwach und ängstlich sein, wie ich mich wirklich fühlte. Sie alle liebten Kelly sehr und machten sich große Sorgen um ihren Schwiegersohn und Schwager.

Zum ersten Mal in meinem Leben war ich nicht mehr die Alleskönnerin, die bereit war, die Welt zu erobern. Mein Mann, meine große Liebe, mein Beschützer saß allein und hilflos auf einem Berg fest, und gleichgültig, was ich versuchte, ich konnte ihn nicht herunterbringen. Eines Abends rief ich meinen Vater an und flehte: »Bitte, bitte Daddy, hol ihn doch zurück!«

Mein Vater schwieg kurz. Dann sagte er – und ich konnte hören, wie seine Stimme brach –: »Karen, wenn ich könnte, würde ich es tun.« An ihn war die größte Bitte herangetragen worden, die jemals an ihn gerichtet wurde, und doch stand es nicht in seiner Macht, seiner Tochter zu helfen.

Während ich tagsüber mit Jessica und Kathleen die Medienanfragen und Neuigkeiten zur Suche besprach, redete ich abends mit meiner Freundin Ellen, die meine geistliche Stütze war. Wir sprachen ausführlich über die Tatsache, dass Gott alles unter Kontrolle und bereits das Ende dieser Geschichte geschrieben hatte. Meine Aufgabe war es jetzt, alles zu durchleben, was geschah, und meinen Glauben zu behalten. Ich beendete den Tag immer mit einem Anruf bei Ellen, weil ich beim Reden über Gott und unseren Glauben Frieden und unglaubliche Kraft zum Weitermachen gewann – Kraft, um diese Treppe hochzusteigen und das Dachfenster anzuschauen, während draußen das Wetter tobte.

Zu sagen, dass der Glaube viele der Familienmitglieder während dieser entsetzlichen Woche aufrecht hielt, ist schlichtweg eine Untertreibung.

Wir waren unfreiwillig an etwas beteiligt, das auf der ganzen Welt Aufmerksamkeit erregte. Die Tage vergingen, und ein Kapitel der Geschichte fügte sich ans andere. Das Wetter wurde immer schlechter, doch Millionen Menschen beteten um einen erfolgreichen Rettungseinsatz. Die Sorge um die drei Bergsteiger nahm Ausmaße an, die wir uns nie hätten träumen lassen. Ständig erhielt ich Nachrichten über die vielen Gebetsgottesdienste, die überall im Land stattfanden. Eine liebe Freundin aus Kellys und meinem Hauskreis, Kathrine Millet, erzählte mir von einem unglaublichen Moment in einem Gebetsgottesdienst, als der Song »Hold Fast« – »Halte daran fest« von *MercyMe* eingespielt wurde. Der Text passte genau auf unsere Situation. Ich werde wohl nie wieder dieses Lied hören können, ohne an Kelly in dieser Schneehöhle denken zu müssen.

Frank sagte in einer der Pressekonferenzen genau das, was ich dachte: »Unser Glaube hat drei Dimensionen: Wir glauben *für* Kelly, Brian und Nikko; wir glauben *mit* den Rettungskräften; und wir glauben *an* Gott. Und zweifellos wird unser Glaube in diesen Tagen neu definiert.«

Ich war zutiefst davon überzeugt, dass unsere Gebete Berge versetzen konnten, und ein Teil dieser Gewissheit bestand in dem starken Eindruck der Gegenwart Gottes. Ich durchlebte eine schmerzliche, existenzielle, glaubensverändernde Situation, in der ich einfach ein Tonklumpen war und Gott in seiner absoluten Souveränität mich formte – eine Situation, aus der es kein Entrinnen gab, jedenfalls nicht im Moment.

Aber ich muss ehrlich zugeben, dass es mir nicht gefiel, meinen Glauben so bearbeiten lassen zu müssen. Zum allerersten Mal verstand ich, was der Satz »Es liegt nicht in meiner Hand« bedeutet. Die Liebe meines Lebens war auf diesem Berg gefangen und es stand nicht in meiner Macht, ihn aus dieser Lage zu befreien. Das war die reinste Folter.

Wenn die Welt unter einem zusammenbricht und man in die Knie gezwungen wird, ist der einzig mögliche Blick der nach oben. Plötzlich wird alles, was man über seinen Gott und seinen Glauben zu wissen meint, auf die Probe gestellt. In solch einer Zeit lernt man zu begreifen, wie man zu seinem Schöpfer steht, und die bedeutendste Frage des Lebens schlägt einem mitten ins Gesicht: *Glaubst du wirklich?*

Für mich ist die Antwort auf diese Frage Ja – ich glaube wirklich. Gott ist keine von Menschen erdachte Theorie. Er ist sehr, sehr real und hat alles im Griff, was geschieht, selbst die Dinge, die für unseren Verstand zu hoch sind.

Wir alle durchlebten zwar großes Leid, doch ich war fest davon überzeugt, dass Gott uns nie von der Seite wich. Durch viele Ereignisse schickte er uns Trost und versicherte uns, dass wir nicht allein unterwegs waren.

Michaela Cooke und ich trösten einander, während die Rettungskräfte nach unseren Ehemännern suchen.

Am Mittwochabend, während ich mit einer lieben Freundin sprach, durchströmte plötzlich eine ganz unglaubliche Wärme meinen Körper. So etwas hatte ich noch nie gespürt. Es war ein so intensives Gefühl, dass ich sofort dachte: *Gott will mir entweder sagen, dass alles gut wird, oder dass Kelly gerade gestorben ist.* Letzteres wollte ich nicht einmal als entfernte Möglichkeit in Betracht ziehen, und ich hatte keine Ahnung, was dieses Gefühl tatsächlich bedeutete. Aber dieses Erlebnis überzeugte mich hundertprozentig davon, dass Gott weder mich noch Kelly im Stich gelassen hatte, und es gab mir die Kraft, die Woche zu überstehen.

Ein Cartoon, auf dem der Gipfel und ein zum Himmel zeigender Pfeil zu sehen sind. Er erschien am 23. Dezember 2006 in der Zeitung von Kellys Heimatstadt in Arkansas, dem *Benton Courier*.

Ein weiteres Erlebnis, das kein Zufall sein konnte, hatten wir mit einem völlig Fremden. Angela, Brians Schwester, erzählte uns, dass einer der Teenager, die im Jahr 1976 dreizehn Tage in einer Schneehöhle auf dem Mount Hood verbracht hatten, uns anbot, unter Ausschluss der Öffentlichkeit mit den Familien zu sprechen. Den Namen Randy Knapp kannte ich durch einen Artikel im *Oregonian* und ein Interview bei Larry King, doch dieser Überlebende, Gary Schneider, hatte immer über diese schrecklichen dreizehn Tage geschwiegen. Jetzt kam er auf uns zu, um mit uns zu sprechen.

Die Familien willigten ein, sich an diesem Abend mit Gary im Kellerraum des *Hood River Hotel* zu treffen. Als Gary den Raum betrat, sahen wir sofort, dass er sich nicht wohl dabei fühlte, so im Mittelpunkt zu stehen. Er war nur hier, weil er sich dazu gedrängt fühlte.

Gary beschrieb uns, wie er Silvester 1975 mit zwei Freunden zu einer Tour zum Gipfel von Mount Hood aufgebrochen waren. Sie waren damals von *Timberline Lodge* aus gestartet und über die Südseite gegangen. So wie bei unseren Männern hatte die ursprünglich unbeschwerte, abenteuerliche Tour für die drei Freunde in einem Überlebenskampf geendet.

Die Familien und Freunde unterstützten sich stets während der langen Suche.

Man kann nur schlecht in Worte fassen, was an jenem Abend geschah, als Gary seine Geschichte erzählte und beschrieb, wie sein Glaube an Gott sie dreizehn Tage lang geschützt und durchgetragen hatte. Gary schrieb sein Überleben allein Gott zu, und wir schöpften neuen Mut für Kelly, Brian und Nikko. Im Rückblick sehe ich, dass wir an jenem Abend mehr als nur Hoffnung empfingen. Gott flüsterte uns zu, dass wir nicht allein waren.

Die heftigen Stürme rissen nicht ab und machten eine Rettung unmöglich. Die Familien blieben nah beisammen und trösteten und ermutigten einander. Gegen Ende der Woche, als die Wetterlage am schlechtesten war, versammelten sich die Familien zu einem Brunch. Als wir alle an einem langen Tisch saßen, betete Frank mit uns: »Bitte, Vater, nimm dieses Unwetter weg und lass die Rettungskräfte Kelly, Brian und Nikko finden.« Es war das Gebet, das wir schon die ganze Woche beteten, aber es hatte nichts von seiner Unmittelbarkeit verloren.

Vom Restaurant aus waren normalerweise das Wasser und die Berge zu sehen. Kurz bevor wir uns an diesem Tag zum Essen niederließen, waren die Wolken allerdings so dicht, dass wir nicht einmal den Berg erkennen konnten. Kurz nach unserem Gebet fingen die Wolken an zu verschwinden. Voller Staunen standen wir alle auf und wanderten zum Fenster. Die Wolken hoben sich und zum ersten Mal konnten wir den Berg sehen. Dann erschien die Sonne und wir sahen einen unbeschreiblich schönen Regenbogen. Es war atemberaubend. Alle fingen an zu jubeln. Wir rannten hinaus auf die Terrasse und viele machten Fotos von der Sonne. Ich hatte mich schon gefragt, ob wir die Sonne je wiedersehen würden, und es war, als hätte Gott mit der Hand über den Himmel gewischt und gesagt: »Wolken, verschwindet« – und sie waren verschwunden.

Alle am Tisch schüttelten ungläubig die Köpfe. Als die Mobiltelefone mit den Fotos von der Sonne herumgereicht wurden, sagte jemand: »Sie sieht aus wie das Auge Gottes.« Noch heute befinden sich diese Fotos auf einigen Telefonen.

Für uns war das ein Zeichen, dass ein erfolgreicher Rettungseinsatz unmittelbar bevorstand – doch dann kehrten die Wolken so schnell zurück, wie sie verschwunden waren. Wieder waren wir verwirrt und wussten nicht, was das zu bedeuten hatte, doch ich hatte keinen Zweifel daran, *dass* es etwas bedeutete. Und ich wusste, dass wir nicht allein waren.

Trotz der schlechten Wetterbedingungen und der Unfähigkeit, die drei Bergsteiger in dieser Woche zu erreichen, war ich immer noch fest davon überzeugt, dass unsere Männer lebendig nach Hause kommen würden.

Immerhin, dachte ich, *ich glaube und ich weiß, dass Gott auf unserer Seite ist.*

Kapitel 9

Hab Erbarmen, Gott!

Freitag, 15. Dezember
Was ist das für ein Geräusch?, fragte ich mich und drehte mich im Bett um. Ich konnte ein seltsames Geräusch hören, doch ich war viel zu erledigt, um herauszufinden, was es war. Außerdem wusste ich nicht, wo ich war. Dann traf es mich wie ein Schlag. Ich schaute auf meine rechte Seite und sah Katie neben mir, nicht Kelly. Er war allein in der Kälte auf dem Mount Hood, in über 3 300 Metern Höhe. *Oh Kelly!*

Das Geräusch war Regen, der auf das Dachfenster niederprasselte, und der Wind war so stark, dass die Fenster klapperten.

Mein Herz begann zu rasen. Wie spät ist es? Ich stemmte mich hoch, um auf die Uhr zu schauen, doch ich sah nur Dunkelheit. Verzweifelt fragte ich: Oh Gott, warum?

Der Sturm, den wir gefürchtet hatten, war über uns hereingebrochen. Der Strom war ausgefallen, und was die Meteorologen vorausgesagt hatten, war eingetroffen. Der schwerste Sturm seit über zehn Jahren hatte die Küste von Oregon getroffen. Mit über 140 km/h bewegte er sich landeinwärts, sorgte für Überschwemmungen und fällte Bäume und Strommasten, sodass mehr als 350 000 Haushalte in Oregon ohne Elektrizität waren. Mit Böen von bis zu 210 km/h auf 3 300 Meter Höhe waren die Bergsteiger Winden von der Stärke eines Hurrikans ausgesetzt. Der Sturm führte dazu, dass am Flughafen von Portland 90 Flüge gestrichen wurden und der Verkehr an der Nordküste von Oregon zum Erliegen kam. Die meisten großen Highways waren zumindest teilweise gesperrt.

Die Kinder schliefen tief und fest, und ich fing in der Dunkelheit an zu weinen. Gott, warum bist du so hart zu unserer Familie? Bitte, hab doch Erbarmen mit uns!

Während ich in meinem warmen Bett lag, wurde mir der Gedanke unerträglich, dass Kelly den Blizzard und die rasenden Windböen auf dem Berg durchstehen musste. Dass er litt, während ich in Sicherheit war, zerriss mir das Herz. Ich flüsterte immerzu einen Satz, den ich wohl schon mehr als hundertmal gesagt hatte: »Schatz, du musst durchhalten! Gib nicht auf!«

Reiß dich zusammen, sagte ich mir. In wenigen Stunden musste ich unsere Familie landesweit im Fernsehen vertreten. Ich musste diese Verzweiflung abschütteln.

Angela Hall, Brians Schwester, wird von Captain Mike Braibish von der Nationalgarde Oregon getröstet.

Mit dieser veränderten Einstellung stand ich ganz leise auf, um die Kinder nicht aufzuwecken. In der Pension war der Strom immer noch ausgefallen; also rief ich Ashley an, meinen ehemaligen Kollegen, der mit hier in Hood River war, um zu besprechen, was wir jetzt tun sollten.

Er war gerade dabei, Michaela Cooke und Angela Hall aufzuspüren. Wir beschlossen, dass wir alle ins Hotel gehen würden, wo die Medienleute übernachteten. Dort wollten wir uns fertig machen und dann die frühmorgendlichen Interviews geben. Im Hotel gab es Strom.

Am Abend zuvor hatten Michaela, Angela und ich beschlossen, dass wir die Interviews als Team geben wollten. Einzeln waren wir zu emotional und aufgelöst, aber gemeinsam hatten wir Kraft und Zuversicht. In ganz kurzer Zeit waren diese beiden fantastischen Frauen mehr als nur liebe Freundinnen geworden; sie waren wie Schwestern für mich.

Bevor wir uns den Fragen stellten, beteten wir und sagten: »Wir tun das für unsere Männer.« An jenem Morgen gaben wir mehrere Interviews nacheinander für einige landesweite Sender. Meine Erinnerungen an die Interviews mit NBC, ABC, CBS, FOX und CNN sind heute verschwommen, aber was ich noch ganz genau weiß, ist, wie dicht wir drei Frauen den ganzen Morgen über beieinanderstanden und uns fest an den Händen hielten. Wie unsere drei Männer waren auch wir ein Team, mit einem gemeinsamen Ziel im Blick. Wir wussten, dass unsere Männer stolz auf uns wären und auf die tiefe Liebe, die zwischen uns gewachsen war.

Als die Interviews am Morgen vorbei waren, kam auch nach und nach in Hood River der Strom wieder. Jeder neue Tag schenkte uns neue Hoffnung, aber unsere Hoffnungen verblassten bald wieder, als wir die Wettervorhersage für den Freitag hörten. Es würde ein weiterer sehr schwieriger Tag werden. Wir waren schon seit fünf Tagen hier, und die Männer waren vor acht Tagen auf den Berg aufgebrochen.

Sheriff Wampler informierte uns, dass der Wetterdienst eine extreme Wetterlage vorhersagte, mit Windböen am Gipfel von bis zu 110 km/h. Außerdem wurde auf dem Berg noch mehr Neuschnee erwartet. Wegen der gefährlichen Wetterbedingungen und extremen Lawinengefahr würden die Rettungskräfte nur eine eingeschränkte Suche durchführen. Die Suchtrupps auf dem Berg würden sich auf Gebiete unter 1 800 Meter Höhe beschränken, um zu sehen, ob Brian und Nikko sich vielleicht verlaufen hatten oder weiter unten am Berg festsaßen.

Der Sheriff war sehr besorgt wegen der Lawinengefahr in dem höher liegenden Suchgebiet. Der Neuschnee haftete kaum am Berg, und es brauchte nicht viel, um einen Abgang auszulösen. Bei ihrem Aufstieg auf den Berg mussten die Rettungskräfte ständig die Lawinengefahr abwägen. Dadurch kamen sie nur langsam voran.

Doch der Sheriff, der uns Familien auch moralisch unterstützte, wechselte rasch das Thema, um unseren Optimismus nicht zu zerstören. Er fing an, über die Pläne für den Sonnabend zu reden. Er sagte, dass sich für das Wochenende so viele freiwillige Helfer gemeldet hätten wie noch nie zuvor. Wieder einmal bemerkte der Sheriff voller Staunen: »Ich habe so etwas in meinem ganzen Leben noch nicht erlebt. Jeden Tag kommen mehr Leute und mehr Ausrüstung dazu.« Wir hatten immer noch keine Ahnung, welch eine Bedeutung diese Geschichte für unser ganzes Land angenommen hatte. Davon hörten wir in unserer neuem Zuhause nichts.

Sonnabend, 16. Dezember, 6 Uhr
Es war der Tag des Rettungseinsatzes und wir alle standen voller Erwartung schon sehr zeitig auf. Was würde heute wohl passieren? Ich wies die Kinder an, ihre Koffer zu packen, da ich annahm, dass die Rettungskräfte Kelly einfach bergen würden und wir sofort zu ihm ins Krankenhaus fahren konnten. Ich weigerte mich, anders als ausschließlich positiv zu denken. Wir hatten schon so viel Kummer und Wartezeit durchgestanden. Ich wollte meinen Mann wiedersehen.

Die Familien trafen sich in der Stadt und zogen zu dem kleinen Flugplatz in Hood River, sodass wir persönlich dort waren, wenn die Rettungskräfte und die Black-Hawk-Helikopter aufbrachen. Einige Rettungskräfte waren schon seit Stunden auf dem Berg. Beinahe 70 Suchkräfte waren aufgestiegen, und einige waren bereits seit 4 Uhr unterwegs. Die Bergretter würden von der Nord- und Südwand her anrücken. Allerdings war die Lawinengefahr immer noch hoch. Der Berg war oberhalb von 2 400 Metern für Freizeitkletterer gesperrt worden, damit die Retter sich ganz auf die Suche nach Kelly, Brian und Nikko konzentrieren konnten.

In einem Umkreis von fünfeinhalb Kilometern um den Mount Hood war außerdem der Luftraum komplett abgeriegelt worden, und nur militärische Luftfahrzeuge und solche, die an der Suche beteiligt waren, waren zugelassen. Ich konnte kaum glauben, wie jeder sein Äußerstes gab, um die drei Männer zu finden. Wir erfuhren, dass jetzt, wo die Black Hawks aufgrund der besseren Wetterbedingungen starten konnten, das »Bodenpersonal« besonders wichtig für die Luftrettung war. Ich dachte nicht an den möglicherweise schlechten körperlichen Zustand der drei Männer und fragte den Sheriff daher: »Können die Männer nicht einfach rauskommen, wenn sie die Hubschrauber hören?«

»Vielleicht können sie die Helikopter gar nicht hören«, erklärte er, »oder vielleicht sind sie auch zu schwach, um rauszukommen. Deswegen ist es so wichtig, dass die Rettungskräfte auf dem Berg sind, um ihnen falls nötig zu helfen.«

Auf der Fahrt zum Flugplatz bereitete ich die Kinder auf die (wie mir mitgeteilt worden war) große Medienpräsenz vor: »Bleibt einfach zusammen und stört euch nicht an den Kameras. Viele Leute beten für uns und Dad, und alle wollen, dass die Männer gerettet werden.«

Eine große Gruppe von Medienvertretern versammelt sich zu einer Pressekonferenz am Flugplatz.

Unterwegs sagte eines der Kinder: »Du meine Güte! Schaut euch die ganzen Kameras an!« Verständlicherweise war ihnen die Medienpräsenz unangenehm und sie fühlten sich angesichts all dieses Rummels nicht wohl. Trotzdem war es ihnen wichtig, mitzukommen und den Rettungskräften ihre Unterstützung zu zeigen.

Am Abend zuvor hatten die Familien besprochen, wer am Sonnabend mit den Medien reden sollte. Gemeinsam hatten wir beschlossen, dass es an der Zeit war, dass die Menschen von den drei bemerkenswerten Frauen hörten, die die ganze Woche über hinter den Kulissen geblieben waren und verzweifelt für die Rückkehr ihrer Söhne gebetet hatten.

Alle Mütter waren nur allzu gern bereit, mit den Medien zu reden. Sie wollten die ganze Welt wissen lassen, dass es ihre drei Söhne waren, die da auf dem Berg festsaßen, und dass sie gute Männer waren, die Gott und ihre Familien liebten. Und wie allen anderen Familienmitgliedern war es auch den Müttern sehr wichtig, den Rettungskräften persönlich dafür zu danken, dass sie nicht aufgaben und ihr eigenes Leben riskierten, um Kelly, Brian und Nikko zu retten.

Als die Kameras liefen, trat Brians Mutter Clara vor, um zu sprechen. Ich erinnerte mich an die vielen besonderen Gespräche, die Brian mit mir über sie geführt hatte. Eines Abends, als Brian mir beim Salatmachen half, während Kelly den Grill für die Steaks vorbereitete, musste ich plötzlich lachen. »Hey, Kelly hat sich die ganze Woche über dich lustig gemacht. Er hat Songs von ABBA auf deinem iPod gefunden. Was hat es denn damit auf sich?«

Brian fing auch an zu lachen. Kelly war ein großer Musikfan und machte sich ständig über Brians Musikgeschmack lustig, aber ABBA ... das setzte dem Ganzen die Krone auf. Er sagte: »Mann, ich hab' versucht, die vor ihm zu verstecken. Aber er hat sie doch gefunden, und jetzt zieht er mich dauernd damit auf.«

Wir lachten weiter, bis Brian sich wieder fing und sagte: »Weißt du, warum ich Songs von ABBA habe?«

»Warum?«, fragte ich neugierig.

Brians Gesicht nahm einen leicht wehmütigen Ausdruck an, und er erklärte: »Als Kind habe ich immer meine Mom beobachtet, wenn sie sich die Haare machte. Sie hatte da so einen speziellen Kamm ... und sie hat dabei Songs von ABBA gesungen. – Diese Songs erinnern mich an sie, und dann fühle ich mich gleich besser«, setzte er hinzu.

Ich war gerührt.

Als ich Clara dort vor all den Kameras sah, lächelte ich und flüsterte: »Brian, ihre Haare sehen heute toll aus.«

Clara dankte den Rettungskräften und sagte dann etwas, das mich wieder an die Abende an unserem Esstisch in Dallas denken ließ: »Immer wenn Brian auf einen Berg stieg, war es unser Ziel, gleichzeitig zum Mond hochzuschauen. Gestern Abend habe ich den Mond gesehen. Wir sind voller Hoffnung.«

Das war nicht das erste Mal, dass ich diese Geschichte hörte. Bei einem Abendessen hatte mir Brian sie schon einmal erzählt. Er sagte, wo auch immer auf der Welt er gerade auf einen Berg steige, er und seine Mutter planten immer, zum Mond hochzuschauen, in dem Bewusstsein, dass sie beide das Gleiche taten. Es war eine ganz besondere Art der Kommunikation zwischen Mutter und Sohn und für beide ganz besonders wertvoll.

Brians Vater, Dwight Hall (links), und die drei Mütter (vorn, von links nach rechts) Clara Hall, Maria Kim und Lou Ann Cameron, sprechen mit den Reportern.

Wenn ich heute den Mond sehe, kommen in mir immer ganz starke Gefühle auf. Für mich wird der Mond immer Clara und Brian gehören und ein Symbol ihrer tiefen Liebe zueinander bleiben.

Dann wandte sich Nikkos Mutter, Maria Kim, eine koreanische Einwanderin, an die Medien und bedankte sich bei den Rettungskräften. Sie sprach die Gefühle aus, die alle drei Mütter empfanden: »Jedes Mal, wenn ich daran denke, dass mein Sohn hungrig und frierend in einer Schneehöhle liegt, zerreißt es mir das Herz. Aber ich weiß, dass sie alle starke Männer sind, die an Gott glauben. Ich weiß, dass Gott über sie wacht und sie beschützt.«

Dann brachen ihre Wutgefühle über die riesige weiße Macht hervor, die drohend über der Pressekonferenz aufragte. »Ich will, dass der Berg unsere Söhne herausgibt«, sagte sie trotzig. »Der Berg hat kein Recht, unsere Söhne zu behalten. Ich kann es kaum erwarten, meinen Sohn wieder in die Arme zu schließen. Und dann möchte ich auch Brian und Kelly umarmen, meine neue Familie.«

Ja, dachte ich, *wir alle sind eine Familie, und diese drei Männer werden für immer Brüder bleiben.*

Ich war sehr stolz auf meine Schwiegermutter, als sie vortrat, und ich wusste, dass Kelly sich wie ein kleines Kind darüber freuen würde, seine Mutter vor all den Kameras zu sehen. Als diese gottesfürchtige Frau aus Arkansas zu sprechen begann, konnte ich an ihrer Stimme hören, wie tief ihre Dankbarkeit war. Lou Ann war immer noch sehr zuversichtlich, dass Kelly nach Hause kommen würde, und das sagte sie auch.

Kelly und seine Mutter, Lou Ann Cameron

Doch heute war nicht nur der Tag des Rettungseinsatzes, sondern auch ihr Geburtstag. Dieser Umstand stärkte unsere Überzeugung, dass heute *der* Tag sein musste. Lou Ann sagte zu den Reportern: »Ich habe heute Geburtstag, und er würde meinen Geburtstag nicht ver-passen.«

Als die drei Mütter ihre Ansprache beendet hatten, war ich sehr beeindruckt von ihrer Haltung und Stärke.

Wir warteten ungeduldig auf das Ende der Pressekonferenz. Zwar waren wir dankbar, dass die Leute uns immer noch zuhörten, doch wir waren es leid, nur von der Rettung zu reden. Wir wollten sie lieber tatsächlich erleben.

Wir traten näher an die Black-Hawk-Helikopter von der National-garde Oregon heran. Es war geplant, Sanitäter zum Gipfel zu fliegen, und noch ein dritter Helikopter sollte sich an der Suche nach den Männern beteiligen. Wir erfuhren, dass sie darauf eingestellt waren, sie in ein Krankenhaus in Portland auszufliegen. Das war Musik in meinen Ohren.

Das Starten der Helikopter war für uns an diesem Tag der schönste Klang der Welt. In Gedanken verglich ich das Geräusch der startenden Motoren und wirbelnden Rotoren mit Kellys Herzschlag. *Jetzt muss er doch wissen, dass wir unterwegs sind.*

Die Rettungshubschrauber und ihre Mannschaften am Flugplatz von *Hood River*

Die Familien standen zusammen und streckten mit aufgestellten Daumen die Arme in die Luft. Wir hatten so lange auf diesen Augenblick gewartet, und jetzt war er endlich da.

In was für einem Land wir doch leben!, dachte ich. *Es geht doch nur um drei ganz normale Männer, aber ihr Leben ist sogar völlig Fremden wichtig.*

Tag für Tag riskierten die Piloten und Rettungskräfte ihre Sicherheit, um nach unseren Männern zu suchen. Ich war so dankbar, dass mir die Tränen kamen, als die Black Hawks aus unserem Sichtfeld verschwanden.

Mit einem prüfenden Blick an den wunderschönen Himmel betete ich, dass das Wetter hielt. Für den Sonnabend war trockenes und klares Wetter auf dem Berg vorausgesagt, doch die Lawinengefahr war weiterhin extrem hoch.

Sonnabend, 16. Dezember, später Vormittag

Als wir wieder ins Einsatzzentrum zurückgekehrt waren, informierten uns Sheriff Wampler und Captain Bernard über das, was über Nacht geschehen war.

Die Rettungsbemühungen waren sogar weitergegangen, während wir schliefen. C-130-Flugzeuge mit Wärmebildkameras flogen bei Einbruch der Dunkelheit auf etwa 3 600 Metern Höhe über den Berg, in der Hoffnung, die Körperwärme der Männer aufspüren zu können. Die Piloten arbeiteten in Zwölfstundenschichten und machten nur zum Auftanken Pause.

Wir fragten den Sheriff: »Haben sie schon etwas gefunden?«

»Nein«, erwiderte er, setzte aber rasch hinzu: »Das muss nichts Schlimmes bedeuten.« Wenn sie tief in einer Schneehöhle lagen, um warm zu bleiben, konnten die Infrarotgeräte sie nicht erfassen.

Das muss es sein, dachte ich. *Kelly ist zu tief in der Höhle, als dass sie ihn aufspüren könnten.*

Im Flur hörte ich die Funksprüche der Rettungskräfte. Ich konnte nicht alles verstehen, doch ich bekam einen Teil eines Dialogs mit, in dem jemand sagte: »Ziel aufgespürt.« Ich spitzte die Ohren.

Ziel. Ich wusste, was das hieß. Ein Hubschrauber musste etwas entdeckt haben, das einer der Männer sein konnte. Mein Magen rumorte, als ich versuchte, mehr in das Wort hineinzuinterpretieren. Ist ein *Ziel* noch am Leben? Ich konnte mich nicht erinnern. *Karen, hör auf damit!*, ermahnte ich mich rasch. *Tu dir das nicht an.*

In dem Augenblick rannten der Sheriff und Captain Bernard zur Hintertür hinaus.

»Oh Gott, bitte, das bringt mich noch um! Bitte lass es aufhören!«, betete ich. Ich saß wie auf glühenden Kohlen.

Kurz darauf kam Sheriff Wampler zurück und sagte, dass der Bericht für uns keine Bedeutung habe. Einer der Helikopter habe zwei unidentifizierte Bergsteiger auf 2 800 Metern Höhe ausgemacht. Aus der Luft war zu sehen, dass der eine aufrecht stand und der andere im Schnee lag. Keiner wusste, ob der Mann im Schnee verletzt war, und als sie nicht zurückwinkten oder dem Hubschrauber Signale gaben, waren alle alarmiert.

Der Sheriff sagte: »Es hat sich herausgestellt, dass sie zu einem der Rettungstrupps gehören. Sie haben dem Hubschrauber kein Zeichen gegeben, weil sie darauf trainiert sind, Helikoptern nicht zuzuwinken, damit es nicht so aussieht, als bräuchten sie Hilfe.«

Das leuchtete mir ein, aber wir waren wieder einmal tief enttäuscht. Ich wusste nicht, wie oft ich noch dieses Hoch und Tief der positiven und negativen Nachrichten ertragen konnte. In dem Versuch, nicht dauernd auf die Uhr zu schauen, saßen die Familien am Konferenztisch und erzählten sich Geschichten über die Männer. Ich war so müde, dass ich mich in einer Ecke auf dem Fußboden zusammenrollte und zu schlafen versuchte.

Ich hatte schon den ganzen Tag mit Kathleen und Jessica telefoniert, die mich über das auf dem Laufenden hielten, was der Rest der Welt sagte. Zusammen mit Ashley hatten sie Frank geholfen, sich durch die Flut von Medienanfragen zu kämpfen.

Ich lag auf dem Fußboden und dachte: *Der arme Frank. Er muss fix und fertig sein.* Aus eigener Erfahrung wusste ich, wie ermüdend Interviews waren, und er stand nun schon tagelang an der vordersten Front. Ich war dankbar, dass ich solch einen wunderbaren Schwager hatte und dass er während dieser ganzen schrecklichen Zeit hier bei uns war. Lächelnd dachte ich daran, was für einen Ärger Kelly mit Frank bekommen würde, wenn er vom Berg zurückkam. Ich würde einfach Frank, Lou Ann und Katie auf ihn loslassen, dann hatte Kelly keine Chance.

Dann fiel mir Jacks Kommentar ein, dass sein Vater wohl ziemlich in der Tinte stecken würde, wenn er nach Hause käme. *Schatz, du hast ja keine Ahnung, welchen Zorn du dir von deiner Familie und deinen Freunden zuziehst,* dachte ich. *Dagegen ist diese ganze Kletterei ein Klacks.*

Sonnabend, 16. Dezember, später Nachmittag
Sheriff Wampler betrat den Raum und es wurde beklemmend still.

Ich merkte sofort, dass er keine guten Nachrichten hatte. Der Sheriff hatte seine Emotionen gut im Griff, aber nachdem ich ihn eine Woche lang beobachtet und jede seiner Bewegungen analysiert hatte, hatte ich ein gutes Gespür dafür entwickelt, was ich zu erwarten hatte.

Er begann mit der positiven Bemerkung, dass die Rettungskräfte zum ersten Mal über die 3 000-Meter-Marke gekommen waren. Allerdings hatte das Wetter sich zum Schlechten gewendet. Die Bedingungen – Windböen von 80 km/h, dichter Schneewirbel und beinahe ein völliger Whiteout – hatten einige Rettungskräfte zum Abstieg gezwungen und andere dazu, in Schneehöhlen Schutz zu suchen.

Doch der Sheriff wollte uns nicht mit diesem negativen Gefühl in die Nacht schicken. Er schloss mit einer hoffnungsvollen Nachricht, die uns neue Zuversicht schenkte, dass die Männer am Leben waren und sich verkrochen hatten. Am Nachmittag hatte ein *CH-47-Chinook*-Helikopter etwa 100 Meter unter dem Gipfel etwas aufgespürt, das nach einem Teil einer Kletterausrüstung aussah. Er setzte hinzu: »Wir haben auch Auffälligkeiten im Schnee gefunden, die den Rettungskräften morgen helfen werden, das Suchgebiet einzugrenzen.«

Die Rettungstrupps hatten ihr Ziel ins Visier genommen. Es war nur noch eine Frage der Zeit.

Der Sheriff lächelte und sagte: »Morgen. Wir sind bereit und haben alles an Ort und Stelle, was wir brauchen, um die Männer zu holen.«

Der Sonnabend war vorüber. Morgen, am Sonntag, war es eine Woche her, seit die Suche begonnen hatte. Als ich an jenem Abend eindämmerte, sagte ich zu Kelly: *Nur noch eine Nacht, Schatz. Bitte halt durch.*

Kapitel 10

Der schlimmste Tag meines Lebens

Sonntag, 17. Dezember, früher Morgen

Es war schon über eine Woche her, seit wir das letzte Mal mit Kelly gesprochen hatten. Die Zeit lief uns davon und es gab Berichte, dass in den nächsten Tagen ein weiterer Sturm aufziehen sollte. Wenn es dazu kam, würde sich das Zeitfenster für die Suche wieder schließen.

Doch heute waren wir optimistisch. Das Wetter war fantastisch, der Himmel war klar, unsere Stimmung war gut und wir glaubten, dass die Rettung nur noch wenige Stunden entfernt war. Wieder sprangen wir voller Erwartung aus dem Bett und machten uns auf den Weg zu dem kleinen Flugplatz.

Die Familien beim Gebet für einen Rettungshubschrauber

Ein Meer von Kameras und Medienvertretern hatte sich dort bereits in Position begeben. Ich dachte: *Die vermehren sich ja wie die Kanin-*

107

chen! So etwas habe ich in meiner ganzen Karriere als Reporterin und PR-Beraterin noch nicht erlebt.

Beim Aussteigen aus dem Auto schaute ich mich um und sah einen Reporter, der mir mit aufgestelltem Daumen seinen Optimismus signalisierte. Für einen Moment schauten wir uns in die Augen und ich erwiderte seine Geste der Ermutigung. Für viele der Medienvertreter war das hier inzwischen mehr als nur eine Story. Auch sie hofften auf ein Weihnachtswunder.

Die ganze Woche über hatten schon mehrere Medienvertreter Frank auf die Seite genommen und ihm unter vier Augen gesagt, dass sie für unsere Familie beteten. Als Frank mir das erzählte, musste ich lächeln und daran denken, dass die meisten Medienleute als Aasgeier verschrien waren. Wir erlebten hier etwas ganz anderes.

Ich durfte das aus erster Hand erfahren. In zwei Fällen hatten zwei bekannte, erfahrene Journalisten mit den Tränen zu kämpfen, während sie mit mir sprachen. Einer sagte zu mir: »In meinen zwanzig Jahren als Reporter hat mich noch nie jemand zum Weinen gebracht – bis jetzt.«

Nach den Interviews dachte ich über ihre Reaktion nach und meinte zu wissen, warum sie so von unserer Geschichte berührt waren. Die Vermissten waren einfach drei typisch amerikanische Männer. Sie waren beste Freunde, Brüder, Söhne, Väter und Ehemänner. Wir waren gewöhnliche Leute in einer außergewöhnlichen Situation, und viele Menschen betrachteten uns irgendwie als zu ihren eigenen Familien gehörig.

Wieder nahmen unsere Familien an einer frühmorgendlichen Pressekonferenz teil, etwas, das inzwischen so zu unserem Alltag gehörte wie unser Morgenkaffee. Dieses Mal gesellte sich Dwight Hall, Brians Vater, als Vertreter aller Familienmitglieder zu Frank.

Frank kommentierte vor den Reportern die erfolglose Rettungsaktion vom Sonnabend mit den Worten: »Unsere Gefühle schlagen hoch. Unsere Erwartungen sind hoch. Wir bleiben optimistisch.«

Allerdings war allen klar, dass nach jenem Sonnabend die Familien, die Rettungskräfte und sogar die Medienvertreter mental erschöpft waren. Dwight formulierte es treffend: »Natürlich ist es eine emotionale Achterbahn.«

Als wir zum Flugplatz kamen, wurden wir wieder herzlich begrüßt. Jemand fragte, ob wir die Rettungshubschrauber gern einmal von Nahem sehen und vor dem Start die Piloten kennenlernen würden.

Das ließen wir uns nicht zweimal sagen. Nachdem ich das Rettungsgerät und die medizinische Ausrüstung gesehen hatte, dachte ich: *Schatz, hier wird man sich gut um dich kümmern.*

Da gerade alle Familien versammelt waren, meldete sich Frank zu Wort: »Lasst uns die Hände auf den Helikopter legen und miteinander beten.« Er sprach ein wunderbares Gebet für die Piloten, die Rettungskräfte auf dem Berg und die sichere Rückkehr von Kelly, Brian und Nikko. Mir kam der Gedanke, dass der Helikopter damit ein ziemlich widerstandsfähiges göttliches Kraftfeld hatte, das ihn und die Mannschaft schützte.

Mit einem Handschlag bedanke ich mich bei einem Mitglied der Rettungstruppe.

Kaum hatte ich den Gedanken zu Ende gebracht, kam der Pilot des anderen Hubschraubers herüber zu uns und tippte Frank auf die Schulter. Nach einem kurzen Moment verlegenen Schweigens fragte er: »Könntet ihr eventuell auch über meinem Helikopter beten?«

Wir alle lachten und Frank erklärte, dass das Gebet von eben für alle Helikopter galt. Dann stellten wir uns in eine Reihe auf, um den Rettungskräften die Hände zu schütteln und ihnen zu danken, bevor sie an Bord gingen.

Ich streckte einem der Männer die Hand entgegen, schaute ihm in die Augen und sagte: »Bitte bringen Sie mir meinen Mann zurück.« Er schwieg einen Moment, schaute mir ebenfalls tief in die Augen und antwortete: »Genau das planen wir.« In diesem kurzen Augenblick war ich auf eine ganz besondere Art und Weise mit diesem Fremden verbunden, der sein Leben riskierte, um das meines Ehemannes zu retten.

Es war Zeit für die Helikopter, zu ihrer Mission aufzubrechen. Wieder hörte ich den zauberhaften Klang der wirbelnden Rotoren, und wir winkten ihnen nach, als sie losflogen, um unsere Lieben nach Hause zu bringen.

Sonntag, 17. Dezember, später Vormittag
Als wir vom Flugplatz weggingen, meinten Beamte vom Sheriffbüro, wir sollten uns auf dem Rückweg zum Einsatzzentrum ruhig Zeit nehmen. Sie wussten, dass es ein langer Tag für uns werden würde. Doch ich wollte bei der ganzen Aktion direkt im Zentrum des Geschehens sein und so bald wie möglich dorthin zurück. Auf dem Weg zum Auto sah ich die Gesichter der Kinder, denen deutlich anzusehen war, wie sehr sie unter der Situation litten. Sie fragten, ob sie in der Pension warten könnten. Ich willigte ein und erklärte: »Ich rufe euch an, sobald wir etwas hören.«

Mit der gewohnten Pünktlichkeit tauchten Sheriff Wampler und Captain Bernard auf, um nach uns zu schauen. Sie beschrieben uns, welche Pläne sie für den Tag hatten, und dann verkündete der Sheriff: »Das ist ein großartiger Tag für eine Rettung.« Im Raum brach Applaus aus. Beinahe 100 Freiwillige hatten sich für die Suche des heutigen Tages gemeldet, und einige Rettungskräfte waren gegen 6 Uhr aufgebrochen. Etwa 25 Freiwillige von der Bergrettung Portland waren an der Südwand unterwegs zum Gipfel. Ein handverlesenes Such- und Rettungsteam kam über die Nordwand. Ein *Chinook*-Helikopter startete mit Mitgliedern der militärischen Elite-Rettungstruppe, den Rettungsspringern, vom Stützpunkt der Luftwaffenreserve der

304. Rettungsstaffel. Bei ihnen waren Sanitäter und Rettungskräfte der Bergrettung Portland und der *Hood River Crag Rats*. Die erfahrenen Kampfpiloten würden das Rettungsteam in der Nähe des Gipfels absetzen. Dann würden die Bergsteiger an befestigten Seilen etwa 100 Meter an der steilen Nordwand absteigen und nach der Schneehöhle suchen. Wir wurden zuversichtlicher, als Captain Bernard uns sagte, dass sie über Nacht einen Test vorgenommen hätten: Ein Rettungsspringer hätte eine Schneehöhle gegraben und sich darin zurückgezogen, um zu sehen, ob die Infrarotgeräte des C-130-Flugzeugs ihn darin aufspüren konnten. Er erklärte, dass es nicht möglich gewesen sei, den warmen Körper von außen aufzuspüren. Das waren gute Nachrichten, da die Technik unsere Vermissten bisher nicht hatte finden können. Jetzt konnten wir nur noch warten.

Sonntag, 17. Dezember, 13 Uhr
Der Sheriff kam gegen 13 Uhr zurück und sagte die Worte, auf die wir acht lange, schmerzliche Tage gewartet hatten: »Die Rettungskräfte sind auf dem Gipfel und arbeiten sich auf der Suche nach Kellys Schneehöhle nach unten vor.«

Durchhalten, Schatz. Du kommst nach Hause!, ging es mir immer wieder durch den Kopf. Ich kämpfte gegen meine Tränen an und konnte kaum sprechen, als ich die Kinder anrief. Jason kam ans Telefon und sagte: »Ja, ich weiß. Wir sehen es in der Pension auf CNN.«

An diesem Punkt öffnete der Sheriff die Kommandozentrale im Einsatzzentrum und ließ uns alle hereinkommen und CNN schauen. Zusammen sahen die Familien und Polizeibeamten zu, wie die Rettungsaktion vor unseren Augen ablief und live auf einem landesweiten Fernsehsender übertragen wurde. Während die Rettungskräfte die Seile hinabließen, schlug mein Herz so schnell, dass es sich anfühlte, als würde es mir aus der Brust springen.

Die Kommentatoren sprachen davon, dass im Schnee ein »Y« gesichtet worden sei. Sie sagten, dass es ein Signal von den Vermissten sein und »Yes« bedeuten könnte – »Ja, es geht uns gut.« Der Raum füllte sich mit Jubel.

Dieses auffällige Zeichen war am Sonnabend vom *CH-47 Chinook* gesichtet worden und bestand offenbar aus einem Seil, das in der Form eines »Y« an Kletterhaken befestigt worden war. Es befand sich in der Umgebung und auf der Höhe der vermuteten Position der Schneehöhle.

Als ich zum Sheriff hinüberschaute, winkte er mich in sein Büro. Er hatte die Bilder vorliegen, die vom *Chinook* aus aufgenommen worden waren, und fragte, ob ich sie sehen wollte. Natürlich wollte ich. Die Nahaufnahmen zeigten ganz deutlich etwas, das nach einem »Y« aussah. Doch anders als die Reporter, deren Berichte im Nebenraum gesendet wurden, war Sheriff Wampler nicht überzeugt, dass es das bedeutete, was sich alle wünschten – »Ja, es geht uns gut.« Er wählte seine Worte sehr sorgfältig und warnte mich, dass noch keiner wusste, was genau es war oder was es bedeutete. Sein Instinkt sollte sich als richtig herausstellen. Man fand zwar Seile und Haken der drei Vermissten auf dem Berg, aber es waren nicht die Gegenstände auf den Fotos. Der Sheriff informierte mich später, dass das »Y« ein Kabelanker von einer nicht mehr in Betrieb befindlichen Hütte des U. S.-Forstamtes aus den 1930er-Jahren war. Damals hatte das Forstamt in den Sommermonaten einen Beobachter in der Hütte stationiert, um Hunderte Quadratkilometer auf Waldbrände hin zu überwachen. Wegen der starken Winde und des Schnees musste das Forstamt die Hütte buchstäblich verankern, aber sie fiel immer wieder den Wetterbedingungen zum Opfer, und am Ende gab man sie auf. Die Kabelanker und das Felsfundament existierten noch, und der Kabelanker befand sich zufällig genau unter dem Gipfelrand am oberen Ende der Route durch die Gebirgsrinnen. Der Sheriff erklärte, dass er verstehe, warum die Medien das »Y« falsch gedeutet hätten: Es sah genau wie ein Kletterhaken aus und befand sich fast genau an der gleichen Stelle wie der Y-Anker, den die Bergsteiger tatsächlich benutzt hatten.

Wieder einmal empfand ich eine tiefe Wertschätzung für diesen Mann, seine Professionalität und seine Achtsamkeit uns gegenüber. Durch die vergangene schwere Woche hatte er eine sehr enge Bindung zu den Familien aufgebaut, und er versuchte, mir keine falschen Hoffnungen zu machen.

Auf einem weiteren Satz Fotos zeigte mir der Sheriff einen Seilanker und eine Vertiefung im Schnee, von der Fußspuren wegführten. Dorthin waren die Suchtrupps jetzt unterwegs, weil sie die Vertiefung

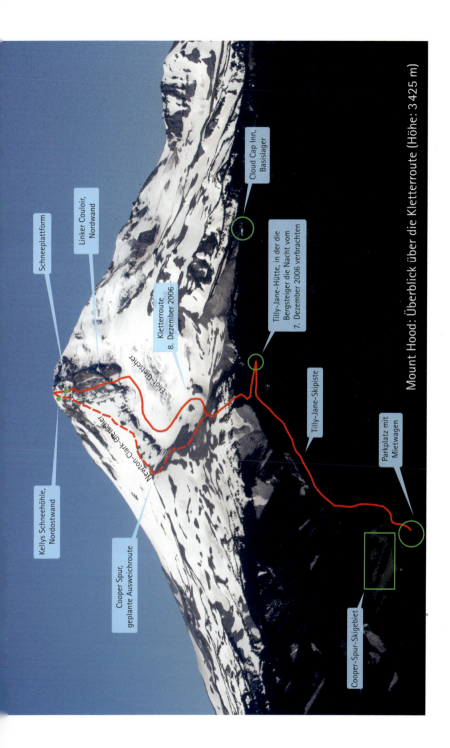

Mount Hood: Überblick über die Kletterroute (Höhe: 3 425 m)

Cloud Cap Inn, Basislager

Tilly-Jane-Hütte, in der die Bergsteiger die Nacht vom 7. Dezember 2006 verbrachten

Tilly-Jane-Skipiste

Parkplatz mit Mietwagen

Cooper-Spur-Skigebiet

Schneeplattform

Linker Couloir, Nordwand

Kletterroute 8. Dezember 2006

Eliot-Gletscher

Newton-Clark-Gletscher

Kellys Schneehöhle, Nordostwand

Cooper Spur, geplante Ausweichroute

Nikko schaut zu, wie Kelly seine Stiefel schnürt – Auf dem Parkplatz des *Cooper-Spur*-Skigebiets, kurz bevor sie zu ihrem Abenteuer aufbrechen (Foto aus Kellys Kamera, die in der Schneehöhle gefunden wurde).

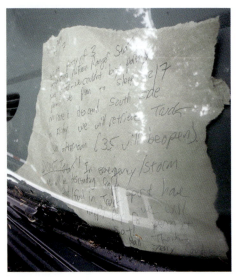

Die Männer hatten diese Nachricht auf dem Armaturenbrett ihres Mietwagens hinterlassen.

Brian steht lächelnd in der Tür der *Tilly-Jane*-Hütte
und freut sich auf den bevorstehenden Aufstieg.
(Foto aus Kellys Kamera, die in der Schneehöhle gefunden wurde.)

Auf dem Weg zum Gipfel am Freitagmorgen, Kelly geht voran.
(Foto aus Kellys Kamera, die in der Schneehöhle gefunden wurde.)

Nikko beginnt mit dem Aufstieg. Kelly schießt noch schnell ein Foto
(Foto aus Kellys Kamera, die in der Schneehöhle gefunden wurde).

Brian sichert die Gruppe von unten; er trägt Nikkos Rucksack
(Foto aus Kellys Kamera, die in der Schneehöhle gefunden wurde).

Eine von mehreren Bergaufnahmen, die Kelly gemacht hat. So konnten der Sheriff und die Ermittler anhand von Höhe, Wetter und Tageslicht rekonstruieren, was geschehen war (Foto aus Kellys Kamera, die in der Schneehöhle gefunden wurde).

Kellys Foto von der Seilanordnung: Das Dreipunkt-System deutet darauf hin, dass der Aufstieg technisch sehr anspruchsvoll und sehr steil war. Oberhalb der drei Verankerungen sind keine Seile zu sehen, was bedeutet, dass Kelly die Gruppe führte, als er dieses Foto aufnahm (Foto aus Kellys Kamera, die in der Schneehöhle gefunden wurde).

Sheriff Joseph Wampler aus Hood River County (rechts) und Deputy Chris Guertin informieren die Medien über die Rettungsaktion.

Die Such- und Rettungsmannschaft kämpft auf der Suche nach den vermissten Bergsteigern gegen die Naturgewalten an.

Ein C-130-Flugzeug, das mit Wärmebildtechnik ausgestattet ist, fliegt die Nacht über um den 3 425 m hohen Berg und versucht, die vermissten Bergsteiger anhand ihrer Körperwärme aufzuspüren.

Diese Anordnung (hier in der Luftaufnahme) wurde von den Medien fälschlicherweise als mögliches Signal der Bergsteiger gedeutet: ein Y aus Seilen, das bedeutet: »Yes« – »Ja, es geht uns gut.« Es stellte sich als Kabelverankerung einer demontierten Hütte des US-Forstamtes heraus, die in den 1930er-Jahren gebaut wurde, um in den Sommermonaten Waldbrände auf dem Mount Hood zu beobachten.

Drei parallel verlaufende Paar Fußspuren im Schnee, wo die drei Bergsteiger sich aneinandergeseilt und von der Schneeplattform aus zum Gipfel vorgearbeitet haben; die Höhe beträgt hier etwa 3 350 m.

Zwei Paar Fußspuren im Schnee, vermutlich von Brian und Nikko, die von der Schneehöhle aus nach unten führen, nachdem die beiden Kelly zurücklassen mussten

Rettungskräfte schauen von einem *CH-47 Chinook* aus
auf den Gipfel des Mount Hood.

Ein Retter seilt sich aus einem *Chinook* auf den Gipfel des Mount Hood ab.

Ein Retter schaut beim Abseilen aus einem *Chinook* auf den Gipfel hinunter. Sein Rucksack hängt unter ihm.

Mitglieder der 304. Rettungsstaffel der Luftwaffenreserve (Gruppe links) arbeiten auf dem Gipfel des Mount Hood. Rechts steht Brian Hukari, ein Mitglied der *Hood River Crag Rats*, einer freiwilligen Such- und Rettungsmannschaft.

Brian Hukari steigt vom Gipfel ab, um nach der Vertiefung zu suchen, die man aus der Luft entdeckt hatte. Die Vertiefung stellt sich als die Schneeplattform heraus, die von den Bergsteigern für die Selbstrettung benutzt wurde.

Brian Hukari gräbt die Schneeplattform aus, die mit Neuschnee bedeckt ist. Man sieht hier ein verankertes Kletterseil (links von Hukari). Dieses Seil war durchschnitten worden; die andere Hälfte liegt kurz unter der Plattform. Unter dem Neuschnee fanden die Rettungskräfte außerdem zwei Eispickel, einen grauen Wollhandschuh und eine Isomatte.

Die drei Bergsteiger benutzten diese Schneeplattform in einer Höhe von 3 200 m als Ausgangspunkt für die Selbstrettung nach ihrem Sturz.

Luftaufnahme der Nordostseite des Mount Hood. Kellys Schneehöhle ist in der Bildmitte zu sehen. Der dunkle Fleck ist ein Felsvorsprung; die Schneehöhle befindet sich darunter. Während der Suche war der Felsvorsprung fast ganz mit Schnee bedeckt, der später von der Rettungsmannschaft entfernt wurde. Das Foto wurde aufgenommen, nachdem Kellys Leichnam ausgeflogen wurde.

Rettungskräfte, kurz bevor sie in Kellys Schneehöhle gehen. Sie befinden sich hier auf der steilen Nordostseite des Mount Hood, 90 m unter dem Gipfel.

Staff Sergeant Derrick Brooks (links) und Staff Sergeant Josh Johnston von der 304. Rettungsstaffel der Luftwaffenreserve gehen in die Schneehöhle.

Staff Sergeant Josh Johnson sichert die Seile an Kellys Leichensack, nachdem er aus der Schneehöhle nach draußen gebracht wurde.

Kellys Leichnam wird am 18. Dezember 2006 vom Berg ausgeflogen und zur formalen Identifizierung transportiert.

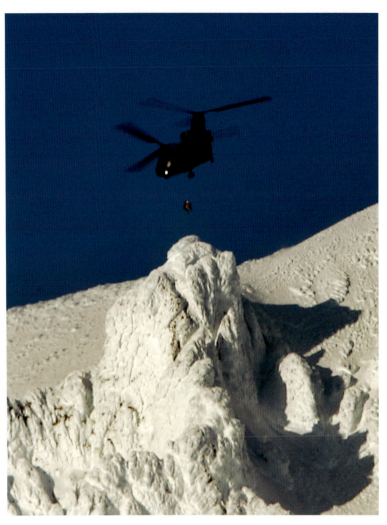

Ein *Chinook*-Hubschrauber des US-Militärs fliegt die Mitglieder der Rettungsmannschaft vom Gipfel des Mount Hood aus, nachdem sie Kellys Leichnam
gefunden haben.

Schneehöhle, Nordostwand
(in 3 300 m Höhe)

Schneeplattform, Nord-
wand (in 3 200 m Höhe)

Kletterroute am
linken Couloir

Cooper-Spur-Route

Drei Paar parallele Fußspuren führen
zum Gipfel hinauf, dann waagerecht
in südlicher Richtung am Kamm
entlang; es sieht aus, als hätten die
Bergsteiger nach der südlichen Route
zur Timberline Lodge gesucht. Dann
führen die Spuren zu einer wind-
geschützteren Stelle, an der die
Bergsteiger dann die Schneehöhle
gegraben haben.

Zwei Paar Fußspuren, vermutlich von
Brian und Nikko, führen von der
Schneehöhle aus abwärts, bis zum
Black-Spider-Gebiet oberhalb des
Newton-Clark-Gletschers. Sie führen
dann wieder bergauf und nach rechts,
als hätten die Bergsteiger nach der
Cooper-Spur-Route gesucht. Es
wurden keine weiteren Fußspuren
gefunden.

Fußspuren, die auf dem Gipfel des
Mount Hood gefunden wurden
(Höhe: 3 425 m)

für die Schneehöhle hielten. Sie lag außerdem in dem Gebiet, das man durch die Telefontriangulation eingegrenzt hatte.

Dann unterbrach sich der Sheriff, als er auf das Foto von einem Stück Seil schaute. Er sagte: »Das ist ein glatter Schnitt. Man sieht ganz deutlich, dass das Seil nicht gerissen ist. Und in all den Jahren habe ich noch nie ein gerissenes Seil gesehen.«

Ich starrte auf das Foto von dem durchgeschnittenen Seil und spürte, wie sich mir der Magen umdrehte. Ich war schon zu lange mit einem Bergsteiger verheiratet, um die Bedeutung zu verkennen.

Als der Sheriff meine Reaktion sah, sagte er: »Wir sollten keine voreiligen Schlüsse ziehen. Wir wissen nicht, was das zu bedeuten hat. Ich wollte nur, dass Sie das einmal gesehen haben.«

Ich ging zurück in den Nebenraum, wo alle auf den Fernseher starrten. Ich hoffte, dass das »Y« irgendwie doch ein Ja bedeutete, und ich betete darum, dass keiner der Männer gezwungen gewesen war, das Seil eines gestürzten Kameraden durchzuschneiden, um sein eigenes Leben zu retten.

Sonntag, 17. Dezember, 14 Uhr

Ich hatte ein Auge auf den Fernseher und das andere auf die Tür gerichtet. Kathleen musste jede Minute hereinkommen. Gestern Abend hatte sie mich informiert, dass die »Mädels« – sie, Jessica und Ellen – sich abgesprochen hätten und dass sie nach Oregon kommen würde. Ich hätte sie nie darum gebeten zu kommen, doch nachdem ich eine ganze Woche nur unter Adrenalin gestanden hatte, ging es langsam bergab mit mir. Ich konnte jede moralische Unterstützung gebrauchen, die ich bekommen konnte. Außerdem freute ich mich, dass Kathleen bei mir sein würde, um mit uns zu feiern, wenn Kelly gerettet wurde.

Später fand ich heraus, dass meine Freundinnen schon untereinander über das Undenkbare gesprochen hatten. Sie rechneten mit der Möglichkeit eines tragischen Endes und konnten den Gedanken nicht ertragen, dass ich vom Tod meines Ehemannes erfuhr, ohne dass wenigstens eine von ihnen persönlich bei mir war, um mich zu trösten.

Als Kathleen eintraf, stellte ich sie als meine beste Freundin vor. Ich wagte nicht zu erwähnen, dass sie außerdem eine Produzentin von

ABC war, aus Angst, dass die anderen im Raum das nicht verstehen würden – besonders, da kein Medienvertreter auch nur in die Nähe des Einsatzzentrums gelassen wurde, geschweige denn hinein.

Kathleen und ich sind seit fast zwanzig Jahren befreundet, und ich würde ihr mein Leben anvertrauen. Wir lernten uns kennen, als ich noch eine blutige Anfängerin als Reporterin war. Sie war damals Nachrichtensprecherin bei einem Fernsehsender in Westtexas. Während der ganzen Krisensituation vergaß Kathleen ihre Rolle als Journalistin und arbeitete Hand in Hand mit Jessica und Ellen, um der unzähligen Medienanfragen und zahlreicher anderer Probleme Herr zu werden. Sie war an allererster Stelle meine Freundin und erst danach eine Nachrichtenproduzentin. Ich machte mir keine Sorgen, dass vertrauliche Informationen das Einsatzzentrum verlassen würden, bevor der Sheriff bereit war, eine Erklärung abzugeben. Wie die anderen Zuschauer überall im Land saßen auch wir wie festgenagelt vor dem Fernseher und hingen an den Lippen der Kommentatoren.

Gegen 14 Uhr berichteten sie, dass die Rettungskräfte eine Schneehöhle gefunden hätten. Man hätte im Raum eine Nadel fallen hören können.

Wir haben's gleich, Schatz. Wach auf. Du kommst nach Hause! Doch ebenso schnell wurde aus meiner Aufregung totale Verwirrung. Die Kommentatoren sagten, dass die Schneehöhle leer gewesen sei.

Ich schaute hinüber zum Sheriff, der nickte und bestätigte, was wir gerade gehört hatten. Er sagte: »Wir wissen noch nichts.«

Eine Reihe von Fragen raste mir durch den Kopf. *Hatte Kelly sich erholt und an den Abstieg vom Berg gemacht? Waren Brian und Nikko zurückgekommen und hatten ihn geholt? Wo in aller Welt waren die Männer?*

Keiner konnte sich rühren. Wir alle warteten auf die nächste Information. Dann sagte der Kommentator: »Es gibt zwar kein Zeichen von den Bergsteigern, aber man hat in der Höhle zwei Eisgeräte, eine Isomatte und ein Seil gefunden.«

Das waren sehr schlechte Neuigkeiten. Die Männer hätten ihre Eisgeräte niemals freiwillig zurückgelassen. Eisgeräte sind für einen Bergsteiger lebenswichtig. Es bestand kein Zweifel mehr, dass einer von ihnen schwer verletzt war, dass etwas Schreckliches passiert war, und dass das schlechte Wetter nicht ihr größtes Problem war.

Sonntag, 17. Dezember, 15 Uhr
Frank und ich gingen ins Büro des Sheriffs, um die Fotos vom Berg unter die Lupe zu nehmen. Vielleicht konnten unsere untrainierten Augen etwas Ungewöhnliches ausmachen. Ich brauchte irgendeinen Hinweis. Neben Bildern von der Ausrüstung hatte der Sheriff auch Fotos von Fußspuren, die zum Gipfel hinaufführten. Allerdings konnten die Fotos uns nicht sagen, *wann* diese Fußspuren hinterlassen worden waren.

Während wir die Bilder studierten, sprachen der Sheriff und die anderen Polizeibeamten nebenan mit den Rettungskräften vor Ort. Gegen 15.30 Uhr bekam Sheriff Wampler eine Nachricht vom Such- und Rettungsteam auf dem Berg. Mit vorher vereinbarten Codewörtern erklärten sie, was sie gefunden hatten. Das sollte verhindern, dass über Funk Einzelheiten bekannt wurden, bevor die Ermittler fertig waren. Durch die Glasscheibe konnte der Sheriff Frank und mich sehen. Er kam herein, blieb stehen, blickte aus dem Fenster. Dann schaute er zu Boden, wie um seine Gedanken zu sammeln, und erklärte: »Ich weiß nicht, wie ich es anders sagen soll. Ich habe schlechte Nachrichten.«

Frank erwiderte: »Sagen Sie uns einfach, was los ist.«

Der Sheriff nickte. »Wir haben gerade in einer zweiten Schneehöhle jemanden gefunden ... einen Toten. Wir wissen nicht, wer es ist, und versuchen, ihn zu identifizieren.«

Zwei Schneehöhlen? Wie konnte das sein?

In meinem Kopf drehte sich alles und mir war schlecht. *Okay, ich kenne das aus meiner Zeit als Reporterin. Gib ihnen so detaillierte Informationen wie möglich und bring es schnell hinter dich.* Das Herz schlug mir bis zum Hals, als ich herausplatzte: »Schauen Sie nach einem JKJ-Siegelring!« Kellys voller Name war Jeffrey Kelly James, und er nahm seinen Siegelring und seinen Ehering niemals ab. Wenn es Kelly war, würden sie diesen Ring finden.

Der Sheriff nickte. »Okay.« Er gab diese Information an die Rettungskräfte weiter, die jetzt in der Schneehöhle waren und nach Hinweisen auf die Identität des Toten suchten, den sie gerade gefunden hatten. Die zweite Schneehöhle lag in Richtung Süden, etwa einhundertzwanzig Meter von der ersten entfernt. Später erfuhren wir, dass der erste Bereich keine richtige Schneehöhle gewesen war, sondern eher eine kleine Plattform, die die Bergsteiger gegraben hatten, um sich vor den Elementen zu schützen und eine Art Rettungsstation zu haben.

Ich sagte zu Frank: »Ich will hier weg.« Ich musste so schnell wie möglich in die Pension zurück. Ich rief Jason an und erzählte ihm, was geschehen war. »Stell sofort den Fernseher aus und lass nicht zu, dass die anderen ihn wieder anmachen.« Jason verstand und sagte: »Okay.«

In der Pension ging ich sofort in unser Zimmer. Die Kinder lagen auf den Betten. Der Fernseher war ausgeschaltet und sie warteten einfach. Ich fürchtete, dass die Identifikation der Leiche in der Schneehöhle irgendwie bekannt werden könnte, und ich wollte nicht, dass meine Familie eine Nachricht hörte, die möglicherweise gar nicht stimmte. Ich kroch zu Katie aufs Bett und es dauerte nicht lange, da waren auch die anderen entweder auf oder an unserem Doppelbett versammelt.

Frank kam zu uns und schaute uns an. »Lasst uns beten.« Er fiel auf die Knie und sagte: »Gott, bitte lass es nicht Kelly sein. Ich weiß, dass wir uns mit dieser Bitte wünschen, dass es jemand anderes ist und dass heute Abend eine andere Familie trauert … aber bitte lass es nicht Kelly sein.«

Er sagte das, was ich dachte, mich aber schämte auszusprechen. In dem Augenblick sprach er als Bruder. In der ganzen Zeit hatte Frank allen beteiligten Familien mit seiner Weisheit und Umsicht gedient und uns daran erinnert, dass wir Gott und seinem Plan vertrauen müssen. Doch die entsetzliche Woche hatte auch ihn ans Ende seiner Kräfte gebracht. Er stand vor uns, und trotz seiner geistlichen Stärke war er ebenso verletzlich und verängstigt wie wir. Die ganze Zeit über hatte Frank als Sprecher und täglicher Ratgeber der Familien beinahe Übermenschliches geleistet. Doch jetzt war er einfach nur Frank James, und es stand nicht in seiner Macht, etwas anderes zur Rettung seines kleinen Bruders beizutragen als ein Gebet.

Ich betete: *Bitte, bitte, bitte Gott, tu das nicht.*

Dann begaben wir uns in die untere Etage. Ich weiß nicht mehr genau, wie lange wir warteten, doch die Nachricht traf relativ schnell ein. Wir waren in dem großen Wohnzimmer versammelt, als Frank wieder zu uns kam. Er war ganz ruhig, und seine Stimme klang tröstend, als er uns mitteilte: »Das war der Sheriff. Sie haben den Leichnam identifiziert, und es ist Kelly.«

Mein Blick schoss zum Sofa, wo Jack zwischen seinen Geschwistern saß. Nie im Leben werde ich den herzzerreißenden Schrei dieses zwölfjährigen Jungen vergessen, als er in Tränen ausbrach. »Nein!«

Der Raum drehte sich um mich. Das musste ein Albtraum sein. Das konnte nicht unser Leben sein. Zuerst konnte ich nicht begreifen, was Frank da gesagt hatte. Hatte er mir gerade mitgeteilt, dass mein Ehemann, der Vater der Kinder, tot war? Die verzweifelten Gesichter im Raum und das Schluchzen sagten mir, dass ich ihn richtig verstanden hatte.

Dann traf es mich wie ein Blitz. Ich begann ebenfalls zu weinen und umarmte jeden Einzelnen. Dann rannte ich nach oben, warf mich aufs Bett und rollte mich zusammen. Ich wollte Kelly zurückhaben. Und ich schrie zu meinem Schöpfer: »Gott, was hast du getan?« Ich war dreiundvierzig Jahre alt, und ich war verliebt. »Warum konntest du ihn uns nicht zu Weihnachten zurückgeben?«

Sonntag, 17. Dezember, später Nachmittag
Ich war am Boden zerstört. Ich spürte, wie jegliches Leben aus mir wich. Als Frank das Zimmer betrat, sah er, dass ich in sehr schlechter Verfassung war. Deswegen sprach er mich auf eine Art und Weise an, die ich – das wusste er – verstehen würde. Mitfühlend und dennoch streng sagte er zu mir: »Karen, du bist eine James. Du musst aufstehen und runtergehen. Die Kinder brauchen dich.«

Seine Worte und seine klare Anweisung trösteten mich sofort. Das war genau das, was Kelly zu mir gesagt hätte. Ich sagte mir: *Ja, du bist eine James. Steh auf.* Ich kämpfte mich aus dem Bett. Frank nahm mich in die Arme und wir weinten zusammen.

Die nächste Stunde über weinten wir alle, lagen uns in den Armen und gaben einander so viel Liebe wie möglich. Dann begann mir zu dämmern, was als Nächstes passieren würde.

Ich wandte mich an Kathleen und sagte: »Bitte bring uns hier weg.« Bald würde man die Medien informieren, und ich wollte die Kinder so schnell wie möglich aus Oregon wegbringen.

Sie begann sofort zu telefonieren und suchte mit Jessica den nächstmöglichen Heimflug nach Dallas heraus. Für den Abendflug war es schon zu spät, aber wir konnten aus der Pension abreisen, die Nacht am Flughafen verbringen und am nächsten Morgen um 6 Uhr abfliegen. »Auf geht's«, sagte ich.

Ich erklärte Frank und Lou Ann, dass ich die Kinder nach Hause bringen wollte. Lou Ann fragte, ob wir nicht sehen wollten, wie sie den Leichnam vom Berg brachten, bevor wir abreisten, doch ich erwiderte: »Nein. Es ist Zeit zu gehen.« Ich war nicht verärgert darüber, dass die Medien eine Reaktion von der betroffenen Familie sehen wollten. Ich verstand, dass es einfach zur Story gehörte. Doch für uns war die Geschichte vorbei. Unser Held war tot.

Dann fiel mir etwas ein. »Frank«, sagte ich, »erinnerst du dich an Kellys orangene Jacke, die du anhattest? Die gleiche, die ich auch habe und die er trug, als er mir auf dem Mount Rainier den Heiratsantrag machte?«

Frank nickte.

»Bitte behalt sie und denk an Kelly, wenn du sie trägst.«

Frank schluckte und sagte mit belegter Stimme: »Es wird mir eine große Ehre sein, Kellys Verlobungsjacke zu tragen. Danke.«

Dann sagte ich zu den Kindern: »Okay, Leute. Ihr habt zehn Minuten, um zu packen. Wir gehen – *jetzt*.«

Die Kinder wirbelten wie die Feuerwehr. Sie trödelten nicht und baten nicht darum, noch länger zu bleiben. Ihr Ziel war es, zusammenzubleiben, und auch sie wollten weit weg von dem Ort, an dem ihnen auf so grausame Weise der Vater genommen worden war.

Fünfzehn Minuten später waren die Kinder fertig, das Auto gepackt, und wir bereit zur Abreise. Ein lieber Freund von Kelly kam zu mir. Mit einem Lächeln sagte er: »Karen, er hat dich gut trainiert. Das ist ein richtiger Kelly-James-Abgang.«

Gerade als wir zur Tür hinaustraten, kam Brians Familie – seine Schwester Angela und seine Eltern Clara und Dwight –, um sich von uns zu verabschieden. Bei ihnen war Michaela, Nikkos Frau, und ihre beste Freundin. Sie hatten gehört, was passiert war, und kamen, um uns zu trösten. Sie weinten, und als wir sie sahen, flossen auch bei uns wieder die Tränen. Ich erinnere mich noch an ihre geflüsterten Worte: »Es tut mir so leid.«

Als ich sie umarmte, fühlte ich mich schuldig, dass ich darum gebetet hatte, dass nicht Kelly in der Schneehöhle wäre. Wenn es nicht Kelly gewesen wäre, hätte es entweder Brian oder Nikko sein müssen; das wurde mir erst jetzt richtig klar. Und dann begriff ich, dass auch sie litten. Wir waren durch diese Tragödie miteinander verbunden und zu einer großen Familie geworden. Der Tod von Kelly hatte ihr Leben ebenso in Trümmer gelegt wie unseres.

Wir verabschiedeten uns, und als ich ins Auto stieg, dachte ich: *Oh Gott, Brian!* In unserer Trauer um Kelly wurde mir plötzlich bewusst, dass die anderen beiden Männer nicht bei oder in der Nähe von Kelly gefunden worden waren. Die Suche war noch nicht vorbei. Während Jason uns zum Flughafen fuhr, saßen wir schweigend im Auto, und ich fing an, in Gedanken mit Brian zu reden: *Verflixt, Brian, du musst überleben! Wir können dich nicht auch noch verlieren. Wir brauchen dich! Kelly würde wollen, dass du überlebst!*

Wir erreichten den Flughafen, und die Kinder und ich nahmen zusammen ein Zimmer. Die drei Jungs teilten sich das eine Doppelbett, und Katie und ich das andere. Keiner sagte auch nur ein Wort. Wir waren wie lebendige Tote. Ich sagte den Kindern Gute Nacht und fügte hinzu: »Ich hab' euch sehr lieb. Versucht ein bisschen zu schlafen. Wir müssen in drei Stunden aufstehen, und es wird ein harter Tag.«

Montag, 18. Dezember, 4 Uhr

Kathleen rief unser Zimmer um 4 Uhr an. Ich war so dankbar, dass sie hier war. Wir trafen uns in der Empfangshalle und sprachen mit den Kindern über unsere nächsten Schritte. Ich erklärte: »Die Medien wissen noch nicht, dass Dad in der Schneehöhle war. Ich weiß nicht, ob Kameras am Flughafen sind, also bleibt dicht beieinander und folgt Kathleen. Tut, was sie sagt.«

Dann war ich erleichtert, alles Weitere meiner besten Freundin überlassen zu können. Ich funktionierte nur noch und konnte nicht mehr klar denken. Wie fünf kleine Hunde folgten wir Kathleen durch das Flughafengebäude und hielten uns im Hintergrund, während sie unsere Last-Minute-Tickets im ersten Flug nach Dallas aushandelte.

Während wir über den Flughafen gingen, konnte ich die Blicke der Leute spüren, die unsere Familie erkannten. Ich werde nie die tränenerfüllten Augen der Sicherheitsbeamtin vergessen, die auf mein Ticket schaute und sagte: »Wir haben für Ihre Familie gebetet.«

Ein Schild vor einem Restaurant in Parkdale, Oregon.
Darauf steht die Bitte um Gebet für die Rettung der vermissten Bergsteiger.

Unsere Plätze im Flugzeug lagen leider nicht nebeneinander, also setzte ich die Kinder so nahe wie möglich zusammen. Den ganzen Flug über stand ich immer wieder von meinem Sitz auf, um nach ihnen zu schauen. Ich war völlig verzweifelt, und dort ganz allein und still in dem Flugzeug zu sitzen und über Kellys Tod nachzudenken war eine der schmerzlichsten Erfahrungen meines Lebens. Ich spürte, dass ich innerlich gestorben war.

Montag, 18. Dezember, vormittags
Ich schaute auf die Uhr und mir wurde klar, dass Frank sich, während wir nach Hause flogen, gerade darauf vorbereitete, die Medien über

Kellys Tod zu informieren. Lou Ann, Kellys Schwester Traci und die anderen Familienmitglieder begleiteten Frank zu dieser letzten und sehr schmerzlichen Pressekonferenz. An diesem Morgen sagte Frank der Welt, dass der mit Kellys Initialen versehene Ring, der an dem Leichnam gefunden worden war, sowie andere persönliche Gegenstände für unsere Familie die Bestätigung waren, dass es sich bei dem Leichnam um Kelly handelte.

Ich war froh, dass die Kinder und ich nicht dort waren.

Als ich aus dem Fenster schaute, erinnerte ich mich an eine Bemerkung von Kelly, die er jedes Mal machte, wenn wir auf einem Flug eine Flughöhe von 8 800 Metern erreichten: »Kannst du glauben, dass das die Höhe des Mount Everest ist?« Ich schüttelte lachend den Kopf und sagte: »Kein Wunder, dass man da Sauerstoff braucht.«

In dem Augenblick wurde mir schmerzlich bewusst, dass ich nie wieder mit meinem Ehemann in einem Flugzeug sitzen, seine Hand halten und mit ihm über unser fantastisches nächstes Abenteuer sprechen würde. Meine Reisen, meine Träume, mein Leben mit Kelly James waren vorbei.

Die Kinder und ich waren Tausende Meter hoch in der Luft und Frank war da unten, vor den Augen der Welt, und las die schmerzlichste Erklärung seines Lebens vor:

Das ist ein schwerer Tag für alle drei Familien. Unsere Hoffnung war, dass Kelly, Brian und Jerry alle wohlbehalten gerettet werden würden, und dadurch sind sich unsere Familien sehr, sehr nahe gekommen. Wir sind überzeugt davon, dass Kelly gefunden wurde. Doch es sind noch zwei andere Brüder von mir auf dem Berg, und die Familie James ist zutiefst dankbar für die Rettungsversuche bis zum heutigen Tag. Wir wünschen den Rettungskräften ein von Gott bewahrtes Gelingen bei ihren weiteren Bemühungen, Brian und Jerry sicher von diesem Berg herunterzubringen ...

Ihre Unterstützung gibt uns Kraft, und wir beten gemeinsam mit Ihnen um die sichere Rückkehr von Brian und Jerry ... Als Christen finden wir Frieden in dem Wissen, dass Kelly bei Gott ist ... Kelly sagte immer, dass er sich Gott auf einem Berg am nächsten fühlt. Das trieb ihn zum Bergsteigen an. Es ist für uns ungemein tröstlich zu wissen, dass er von diesem Berg aus heimgegangen ist – von einem Ort aus, den er liebte, und während er etwas tat, das er sehr, sehr liebte ...

Vielen Dank für all Ihre Unterstützung. Unsere Familie ist Ihnen sehr dankbar.

Frank teilt den Reportern mit, dass die Rettungskräfte
Kellys Leichnam gefunden haben.

Eine ganze Woche lang war Frank James die beredte Stimme der drei miteinander vereinten Familien gewesen. Doch für unsere Familie war es vorbei, und das war seine letzte Pressekonferenz.

Kellys Leichnam wurde noch am selben Tag vom Berg ausgeflogen. Es dauerte allerdings noch Monate, bis ich die gedankliche Verbindung herstellen konnte, dass Kelly tatsächlich in diesem schwarzen Leichensack lag.

Mitten im Flug sah ich Katie, die im Gang auf mich zukam. Ihre schönen Augen waren ganz verquollen vom Weinen, und ihr Gesicht sah fleckig aus von all den Tränen. Als sie auf mich zukam, lächelte sie mir kaum merklich zu. Ich lächelte sofort zurück, denn ich kannte diesen Blick. Es war das gleiche verschmitzte Lächeln wie bei ihrem Vater, wenn er etwas im Schilde führte. Katie beugte sich zu mir herüber und sagte: »Wir haben uns unterhalten und wollen gern wissen, ob du bei etwas mitmachen würdest.«

»Bei was denn?«, fragte ich.

Katie erklärte: »Wir wollen uns alle zu Ehren von Dad ein Tattoo von einer Eisaxt machen lassen. Machst du mit?«

Lachend dachte ich: *Wow, sie ist wirklich die Tochter ihres Vaters.* Ich hatte bisher keine Tätowierung und hatte mir geschworen, dass das auch so bleiben würde. Doch aus irgendeinem Grund erschien mir ein Tattoo von einer Eisaxt jetzt durchaus angemessen.

»Verlass dich drauf!«, antwortete ich.

Da lächelte Katie mich breit an und sagte: »Das ist super!«

Als sie wieder zurück auf ihren Platz ging, dachte ich: *Kelly, du hättest sie doch zum Altar führen müssen, wenn sie heiratet!* Ich fing wieder an zu weinen.

Unser Leben war für immer verändert. Die Welt, die wir kannten, wie sie noch vor einer Woche gewesen war, als wir Dallas verlassen hatten, existierte nicht mehr. Kelly war in unserer Familie der Fels in der Brandung und der Mensch, auf den wir alle angewiesen waren.

Er war tot, und ich war verloren.

Teil 3

Die Mosaikteile fügen sich zusammen

Kapitel 11

Operation Trost und Zuwendung

Als unser Flugzeug in Dallas landete, konnte ich kaum glauben, dass wir ohne Kelly nach Hause kamen. Ich hatte einen Koffer für ihn gepackt, weil ich dachte, er würde ein paar Sachen brauchen, wenn er vom Berg kam. Nichts, aber auch gar nichts wirkte real, als ich den Koffer ins Auto lud. Ich stand unter Schock und brauchte Hilfe.

Ich hatte ja keine Ahnung, dass diese Hilfe nur eine halbe Stunde entfernt und unaufhaltsam zu mir unterwegs war. Sie kam in Form meiner lieben Freundinnen, die sich in echte Superfrauen verwandelten. Die »Leitwölfin« war Ellen, meine gute Freundin, geistliche Trösterin und Nachbarin. Sie koordinierte die »Karen-Rettungsaktion« namens »Operation Trost und Zuwendung«.

So sorgfältig, wie der Rettungseinsatz für Kelly geplant, koordiniert und ausgeführt worden war, so sorgfältig war auch die Operation durchdacht, die mir in den dunkelsten Tagen meines Lebens Trost bringen sollte. Während die Suche nach Kelly lief, hatte ich telefonisch und vor Ort unglaublichen Rückhalt erfahren, doch das war nichts im Vergleich zu dem, was ich jetzt erleben sollte. Ich wusste schon vorher, dass ich von fantastischen Frauen umgeben war, doch erst, als ich selbst nicht mehr stehen konnte, sah ich, dass ihre phänomenale Stärke mich trotz ihrer eigenen Trauer um Kelly durchtragen konnte. Die Liebe und Unterstützung meines weiblichen Netzwerks war unglaublich. Sie warteten nur darauf, das zu tun, was sie am besten konnten – großartige Freundinnen sein.

Die Kinder und ich schwiegen auf der ganzen Rückfahrt vom Flughafen. Genau genommen war diese Heimfahrt auf eine unheimliche Weise unserer Fahrt *zum* Flughafen vor acht Tagen sehr ähnlich. Wir konnten immer noch nicht glauben, was unserer Familie zugestoßen war. Allerdings gab es heute einen großen Unterschied zu der Fahrt vor acht Tagen: Damals hatten wir noch Hoffnung.

Es graute mir davor, das Haus zu betreten. Alle möglichen Gedanken schossen mir durch den Kopf. Ich fragte mich, wie es wohl sein würde, in dem Wissen durch die Haustür zu gehen, dass Kelly nie wieder einen Fuß in das Haus setzen würde, das er so sehr liebte.

Meine Freundinnen hatten schon vorausgeahnt, wie schwer dieser erste Schritt sein würde. Während wir uns auf der Rückreise von Oregon befanden, hatte mein Bruder sie ins Haus gelassen, damit sie Vorbereitungen für unsere Heimkehr treffen konnten. Als Erstes waren sie durchs Haus gegangen und hatten die Räume nach Hinweisen auf Kelly abgesucht. Das ganze Haus war ein Spiegelbild unserer Beziehung, aber sie wollten wenigstens die Kleinigkeiten aus dem Sichtfeld entfernen, die uns zusätzlichen Schmerz bereiten konnten. Eine Freundin erzählte mir später, dass sie und mein Bruder einige Minuten dagestanden und auf Kellys Hausschuhe gestarrt hatten, die neben der Haustür standen. Ihnen fehlten die Worte. Dann endlich hatte meine Freundin das Schweigen gebrochen und gesagt: »Die müssen wir in den Schrank stellen. Das ist schrecklich.«

Nachdem sie im ganzen Haus die schmerzlichen Erinnerungen an diese schicksalhafte Bergtour beiseitegeräumt hatten, schalteten Ellen und ihre Tochter Shauna Archer alle Lichter an und fingen an, ein Trostessen zu kochen, das ich nie vergessen würde.

Je näher wir dem Haus kamen, desto kränker fühlte ich mich. Ich sagte zu den Kindern: »Leute, wir machen das zusammen. Wir gehen da zusammen als Familie rein.«

Obwohl draußen heller Tag war, waren alle Lichter im Haus an, und als ich den Türknauf drehte, bemerkte ich, dass die Tür unverschlossen war. Als wir zur Haustür hineinkamen, erfüllte der wunderbare Duft von Rosmarin die Luft. Ellen und Shauna waren da, um uns zu begrüßen, und sie umarmten uns fest. Ihre Umarmungen sagten das, was Worte nicht ausdrücken konnten. Kurz darauf kamen auch Jessica und Kathleen, um uns zu trösten.

Als ich dort mitten in unserem Wohnzimmer stand, wurde mir klar, dass ich buchstäblich den ersten Schritt in mein neues Leben ohne Kelly getan hatte.

Ich schreibe über diese erste Erinnerung daheim, weil ich es als großes Glück empfand, Freunde zu haben, die vorausahnten, was ich durchlebte. Eine tröstlichere Begrüßung hätte ich mir kaum vorstellen können. Ich glaube, dieses Willkommen hatte einen immensen Einfluss darauf, mit welchen Augen ich mein Zuhause in den kommenden Monaten betrachtete. Ellen wusste, wie traumatisch es für uns als Familie sein würde, in ein kaltes, dunkles Haus zu kommen, und sie sorgte dafür, dass die »Operation Trost und Zuwendung« in dem Augenblick begann, als wir in Dallas landeten.

Wir setzten uns sofort hin und machten uns über diese wunderbare selbst gekochte Mahlzeit her: Rosmarinhühnchen und Kartoffelbrei. Es war unser erstes richtiges Essen, seit wir vor einer Woche abgereist waren. In Oregon hatten wir uns von Pizza und dem ernährt, was uns freundlicherweise vom Büro des Sheriffs im Einsatzzentrum serviert worden war. Das Essen war ausgezeichnet, aber ich konnte kaum schlucken. Der Kloß in meinem Hals war nicht verschwunden, seit Frank uns vor weniger als 24 Stunden mitgeteilt hatte, dass Kelly tot war.

Kurz nach dem Essen wurde Jack von seiner Mutter abgeholt, und die älteren Kinder gingen heim in ihre eigenen Wohnungen und Häuser. Ich war dankbar, dass es noch andere Familienmitglieder und Freunde gab, die ihnen die Liebe und den Trost spendeten, die sie brauchten. In den letzten acht Tagen hatte ich um Kellys Leben gekämpft und versucht, sie zu beschützen. Ich hatte sie nach Oregon gebracht, ich hatte dort auf ihr Wohlergehen geachtet und ich hatte sie wieder sicher heimgebracht. Das zumindest hatte ich geschafft. Jetzt war ich ausgelaugt und konnte kaum für mich selbst sorgen.

Als ich sie zur Tür brachte, sagte ich: »Ich hab' euch lieb. Ich rufe euch an, und dann besprechen wir, was zu tun ist.«

Ich fühlte mich erschöpft und wie betäubt, so als hätte ich bei der wichtigsten Aufgabe meines Lebens versagt: das Leben meines Mannes zu retten. Ich hatte stets hart gearbeitet und bisher immer geglaubt, dass man mit harter Arbeit, hundertprozentigem, von Herzen kommendem Einsatz und Gebet Berge versetzen konnte. Doch dieser Berg hatte sich nicht vom Fleck gerührt. Es war praktisch genau das Gegenteil passiert: Er hielt Kelly, Brian und Nikko so gnadenlos fest, dass weder die vielen Rettungskräfte noch die modernste Technik ihm die Männer hatten abringen können. Vielleicht finden manche es ja seltsam, dass ich tatsächlich dachte, ich könnte Kelly von diesem Berg herunterholen. Doch ich glaubte wirklich, dass ich es mit Gottes Hilfe zustande bringen könnte.

Gott, warum wolltest du nicht, dass er überlebt?, fragte ich.

Dann spürte ich die Blicke meiner Freundinnen. Sie hatten wohl bemerkt, dass ich tief in Gedanken versunken war, und es waren Gedanken, die niemand zu stören wagte. Ich schaute sie an und lächelte. Allein sie hier bei mir im Haus zu haben, war tröstlich, und ich wollte nicht, dass sie gingen.

Wir brauchten nicht zu reden. Es gab ja doch keine Worte, die den Schmerz hätten lindern können.

Plötzlich klingelte es an der Tür. Ich sagte: »Wer das wohl ist? Es weiß doch noch keiner, dass wir zu Hause sind.«

Jessica sprang auf und sagte: »Ich kümmere mich drum.«

Durch das Fenster sah ich den Kleinbus eines Fernsehsenders. Ich schüttelte den Kopf und meinte: »Es ist ein Reporter.«

»Ich kümmere mich drum«, wiederholte Jessica bestimmt. Sie ging hinaus und erklärte, dass die Familie gerade erst heimgekommen sei und keine Interviews gebe.

Als ich dem abfahrenden Kleinbus hinterherschaute, fiel mein Blick auf den kleinen Hügel auf der anderen Seite der Straße. Es war Kellys Lieblingsplatz, ein besonderer Ort, wo er hinging, um über das Leben nachzudenken und mit seinen Kinder tiefgründige Gespräche unter vier Augen zu führen.

Hör auf damit, ermahnte ich mich.

Wo ich auch hinschaute, was ich auch dachte, alles drehte sich nur um ihn. Es tat so weh, dass ich einfach einen Schalter umlegen und die grausame Realität verschwinden lassen wollte. Doch das konnte ich nicht.

Wir alle wussten, dass noch mehr Reporter auftauchen würden. Wegen des schönen Blicks, den man hier hatte, hatte Kelly keine Jalousien für die vorderen Fenster gewollt. Somit konnte ich mich auch nicht vor dem Verkehr auf unserer Straße verstecken. Ellen, Jessica und Kathleen hängten große Tücher auf, damit wir wenigstens ein bisschen Privatsphäre hatten.

Ich fühlte mich so ausgeliefert. Mein Leben und der Tod meines Mannes hatten sich vor den Augen der Öffentlichkeit abgespielt. Es war, als hätte mich jemand in der Mitte aufgeschnitten, sodass jetzt jeder in mich hineinschauen konnte.

Meine Freundinnen schlugen vor, ich sollte doch versuchen, mich ein wenig auszuruhen. Sie wussten, dass ich während der Zeit in Oregon alle Schlaftabletten und sonstige Medikamente, die die Angst und den Schmerz gelindert hätten, abgelehnt hatte. Während der Suche nach Kelly wollte ich einen so klaren Kopf wie möglich behalten, damit ich voll da war, wenn sie ihn fanden. Jetzt brauchte ich etwas, das alles ein klein wenig erträglicher machte.

Es war erst Mittag, aber das war mir egal. Ich ging an die Hausbar und goss mir ein großes Glas Rotwein ein. Mit dem Glas in der einen und Kellys Koffer in der anderen Hand ging ich nach oben und in unseren begehbaren Kleiderschrank. Ich zog langsam den Reißverschluss des Koffers auf, packte behutsam Kellys Sachen aus und legte sie in seine Schubladen.

Dort oben, ganz allein, schaute ich hinauf zu Gott und begann zu schluchzen: »Ich weiß einfach nicht, was ich machen soll!«

Während ich oben war, berieten meine Freundinnen darüber, ob ich Medikamente bekommen sollte. Einige Ärzte hatten angerufen, die bereit waren, mir die passenden Medikamente zu verschreiben, die mir durch diese Zeit helfen würden. Ellen äußerte sehr deutlich ihre Gedanken zu diesem Thema: »Natürlich können wir sie jetzt mit Medikamenten vollpumpen, aber seht es doch mal so: Sie kann sich jetzt damit auseinandersetzen oder in sechs Monaten. Wie wär's, wenn wir sie einfach im Auge behalten und sehen, was passiert?« Meine anderen Freundinnen stimmten ihr zu. Sie waren dafür, dass ich mich dem großen Schmerz lieber gleich als später stellen sollte – und sie waren auch bereit, die ganze Zeit über für mich da zu sein.

Ich kroch ins Bett und betete immerzu: »Bitte, Gott, ich weiß, dass du alles tun kannst. Bitte dreh die Zeit zurück und lass die Geschichte anders ausgehen. Bitte tu mir und den Kindern das nicht an.«

Ich liebte meinen Ehemann und liebte es, mit ihm verheiratet zu sein. Bevor ich Kelly kennengelernt hatte, hatte ich jahrelang für mich selbst gesorgt und war der Ansicht gewesen, dass ich niemanden brauchte. Früher war ich stolz auf meine Unabhängigkeit gewesen, aber mit der Zeit hatte ich es lieben gelernt, dass Kelly mich beschützte, ermutigte und liebte. Jetzt konnte er nichts davon mehr tun und ich musste mich daran gewöhnen, wieder allein zu sein. Während ich dort in meinem Bett lag, setzten sich meine Freundinnen abwechselnd zu mir, ohne viel zu reden. Sie waren fest entschlossen, mich nicht allein zu lassen, da sie wussten, dass ich nach dieser Woche auf dem Berg, in der ich auf die Rettung meines Mannes gewartet hatte, traumatisiert war.

Es gab noch jemand anderen, der mir Gesellschaft leistete: mein Kater Caesar – oder »Seizure«[6]: »Anfall«, wie Kelly ihn immer genannt hatte. Zu behaupten, dass Kelly kein großer Katzenfreund gewesen sei, ist eine riesige Untertreibung. Doch ich besaß Caesar schon vor unserer Hochzeit, und Kelly wusste, dass ich über den Kater nicht verhandeln würde. In seinem Widerstreben, eine Katze im Haus zu haben, hatte Kelly viele Katzenregeln aufgestellt. Eine davon war: »Keine Katze im Bett«. Diese Regel brach ich gern, sobald Kelly nicht hinschaute. Wenn man sich lang genug mit Kelly unterhielt, wurde deutlich, dass er den Kater nicht besonders leiden konnte.

Es gab einen Moment im Kriseneinsatzzentrum, als Brians Eltern und ich herzlich lachen mussten. Sie sagten, Brian hätte ihnen eine Geschichte von einer seiner Klettertouren mit Kelly erzählt: Sie waren in ihrem Zelt, Hunderte Meter hoch auf dem Berg und kurz vor dem Einschlafen. Plötzlich hatte Brian gefragt: »Was meinst du, wo der Kater jetzt schläft?« Kelly war ärgerlich geworden und hatte gemurmelt: »Diese verflixte Katze!« Daraufhin hatte Brian laut losgelacht, da er wusste, dass ich die Katzenregeln immer brach, wenn sie unterwegs waren.

Als Caesar sich an mich schmiegte, schien er keine Angst zu haben, erwischt zu werden. Es schien fast, als wüsste er, dass Kelly nicht wiederkam. Ich musste an den Abend denken, bevor Kelly zu seiner Klettertour aufgebrochen war. Caesar hatte etwas getan, das er noch nie zuvor gemacht hatte. Kelly hatte seine gesamte Ausrüstung

---

6   Auf Englisch klingen »Caesar« und »seizure« sehr ähnlich (Anm. d. Übers.).

im Wohnzimmer ausgebreitet, und Caesar lief zu Kellys Isomatte und hinterließ eine Pfütze darauf. Es war eine denkwürdige Szene, als ich mich schützend zwischen die beiden stellen musste. Damals hatte ich gedacht: *Wie seltsam.*

Mein Kater Caesar; Kelly nannte ihn immer »Seizure« – »Anfall«.

Meine Freundinnen wechselten sich bei mir ab, und ständig klingelte es an der Tür. Die Leute kamen, um uns Essen und Blumen zu bringen und ihr Mitgefühl auszusprechen. Wir waren erst einige Stunden daheim und es schien, als würde es gar nicht mehr aufhören zu klingeln.

Meine Freundinnen hängten ein Schild an die Tür, auf dem stand: »Karen empfängt im Moment nur Verwandte und Freunde«. Trotz des Schildes klingelte es ständig weiter an der Tür, weil die Leute mich sehen und mit mir über das sprechen wollten, was geschehen war.

Jessica kam nach oben und erklärte: »Karen, Michael ist hier und sagt, dass er wirklich gern mit dir sprechen würde. Ich glaube, er ist ein sehr guter Freund von Kelly.«

Ich dachte einen Augenblick nach, bevor ich fragte: »Hat er ganz kurze blonde Haare?«

»Ja«, erwiderte sie.

Selbst in meiner Trauer musste ich lachen und erklärte: »Das ist unser Elektriker.« Dann setzte ich hinzu: »Jeder war Kellys bester Freund. Könntest du bitte das Schild an der Tür ändern, dass wir nur *sehr gute* Freunde empfangen?«

Es war rührend, dass Michael meinte, er sei ein guter Freund von Kelly, doch es überraschte mich nicht. Kelly hatte mehr Freunde als jeder andere, den ich kannte, und er meinte es mit seinen Gefühlen für andere immer sehr ernst. Er hatte eine unglaubliche Art, Beziehungen zu Menschen aufzubauen, und seine Tür stand immer offen. Jeder war in unserem Haus willkommen. Jeder durfte eine Weile bei uns sitzen, ein Glas Wein mit uns trinken und seine Lebensgeschichte erzählen. Kelly liebte Menschen, und die Menschen liebten Kelly. Noch beim Einschlafen dachte ich: *Ich habe einen guten Mann geheiratet.*

Als ich aufwachte, saß Ellen bei mir. Ich weiß noch, wie sie sagte: »Ich lasse dich in deiner ersten Nacht hier nicht allein.«

Steve, Ellens Ehemann, hatte ihr ihren Schlafanzug herübergebracht. Er war auch der Ansicht, dass ich nicht mitten in der Nacht allein im Haus aufwachen sollte. Kelly war tot, Jack bei seiner Mutter, die anderen Kinder in ihren eigenen Wohnungen – das Haus war leerer als jemals zuvor.

Als ich aufwachte, war mein Kopfkissen nass. Ich hatte wohl im Schlaf geweint. Ellen strich mir übers Haar und ich fragte sie: »Ist das alles wirklich passiert?«

Ellens Augen füllten sich mit Tränen und sie erwiderte mit sehr sanfter, beruhigender Stimme: »Ja, Liebes.«

Mit aller Energie, die ich aufbringen konnte, fragte ich: »Warum? Wir waren doch so glücklich.«

Ellen antwortete: »Ich weiß nicht warum. Aber Gott weiß es. Im Moment wissen wir einfach nicht, was er geplant hat. Aber er hat dich und Kelly sehr, sehr lieb.«

Wir brauchten nichts weiter zu sagen. Es gab nichts weiter zu sagen. Zumindest dachte ich das.

Kapitel 12

Das letzte Interview

Von dem Augenblick an, als wir nach Hause kamen, wurden wir mit Besuchern, Anrufen, Blumen und Karten bombardiert. Vollkommen Fremde nahmen sich Zeit, um uns ehrliche und einfühlsame Briefe zu schreiben. Auf dem Berg hatten wir den Anschluss ans Tagesgeschehen verloren. Wir hatten keine Ahnung, was in Dallas und im restlichen Land geschah. An den Reaktionen, die ich auf Kellys Tod erhielt, merkte ich, dass seine Geschichte viele Menschen berührt und tief bewegt hatte.

Während ich mich an die Vorbereitungen für Kellys Beerdigung machte, dachte ich ziemlich naiv, dass das Medieninteresse abflauen würde, sobald wir daheim wären. Doch das war nicht der Fall.

Wir waren schon einige Tage zurück, und weder bei Jessica noch bei Kathleen stand das Telefon still. Die Medien riefen immer wieder an und wollten mit der »trauernden Witwe« sprechen.

Am Mittwoch, den 20. Dezember, entschieden Jessica und Kathleen, dass sie mit mir über das ungebrochene Medieninteresse sprechen sollten und darüber, wie ich auf all die Interviewanfragen reagieren wollte.

Es waren nur noch wenige Tage bis Weihnachten. Natürlich wollten die Medien wissen, wie die Witwe von Kelly James mit der harten Realität zurechtkam, dass es kein Weihnachtswunder in Form einer Rettung gegeben hatte.

Aus unserer eigenen Erfahrung als Journalistinnen wussten wir, dass der schnellste Weg, die ganze Neugier der Medien zu befriedigen, ein allerletztes Interview war. Danach würden sie verschwinden.

Als Kathleen und Jessica mich über die diversen Interviewanfragen informierten, bekam ich Angst. Ich fühlte mich so angegriffen und verletzlich. Ich war emotional nicht in der Lage, mich mit Kritik an oder Angriffen auf Kelly, Brian oder Nikko auseinanderzusetzen. Ich fragte mich, ob ich überhaupt ein Interview geben konnte.

Einige Stunden später sagte mir Kathleen, Katie Couric sei am Telefon. Katie war ebenfalls Witwe, und zum ersten Mal konnte ich mich in andere Frauen hineinversetzen, die die Liebe ihres Lebens verloren hatten. Ich war Mitglied eines Klubs geworden, dem ich nie hatte beitreten wollen. Ich stimmte zu, mit Katie zu sprechen und einfach zu schauen, wie es mir dabei ging.

Kathleen reichte mir das Telefon und ich unterhielt mich eine Weile mit Katie. In diesem sehr persönlichen Gespräch von Witwe zu Witwe bekam Katie ein Gespür für meine Verzweiflung, und auf einer unausgesprochenen Ebene spürte ich, dass ich ihr vertrauen konnte. Sie würde ein faires, einfühlsames Interview führen, das weder mir noch den Kindern Schaden zufügte.

Nachdem ich dem Interview zugestimmt hatte, fragte sie: »Wo soll es stattfinden?« Ich erklärte ihr, dass ich das Haus nicht verlassen wollte. Nach acht Tagen auf dem Berg brauchte ich die Sicherheit meines eigenen Hauses, um auch nur ansatzweise Kellys Verlust verarbeiten zu können. Katie antwortete: »Kein Problem. Ich komme zu Ihnen.«

Um 5 Uhr morgens am 21. Dezember traf der erste Übertragungswagen ein. Im Handumdrehen verwandelten die Techniker mein Wohnzimmer in ein Meer aus Kameras, Kabeln und Scheinwerfern. Mehrere Aufnahmeleiter ließen sich an unserem Esszimmertisch nieder und fingen an, eifrig auf ihren Laptops herumzutippen. Sie arbeiteten fast geräuschlos. Alle zeigten großen Respekt für mich und meinen Verlust, und sie taten ihr Bestes, das Interview so schmerzlos wie möglich zu gestalten.

Als ich auf die Fotografen traf, erkannte ich einen von ihnen von einem früheren Auftrag, den ich bearbeitet hatte. Ich hatte seinen Namen vergessen und merkte, dass er auch versuchte, mich einzuordnen. Dann fragte er mich: »Also, wie sind Sie an diesen Auftrag gekommen?«

Mir war sofort klar, dass er keine Ahnung hatte, wer ich war. Ich wusste, dass er sich entsetzlich fühlen würde, wenn ich antwortete, also tat ich es so freundlich wie möglich: »Kelly James war mein Ehemann.«

Ihm wich alles Blut aus dem Gesicht und er entschuldigte sich wortreich. Er tat mir wirklich leid, und ich dachte: *Armer Kerl. Ich glaube, ich habe noch nie erlebt, dass jemand in ein so großes Fettnäpfchen getreten ist.*

Mir graute zwar vor dem Gedanken an das Interview, doch ein Teil von mir wollte auch mehr von dem Mann erzählen, den ich so sehr geliebt hatte. Ich erinnerte mich an meine Zeit als Reporterin, wenn Familienmitglieder vor laufender Kamera ganz offen über ihre Lieben gesprochen hatten, die gerade gestorben waren. Da wurde mir klar, dass sich der Kreis geschlossen hatte. In meiner ganzen Reporterkarriere hatte ich mich immer um dieses erste Interview der »heißen Story« bemüht. Jetzt hatte sich das Blatt gewendet und ich war diejenige mit der persönlichen Tragödie. Bis zu diesem Augenblick hatte ich nie wirklich verstanden, warum so viele Leute in ein Interview einwilligten, wenn sie um einen lieben Menschen trauerten. Jetzt verstand ich – und es tat weh.

Der wunderbarste Mann, den ich kannte, war grausam aus meinem Leben gerissen worden – und als seine Witwe verspürte ich die unvorstellbare Verpflichtung, aller Welt von ihm zu erzählen und davon, was für Spuren er auf dieser Erde hinterlassen hatte. *Ich konnte ihn zwar nicht retten, aber immerhin kann ich ihn noch ehren.*

Als wir uns vor dem Interview für ein paar Minuten zusammensetzten, begriff ich, warum Katie Couric solch eine journalistische Größe war. Sie war ein Mensch aus Fleisch und Blut, der wusste, wie man mit Menschen aus Fleisch und Blut redet, die mit echten Tragödien konfrontiert waren.

Als ich in das Interview ging, hatte ich keine Ahnung, was ich sagen sollte, und ich bat Gott um Hilfe. Ich konnte das nicht allein bewältigen. Ich wusste es, und er wusste es.

Katie begann mit Fragen zum Unglück und zur Rettungsaktion. Dann stellte sie Fragen, die wahrscheinlich vielen anderen Menschen auch durch den Kopf gingen. Als ehemalige Reporterin überraschten mich nicht ihre Fragen, sondern meine mangelhafte Vorbereitung auf das Interview.

Die Trauer war so stark, dass meine Worte völlig unzensiert und direkt aus meinem Herzen kamen.

Katie fragte mich: »Ist irgendein Teil von Ihnen wütend, dass Kelly das getan hat?«

Über diese Antwort musste ich nicht lange nachdenken. Ich konnte nie lange wütend auf Kelly sein, nicht, als er noch lebte, und erst recht nicht jetzt, wo er tot war. Wenn die Kinder und ich sauer auf ihn waren, tat er immer etwas ganz Albernes. Er sagte dann: »Jetzt bloß nicht lächeln.« Wenn er das ein paar Mal wiederholt hatte, konnten wir nicht anders als zu lachen, und was auch immer Anlass für die Spannungen gewesen war – er war meistens rasch vergessen.

Ich antwortete Katie: »Ich bin nicht wütend. Ich bin sehr traurig, dass unsere gemeinsame Reise zu Ende ist, wenigstens vorläufig. Und ich vermisse ihn schrecklich. Doch er liebte das Leben so sehr, und er lehrte mich zu lieben. Er lehrte mich zu leben. Und ich weiß nicht, wie man wütend auf jemanden sein soll, der seine Familie liebte und Gott liebte, der so viele Freunde hatte und so viel mehr gab als er nahm.«

Später im Interview beschenkte mich Katie mit einer Frage, auf die, glaube ich, jeder Trauernde nur allzu gern antwortet. Kelly hatte ein erfülltes Leben geführt. Auf seinem Weg war er gestrauchelt, so wie wir alle, aber am Ende hatte er einen Punkt erreicht, an dem er sein Ziel im Leben verstand und der Mann war, den ich voller Stolz meinen Ehemann und Freund nennen durfte. Katie fragte: »Wie, meinen Sie, würde Kelly wollen, dass man sich an ihn erinnert?«

Das war meine Gelegenheit, allen, die die Tragödie im Fernsehen verfolgt hatten, zu sagen, dass er nicht nur eine Figur in einer Geschichte war. Kelly James war ein wahrhaft unglaublicher Mann, der das Leben vieler Menschen zutiefst berührt hatte.

Ich erwiderte: »Kelly war der größte Optimist, den man sich vorstellen kann. Und Kelly wollte, dass die Menschen jeden Tag ihres Lebens voll auskosten. Er wünschte sich, dass sie so sehr lieben, wie sie können, so intensiv leben, wie sie können, und die Menschen in ihrer Umgebung wertschätzen. Das hat er mir beigebracht, und das hat er seinen Kindern beigebracht. Und darum habe ich das Gefühl, dass ich mit diesem Mann den Hauptgewinn gezogen hatte. Ich durfte mit ihm auf eine Reise gehen, die zu früh endete. Aber ich durfte mit einem Mann auf eine Reise gehen, der mich bis zum Mond mitgenommen hat – und wieder zurück. Und dafür bin ich sehr dankbar.«

Während der ganzen quälenden Zeit auf dem Berg hatten wir nie einen Hehl aus unserem Glauben gemacht. Gelegentlich war ich ein wenig überrascht darüber, wie oft Gott in der Berichterstattung erwähnt wurde. Diese Bemerkung ist nicht als Kritik gemeint, sondern als Beobachtung. Ich selbst hatte bei meiner Arbeit in der Nachrichtenredaktion immer versuchte derart »politisch korrekt« zu sein, dass mir jeder Hinweis auf Gott unangenehm war.

Seit jener Zeit hatte ich mich sehr verändert. Heute verstehe ich, dass Gott die Hauptperson in unserer Geschichte ist – wir sind nur die Nebendarsteller.

Als Katie mich nach meinem Glauben fragte, fiel mir die Antwort leicht. »Es klingt, als wäre Ihr Glaube durch diese schlimme Zeit gestärkt worden. Doch sicher wurde er auch auf die Probe gestellt«, sagte sie.

Ich antwortete rasch: »Nein, er wurde nie auf die Probe gestellt. Wissen Sie, einmal, als wir gerade beim Fernsehen waren, hat Kelly zu mir gesagt: ›Ich kann es kaum erwarten, in den Himmel zu kommen.‹ Ich fragte verdattert: ›Was?‹ Wir schauten uns irgendeine Serie an, die gar nichts damit zu tun hatte. Und er sagte: ›Ja, das wird richtig cool.‹ Ich erwiderte: ›Hör mal, kannst du – kannst du das noch ein bisschen verschieben? Können wir … können wir damit noch warten?‹ Aber er hatte keine Angst. Und an diesen Gesprächen halte ich mich jetzt fest.«

Katie beendete das Interview mit einer nachdenklichen Frage: »Gibt es etwas, das andere Bergsteiger – oder ganz allgemein andere Menschen – aus dem lernen können, was geschehen ist?«

Ich dachte nach und antwortete dann mit einer Botschaft der Liebe: »Ich habe zu einem Freund, einem Kollegen von mir, gesagt: ›Halt deine Frau ganz, ganz fest, denn du weißt nie, wann eure Reise zu Ende ist.‹ Meine Reise endete mit einem ›Ich liebe dich.‹ Und … wenn auch für andere ihre Reise mit einem ›Ich liebe dich‹ endet, dann ist das etwas sehr Starkes, an dem man sich festhalten kann.«

Als das Interview beendet war, schaute ich mich im Raum um. Viele aus dem Team hatten geweint. Wieder einmal wurde mir klar, dass die meisten Medienvertreter ebenfalls auf ein Weihnachtswunder gehofft hatten, und was unserer Familie zugestoßen war, tat auch ihnen weh.

Ich ging nach oben und weckte Ford und Jack, damit sie Katie Couric kennenlernen konnten. Für viele Jugendliche und junge Erwachsene wäre der Anblick von riesigen Übertragungswagen vor der Tür und Fernsehproduzenten aus New York eine Sensation gewesen. Doch Jack und Ford liebten ihren Schlaf, und selbst Katie Couric hatte sie nicht genug interessiert, um ein paar Stunden früher aufzustehen und das eigentliche Interview anzusehen.

Nachdem die Kinder Katie kennengelernt hatten, verabschiedeten wir uns voneinander. Die Jungs gingen wieder ins Bett, und ich ging in mein Zimmer. Dann wurde mir schlecht. Plötzlich schlug mein Herz wie wild, und ich verfiel in Panik. Ich hatte meine Gedanken geäußert und fing an zu begreifen, was das bedeutete: Im Interview hatte ich anerkannt, dass Kelly wirklich tot war. Das war das erste Mal.

Es war auch das erste Mal, dass ich so offen darüber gesprochen hatte, und die ganze Situation war jetzt sehr viel realer. Mir schwirrte der Kopf und ich sagte Kathleen und Jessica, dass ich keine Interviews mehr geben könnte.

Sie spürten sofort meinen Schmerz und merkten, dass das Interview mich sehr belastet hatte. »Kein Problem. Es ist vorbei«, beruhigten sie mich.

Wieder einmal staunte ich darüber, welche Prioritäten Kathleen setzte. Selbst in ihrer Rolle als Produzentin eines großen Fernsehsenders drängte sie mich nie zu irgendetwas. Sie wusste, dass ich meine Belastungsgrenze erreicht hatte, und ich bedeutete ihr definitiv mehr als irgendwelche beruflichen Höhenflüge. Ich überlegte, ob es ihr beruflich schaden würde, dass ich keine weiteren Interviews geben wollte, doch ich hatte nicht die Kraft, weiter darüber nachzudenken.

Als ich in mein Bett kroch, sank ich tiefer als je zuvor. Während der Zeit auf dem Berg und seit unserer Heimkehr hatte ich Gottes Gegenwart gespürt. Doch dieses Gefühl begann zu verschwinden und wurde von Einsamkeit und innerlicher Dunkelheit verdrängt. Ich stürzte ab.

Voller Schmerz fragte ich Gott: »Warum hast du das getan? Ich habe so sehr gebetet und ich glaube an dich. Hast du mich verlassen?« Die Leere war unerträglich und ich fühlte mich total verloren.

In meinem tiefen Kummer begann ich zu schluchzen. In dem Augenblick war der Schmerz so übermächtig, dass es mir egal war, ob ich lebte oder starb.

Kathleen kam ins Zimmer, um nach mir zu schauen. Sie war seit zwanzig Jahren mit mir befreundet, und so sah sie sofort, dass ich ganz unten war. Ich glaube, instinktiv erkannte sie, dass es ein geistliches Problem war. Deshalb sagte sie: »Ich rufe Ellen an. Ich glaube, du brauchst geistliche Hilfe.«

Als ich ganz allein dort lag, betete ich weiter. Dann plötzlich war es so, als käme all die Liebe, der Schutz, der Trost, den ich vermisste, wieder in meine Seele zurück. Der Schmerz und die Traurigkeit waren noch da, aber ich fühlte mich nicht mehr verlassen oder verzweifelt. Es war ein bisschen zu seltsam, als dass ich es beschreiben könnte, und ich beschloss, dieses seltsame Ereignis für mich zu behalten. Bis Ellen ins Zimmer trat.

Sie setzte sich auf meine Bettkante, streckte die Hand aus und streichelte mir sehr mütterlich übers Haar. »Wie geht es dir?«, fragte sie.

Ich erklärte ihr, was geschehen war.

Dann sagte sie Worte, an die ich mich mein ganzes Leben lang erinnern werde: »Vergiss dieses Gefühl nie, als du dich so leer fühltest, denn viele Leute, die nicht an Gott glauben, fühlen sich ständig so.«

So schmerzlich dieses Erlebnis war – es war ein Segen. Vielleicht hatte Gott ja diese unglaubliche Liebe und den Trost, die ich täglich im Herzen spüre, vorübergehend weggenommen. Vielleicht wollte er mich hautnah erfahren lassen, dass er definitiv da war und mich auch durch die dunkelsten Tage meines Lebens trug.

Dann fragte ich Ellen: »Wie können Menschen auch nur einen Tag ohne Gott leben?«

Ellen schüttelte den Kopf. »Ich habe keine Ahnung.«

Kapitel 13

Heimkehr zu Weihnachten

Ehe ich wusste, wie mir geschah, war es Heiligabend und unter dem Baum lagen keine Geschenke. Ich hatte kein einziges Geschenk für die Kinder gekauft. Mir war nicht nach Weihnachten zumute, und der Gedanke, zum Einkaufen aus dem Haus zu gehen und den Rest der Welt zu sehen – so weiterzumachen, als ob nichts geschehen wäre –, war unerträglich für mich.

Ich rief Kathleen an und sagte: »Ich weiß, ich werde mich schrecklich fühlen, wenn ich keine Geschenke habe, aber ich habe einfach keine Kraft.«

Sie antwortete schnell: »Dann nehmen wir dich mit zum Einkaufen und helfen dir, die Geschenke zu besorgen.« Sie sagte, sie und ihr Mann Jake würden mich in einer Stunde abholen.

Ich willigte ein und meinte: »Lass uns in das James-Avery-Schmuckgeschäft gehen.« Das war der Juwelier, bei dem wir unsere Eheringe gekauft hatten und der auch Kellys JKJ-Siegelring angefertigt hatte. Ich wollte, dass die Geschenke eine symbolische Bedeutung hatten und unsere Liebe zu Kelly widerspiegelten. Als ich mich in dem Geschäft umschaute, fand ich Armreife für Damen und Herren, in die Kellys Lieblingsbibelvers eingraviert war: »Alles ist mir möglich durch Christus, der mir die Kraft gibt, die ich brauche.«

Kelly hatte mir oft von Situationen beim Bergsteigen erzählt, in denen er das Gefühl gehabt hatte, keinen einzigen Schritt weitergehen zu können, oder in denen er in Gefahr gewesen war. Dann hatte er diesen Vers immer wieder erwähnt.

Zusätzlich zu den einfachen silbernen kaufte ich noch verschiedene andere Versionen der Armreife für alle Kinder, mich, Frank, Lou Ann und Kellys Schwester Traci. Die Geschenke waren perfekt, aber es fehlte noch eine Kleinigkeit. Wir ließen in alle innen noch »JKJ – auf ewig« eingravieren. Als ich meinen Armreif anlegte, kämpfte ich mit den Tränen.

Ich war so gespannt darauf, den Kindern ihre Geschenke zu geben, dass ich nicht bis zum Weihnachtsmorgen warten konnte. Als wir am Heiligabend aus der Kirche nach Hause kamen, versammelten wir uns um den Weihnachtsbaum. Ich teilte die hübsch verpackten Kästchen aus und sagte: »Ich wünsche mir, dass ihr die zusammen auspackt. Das ist ein Geschenk von eurem Vater.«

Als sie die Armreife sahen und das eingravierte »JKJ – auf ewig«, fingen viele der Kinder an zu weinen. Als wir dann alle unsere Armreife angelegt hatten, beschlossen wir, Sheriff Wampler und Captain Bernard anzurufen. Ein Freund hatte uns einige Tage zuvor anvertraut, dass sie sich angesichts dessen, was wir durchmachten, sehr schuldig fühlten, einfach so Weihnachten zu feiern. Es dauerte eine Weile, bis ich diese Bemerkung richtig verstanden hatte. Doch dann begriff ich, wie wichtig es war, dass ich den anderen ein fröhliches Weihnachtsfest wünschte. Sie mussten aus meinem Mund hören, dass es völlig in Ordnung war, dass sie zusammen mit ihren Lieben diese besondere Zeit im Jahr genossen.

Sheriff Wampler war nicht im Büro, als ich anrief, also erklärte ich der Telefonistin: »Hier ist Karen James. Die Kinder und ich wollten dem Sheriff einfach nur Frohe Weihnachten wünschen.« Sofort sagte die Telefonistin: »Einen kleinen Moment. Ich stelle Sie zu ihm nach Hause durch.« Der Sheriff nahm ab und ich sagte: »Sheriff, hier sind Karen James und die Kinder. Wir haben das Telefon auf Lautsprecher gestellt, und wir wollten Ihnen und Ihrer Familie ein frohes Weihnachtsfest wünschen.« Er schwieg ein paar Sekunden und antwortete dann: »Vielen Dank. Ich kann Ihnen gar nicht sagen, wie viel mir das bedeutet.«

Als wir auflegten, musste ich an die Worte von Sheriff Wampler bei der letzten Pressekonferenz am Montag denken, als Kellys Leichnam vom Berg ausgeflogen wurde. Im Interview hatte er gesagt: »Wir haben sie im Stich gelassen. Wir haben sie buchstäblich im Stich gelassen. Doch wir haben unser Bestes versucht. Das weiß ich.«

Ich war total überrascht gewesen, als ich erfuhr, was der Sheriff gesagt hatte, denn das entsprach gar nicht dem, was unsere Familien empfanden. Alle drei Familien wussten ohne irgendeinen Zweifel, dass die Rettungskräfte alles in ihrer Macht Stehende versucht hatten, um die drei Männer vom Berg zu holen. Es hatte einfach nicht sein sollen.

Draußen war es inzwischen dunkel geworden. Die Kinder mussten nach Hause und fragten mich: »Was machst du denn heute Abend?«

Obwohl ich sonst eigentlich nicht die Unwahrheit sage, erwiderte ich: »Ich verbringe den Abend mit meiner Familie und Freunden. Macht euch um mich keine Sorgen. Habt einen schönen Abend. Ich hab' euch lieb. Frohe Weihnachten.«

Ich brachte sie zur Tür, und als die sich schloss, wusste ich, dass ein entsetzlicher Abend vor mir lag.

Die Kinder waren nicht die Einzigen, die ich bezüglich meiner Pläne belogen hatte. Meine Familie und Freunde hatten sich ebenfalls erkundigt, und ich hatte gesagt, ich würde den Abend mit den Kindern verbringen.

Der Heiligabend war für Kelly und mich immer ein ganz besonderer Abend gewesen. Wir machten Feuer im Kamin, öffneten eine gute Flasche Rotwein, setzten uns auf den Boden und packten die Weihnachtsgeschenke der Kinder ein. Dabei dachten wir über alles nach, was im vergangenen Jahr geschehen war, und darüber, wie glücklich wir waren, einander zu haben.

Dieser Heiligabend würde ganz anders verlaufen.

Zuerst wusste ich nicht genau, was ich tun sollte, also ging ich durchs Haus und schaute in jedes Zimmer. Vielleicht dachte ein Teil von mir, ich könnte Kelly finden, obwohl ich tief in mir wusste, dass das nicht geschehen würde.

Die Uhr sagte mir, dass es erst 20 Uhr war. Ich goss mir ein Glas Wein ein und setzte mich ins Wohnzimmer. Dann brachen die Tränen, die ich den ganzen Tag zurückgehalten hatte, mit aller Macht hervor, und ich begann zu schluchzen.

Ich war derart von Trauer überwältigt, dass ich auf die Knie fiel und Gott anschrie: »War es das, was du wolltest? Er ist tot und ich bin allein. Bist du jetzt zufrieden?«

Sofort, nachdem ich sie ausgesprochen hatte, bedauerte ich meine Worte. Es war das erste Mal, dass ich Gott wirklich angegriffen hatte, und ehrlich gesagt hatte ich Angst.

Sofort wurde ich ganz still und lauschte. Ich wusste nicht genau, was ich erwartete, aber ein Teil von mir dachte, Gott würde über meine Respektlosigkeit zornig werden. Beinahe erwartete ich, dass von oben her irgendetwas mit einem großen Schlag in mein Wohnzimmer krachen würde.

Nachdem ich fünf Minuten lang ganz still dagesessen hatte, wurde mir klar, wie töricht ich war, und ich schämte mich für meine Worte. Tief in mir wusste ich, dass Gott mich nicht bestrafen würde. So wie es einem Vater oder einer Mutter wehtut, wenn ihr Kind leidet, so schaute Gott mich an und war traurig darüber, mich so trauern zu sehen. Da war ich mir sicher.

Ein Grund, warum ich den Heiligabend allein verbringen wollte, war, dass ich beschlossen hatte, diese Bestie namens Trauer bei den Hörnern zu packen. Ich hatte Weihnachten immer geliebt, und ich war fest entschlossen, mich nicht den Rest meines Lebens vor dem Weihnachtsfest zu fürchten. Meine Logik war ziemlich einfach: Es ging mir bereits unglaublich elend, also würde ich mich der Trauer geradeheraus stellen und das Ganze ein für alle Mal hinter mich bringen.

Ich hielt etwa zwei Stunden durch; dann ging ich gegen 22 Uhr zu Bett. Kurz vor dem Einschlafen dachte ich noch: *Morgen ist Weihnachten. Meine Familie, Frank und die Kinder kommen, und das wird etwas ganz Besonderes.*

Doch so viel Glück hatte ich nicht. Gegen 3 Uhr morgens wachte ich auf und hätte auf der Stelle einen Marathon laufen können. Mein Herz raste und ich verspürte Panik.

Bei all dem Adrenalin, das durch meinen Körper zirkulierte, dachte ich mir: *Okay – du fühlst dich hundeelend, also bring doch einfach alles Unerfreuliche auf einmal hinter dich.*

Kellys Beerdigung sollte zwei Tage nach Weihnachten stattfinden. Ich wollte zu seinem Gedenken eine Videopräsentation mit Fotos und Musik machen, doch ich hatte bisher weder die Fotos noch Musik dazu ausgesucht. Bilder anschauen war das Allerletzte, was ich jetzt tun wollte, aber ich wusste, es musste erledigt werden.

Das Haus war eiskalt. Ich drehte die Heizung auf, nahm mir eine Tasse Kaffee, ging in Kellys Büro und schüttete eine große, weiße Plastikkiste mit Fotos auf den Boden aus. In den nächsten vier Stunden schaute ich mir jedes Foto an und grenzte die Anzahl ein, die ich in der Präsentation verwenden wollte. Es zerriss mir fast das Herz, unsere gemeinsamen Momente noch einmal zu durchleben.

Manchmal dachte ich, die Nacht würde niemals enden. Dann fiel mir ein, was Kelly mir auf dem Mount Rainier gesagt hatte, als ich an der Felswand in der kalten Dunkelheit so entmutigt war: »Keine Sorge! Du machst das sehr gut! Wenn die Sonne rauskommt, bekommst du bessere Laune. Versprochen!« Diese Erinnerung brachte mich zum Weinen und es war sehr tröstlich, als die Sonne vor dem Bürofenster aufzugehen begann. Ich war dankbar, dass die Nacht vorüber war. Ich hatte tatsächlich den Heiligabend ohne Kelly überstanden und sogar eine der Aufgaben für die Beerdigung erledigt. In diesen Tagen maß ich »Erfolg« daran, eine Nacht nach der anderen ohne ihn zu überleben.

Seit ich nach Hause gekommen war, hatte ich unglaublich viel Hilfe von unserer Gemeinde, der *Fellowship Bible Church* in Dallas, erfahren. Unser Pastor Gary Brandenburg hatte mich schon ein paar Mal besucht. Wir sprachen viel über Kelly und sein tiefes Verständnis davon, dass unser Leben einen festen Anfangs- und Endpunkt hat und dass es darauf ankommt, was jeder Einzelne mit seiner Zeit auf dieser Erde anfängt. Einmal sagte Gary zu mir: »Der Tod hat eine echt gute Erfolgsstatistik – wir alle werden einmal sterben. Kelly hat die Zeit gut genutzt, die er hatte. Doch am wichtigsten ist, dass er wusste, wohin er geht.«

Eines Nachmittags, während wir uns unterhielten, klingelte es an der Tür. Gary wusste, dass ich nicht mit den Medien reden wollte, also ging er hin. Jemand überreichte ihm ein Blumengesteck. Wir wurden in dieser Zeit mit Liebe nur so überschüttet – und mit Blumen. Inzwischen hatten wir schon kaum mehr einen Platz, wo wir die Blumensträuße hinstellen konnten. Ich hatte bereits darum gebeten, dass die Leute statt Blumen zu kaufen das Geld doch lieber an den Mount-Hood-Such-und-Rettungsdienst spenden sollten, doch der Strom von Blumen riss nicht ab.

Gary starrte das Arrangement an. Es waren künstliche Blumen: rote Calla aus Samt mit goldenem Glitter. Das Ganze sah sehr düster aus und wirkte auf mich wie eine Mischung aus Dracula und Disco. Gary kam zu mir, streckte es mir entgegen und sagte: »Ich glaube, das ist ein Blumengesteck.«

Bei diesem Kommentar fing ich schallend an zu lachen, und Gary lachte mit. Es war wirklich das hässlichste Gesteck, das ich je in meinem Leben gesehen hatte. Falls sich jemand als Absender erkennt, bitte ich ihn um Verzeihung für diese Bemerkung; und dennoch möchte ich mich herzlich bedanken: Dieses Gesteck half mir zu lachen, als ich dachte, ich würde nie wieder lachen können.

Kathleen sollte bald kommen, also platzierte ich das Arrangement strategisch an einer Stelle, wo es ihr gleich ins Auge fallen würde. Als sie hereinkam, sagte ich kein einziges Wort. Dann bemerkte sie es. Und plötzlich fragte sie: »Was in aller Welt ist das?«

Ich erwiderte: »Das ist ein Blumengesteck.«

»Nein, ist es nicht«, entgegnete sie.

Ich fing wieder an zu lachen. Kathleen schritt sofort zur Tat und sagte: »Ich werde einen anderen Platz für dieses Ding suchen. Besser noch, es fliegt gleich in die Garage.«

Unglücklicherweise war dieser humorvolle Moment nur von kurzer Dauer. Kathleens Gesicht nahm einen ernsten Ausdruck an, und sie sagte: »Hey, eigentlich möchte ich dich das gar nicht fragen, aber ich kann mich nicht erinnern, und ich habe vergeblich versucht, es auf den Bildern zu erkennen. Auf welcher Seite hatte Kelly einen Scheitel?«

»Ich weiß nicht«, sagte ich. »Er hatte eigentlich keinen Scheitel. Seine Haare sind einfach immer so nach hinten gefallen.« Kelly hatte tolle Haare, um die ihn viele seiner Freunde beneideten.

Kathleen merkte, dass ich keine Ahnung hatte, warum sie mir diese Frage stellte. »Schatz, die Leute vom Bestattungsinstitut müssen wissen, wie sie ihm die Haare machen sollen.«

»Oh«, sagte ich.

Dann nahm sie mich beim Arm und meinte: »Komm. Wir müssen Sachen für ihn aussuchen.«

Als wir unseren begehbaren Kleiderschrank betraten, wusste ich sofort, was ich aussuchen wollte. Ich griff nach dem hellblauen Jackett, das er getragen hatte, als wir uns kennenlernten. Auf dem Revers war immer noch ein Salsafleck von einem Abend bei unserem Lieblingsmexikaner.

»Das ist perfekt. Er würde das nehmen«, erklärte ich.

Obwohl die Gemeinde sich um viele Einzelheiten der Beerdigung kümmerte, musste ich eine Grabstelle und einen Sarg aussuchen. Ich hatte bereits entschieden, Jack von so vielen unangenehmen Angelegenheiten wie möglich abzuschirmen. Er hatte für einen Zwölfjährigen ohnehin schon viel durchmachen müssen.

Zu den älteren Kindern sagte ich: »Ich weiß, das ist schrecklich, aber ihr sollt mitentscheiden, wo wir ihn begraben. Ich möchte nicht, dass es irgendwelche Überraschungen für euch gibt.« Jason, Ford und Katie willigten ein, mit mir zu kommen.

Auf dem *Restland Cemetery* in Dallas fuhren wir in einer älteren weißen Limousine über den Friedhof, um uns die freien Grabstellen anzuschauen. Ich dachte: *Das letzte Mal, dass ich in einer Limousine gefahren bin, war bei unserer Hochzeit. Und jetzt suche ich einen Platz, um Kelly zu begraben.*

Der Fahrer hielt an und der Mann vom Beerdigungsinstitut sagte: »Steigen wir doch aus, dann zeige ich Ihnen die Stelle.«

Als wir aussteigen wollten, verschränkte Katie die Arme, saß regungslos da und starrte geradeaus. »Ich geh' da nicht raus«, erklärte sie.

»Schatz, willst du nicht mitkommen und es dir anschauen?«, fragte ich.

»Nein, ich geh' da nicht raus«, wiederholte Katie.

Sie war überfordert, und ich wollte sie nicht unter Druck setzen. Ich verstand sie wirklich. Wenn ich gekonnt hätte, wäre ich selbst im Wagen sitzen geblieben.

Die Jungen und ich gingen umher, doch es dauerte nicht lange, bis wir wussten, dass es nicht der richtige Ort war. Es gab keine Bäume dort und lag viel zu nah an der Straße.

Ein Teil von mir fühlte sich bereits ein wenig schuldig, dass ich diesen Friedhof ausgewählt hatte, aber ich zwang mich weiterzusuchen.

Kelly und ich hatten uns einmal darüber unterhalten, wo er begraben werden wollte, doch ich war mir nicht ganz sicher, ob er es ernst gemeint hatte. Einmal, als wir durch Zentraltexas reisten, zeigte mir Kelly, wo sein Vater auf einem kleinen Friedhof auf dem Land begraben war – mitten im Nirgendwo. Er nannte ihn den »James-Friedhof«, doch ich meinte, ein Schild gesehen zu haben, auf dem »Possum Crossing« stand, und so nannte ich den Ort später immer.

Bei allem nötigen Respekt: Es war der seltsamste Friedhof, den ich je gesehen hatte. Umgeben von einem rechteckigen Maschendrahtzaun, umfasste er etwa vierzig Gräber. Was diesen Friedhof für mich so denkwürdig machte, war der Umstand, dass die Leute alle möglichen Dinge und kitschigen Gegenstände auf die Gräber gestellt hatten, die das Leben der dort begrabenen Menschen symbolisierten. Auf einem Grab standen eine Autorennbahn und eine Bierdose. Als ich vorbeiging, dachte ich: *Wie der wohl gestorben ist?*

Auf einem anderen Grab standen alle möglichen Plastiktiere. Kelly sagte, als Kind hätte er immer gedacht, diese Frau wäre eine Hexe gewesen.

Auf einem dritten Grab standen einige Töpfe und Pfannen. Ich meinte: »Hey, sie war sicher Köchin.«

Kelly antwortete rasch: »Keine Sorge, Liebling. Auf dein Grab werden wir keine Kochutensilien stellen.« Er zog mich gern mit meinem mangelnden Interesse am Kochen auf.

»Sehr witzig«, erwiderte ich.

Kelly atmete tief durch, schaute sich um und sagte: »Das ist es. Begrabt mich hier!«

Ich zog die Augenbrauen hoch und fragte ihn mit meinem »Du-willst-mich-wohl-auf-den-Arm-nehmen«-Gesichtsausdruck: »Und was möchtest du auf deinem Grab haben?«

Kelly sagte mit einem breiten Lächeln: »Legt einfach einen Eispickel genau in die Mitte.«

Er amüsierte sich köstlich darüber, wie unbehaglich es mir war, dass mir dieser Platz als meine letzte Ruhestätte vorgeschlagen wurde. Immerhin hatten wir immer darüber gesprochen, uns zusammen beerdigen zu lassen.

»Tut mir leid, aber ich werde dich auf keinen Fall hier beerdigen«, sagte ich. »Da ich vorhabe, irgendwann mal neben dir zu liegen, heißt das auch, wo du begraben wirst, werde ich begraben. Und was in aller Welt würdest du auf mein Grab stellen?«

Kelly grinste mich durchtrieben an. »Wir könnten ja Caesar ausstopfen und ihn draufstellen.«

»Sehr witzig!«

Bevor ich mit den Kindern nach *Restland* gefahren war, hatte ich mit Lou Ann gesprochen und sie gefragt, ob ich ihrer Meinung nach Kelly unbedingt in *Possum Crossing* beerdigen sollte. Sie lachte und sagte: »Natürlich nicht. Er soll lieber in unserer Nähe sein.«

Mutter, Frau und Kinder waren sich einig, und ich wusste, dass Kelly im Himmel sicher nur den Kopf schüttelte. Er würde also nicht in *Possum Crossing* begraben werden.

Nachdem der Fahrer uns zu einigen weiteren Grabstellen gefahren hatte, fragte ich: »Können Sie uns noch etwas anderes zeigen?«

Die Mitarbeiter erklärten uns, wenn ich zwei Grabstellen wollte, eine für ihn und eine für mich, dann hatten sie in dem Friedhofsabschnitt mit den Bäumen und dem Wasser nur noch Tiefgräber. Darin wurden zwei Särge übereinander bestattet. Das fand ich gar keine so schlechte Idee. *Wenn ich über ihm begraben werde, kann ich ihn vielleicht im Auge behalten*, dachte ich. Ich stellte mir vor, wie mein Spaßvogel von Ehemann sogar noch im Tod auf dieses Bestattungsarrangement reagieren würde.

Schließlich kamen wir zu einem wunderschönen Platz am Wasser. Die Jungen stimmten mir zu, dass das die richtige Stelle war, und ich winkte Katie, aus der Limousine auszusteigen. Sie tat es zögerlich, ließ ihren Blick über den Platz schweifen und sagte dann: »Das ist perfekt.«

Am 26. Dezember fand die Totenwache statt. Ich hatte keine Ahnung, was ich erwarten oder tun sollte. Ellen setzte sich mit mir hin und erklärte: »Es ist folgendermaßen: Du wirst schnell merken, dass es heute Abend eigentlich nicht um dich oder die Familie geht. Es geht um die Leute, die dich gern umarmen und Kelly die letzte Ehre erweisen möchten, damit sie selbst innerlich damit abschließen können. Du musst nur lächeln, dich umarmen lassen und ihnen für ihr Kommen danken. Das war's. Mehr musst du nicht machen.«

Worauf Ellen mich nicht vorbereitete – und was wir auch nicht hätten vorhersehen können – war die unglaubliche Anzahl von Menschen, die zur Totenwache erschienen. Die Schlange reichte bis weit vor die Tür der Kapelle, und ich stand einige Stunden lang da, begrüßte Leute und bedankte mich bei ihnen. Dabei fand ich es tröstlich, den Schal um den Hals zu haben, den Kelly mir geschenkt hatte. Er hatte ihn mir aus Alaska mitgebracht, nachdem er und Brian den Mount McKinley bestiegen hatten. Den ganzen Abend lang schaute ich immer wieder hinüber zu dem geschlossenen Sarg und dachte: *Mein Schatz, du warst sehr beliebt und sehr geliebt. Ich liebe dich.*

Kathleen und Karen Boulle, eine andere gute Freundin, statteten mich mit Kleidung für die Beerdigung am nächsten Tag aus. Beide Frauen sind sehr modebewusst, und Karen brachte jede modische schwarze Jacke mit, die sie im Schrank hatte.

Sie sagten mir, was ich tun sollte, und ich gehorchte: »Okay, versuch mal die hier.« – »Jetzt probier mal die Perlen zu diesem.«

Ich war in sehr guten Händen, und ich war den beiden so dankbar. Ich war nicht in der Lage, mir die richtige Kleidung für diesen traurigen Anlass herauszusuchen. Meine Freundinnen hatten mir vor einigen Tagen erklärt: »Wir möchten nicht, dass du dir extra etwas kaufst, denn du wirst es sowieso nie wieder anziehen wollen.« Sie hatten recht, und ich war auch nicht in der Verfassung, einkaufen zu gehen.

In der Kirche war ich erstaunt und gerührt, wie groß die versammelte Menschenmenge war. Mehr als fünfhundert Menschen hatten sich zu Kellys Beerdigung versammelt. Die Musik und die Worte waren unglaublich bewegend. Ich starrte auf den geschlossenen silbernen Sarg und konnte ihn nicht mit Kelly in Verbindung bringen. Mein Ehemann konnte unmöglich tot sein.

Sowohl Frank als auch unser Pastor Gary hielten eine Ansprache. Doch es war Katie, Kellys einzige Tochter, deren Worte die Anwesenden am meisten bewegten. Ich war so stolz, als die vier Kinder sich bei den Händen hielten und vor all den Leuten standen und ihrem Vater die letzte Ehre erwiesen. Katie sprach im Namen all ihrer Geschwister und erzählte eine unglaubliche Geschichte: Sie berichtete, dass eine Freundin von ihr mit krebskranken Kindern arbeitete. Als die Freundin von Kellys Tod gehört hatte, war sie sehr traurig gewesen und hatte es nicht vor den Kindern verbergen können. Ein kleines Mädchen hatte sie gefragt, warum sie so traurig sei, und sie hatte den Kindern erklärt, dass Kelly gestorben war. Die Reaktion des kleinen Mädchens illustrierte wahrhaftig, was es heißt, »wie ein Kind« zu glauben. Das kleine Mädchen hatte Katies Freundin angeschaut und hatte sie ganz aufgeregt gefragt: »Du meinst, ihr Daddy darf am Geburtstag von Jesus bei ihm sein?« Nachdem sie diese Geschichte erzählt hatte, wandte sich Katie an die Trauergäste und sagte: »Mein Dad feiert das beste Weihnachtsfest seines Lebens.« Überflüssig zu sagen, dass kein Auge im Raum trocken blieb.

Am Grab legten die Kinder und ich unsere Hände auf den Sarg. Katie und ich küssten ihn, und dann sahen wir zu, wie er langsam in die Erde gesenkt wurde. Meine Gedanken über den Tod hatten sich in weniger als zehn Tagen so sehr verändert. Die Vorstellung war jetzt vollkommen akzeptabel für mich. Genau genommen fand ich es beinahe tröstlich zu wissen, dass eines Tages mein Sarg auf seinen hinabgelassen werden würde.

Am Tag nach der Beerdigung wurde es langsam ruhiger. Die Familie fuhr wieder nach Hause und die Freunde kehrten an ihre Arbeitsstellen zurück. Es war wirklich der erste ruhige Tag, den Jack und ich allein zusammen im Haus verbrachten.

Am ersten Abend setzten wir uns zum Fernsehen hin. Weder er noch ich wussten, wo wir uns auf dem Sofa hinsetzen sollten. Kelly, Jack und ich hatten unsere festen Plätze. Für uns beide war es schmerzhaft offensichtlich, dass Kelly fehlte. Jack versuchte, das auszugleichen, indem er sich auf Kellys Seite setzte.

Kelly und Jack 1997

152

Ich versuchte, fröhlich zu klingen und mich unbeschwert mit ihm zu unterhalten, doch ich konnte die enorme Trauer auf seinem Gesicht sehen. Der Schmerz in meinem Magen war so heftig, dass ich mich beinahe krümmte. »Mein Schatz, ich muss mal einen Moment nach oben gehen«, sagte ich zu ihm.

Ich flüchtete in meinen begehbaren Kleiderschrank und rief eine liebe Freundin von Brian an. Sie ist eine ältere Frau, ebenfalls Witwe, die einmal zu mir sagte, sie und der Tod seien alte Freunde. Ich erinnerte mich an diese Bemerkung und rief sie in Tränen aufgelöst an.

»Hier ist Karen. Jack ist unten, und er ist so traurig, dass ich es nicht ertragen kann. Ich schaffe das nicht.«

Mit fester Stimme sagte sie: »Doch, kannst du. Reiß dich zusammen, geh runter und gib diesem kleinen Jungen alle Liebe, die du hast. Ihr beide müsst das zusammen durchstehen. Ihr braucht einander. Geh schon. Du schaffst das.«

»Okay«, sagte ich. »Danke.« Ich wischte mir die Tränen ab, wusch mir das Gesicht mit kaltem Wasser und ging wieder nach unten.

Auf dem Weg zurück ins Wohnzimmer hatte ich eine Idee. Ich fragte Jack: »Würdest du gern mit ein paar Freunden eine Silvesterparty feiern?«

Jack horchte auf. »Ja! Das klingt toll!«

Kelly und ich hatten den Silvesterabend immer gern mit Jack verbracht. Für uns war es viel schöner, mit der Familie zusammen zu sein, als uns schick anzuziehen und in einem noblen Restaurant zu Abend zu essen.

Trotz seines Alters liebte Kelly es, Feuerwerk zu zünden und wie ein kleines Kind die Straße entlangzurennen. Am 4. Juli, dem Unabhängigkeitstag, und zu Silvester steckten Kelly und die Jungs die Köpfe zusammen und planten etwas, das ich nicht hören sollte. Doch ich wusste immer, was sie aushecken. Ich muss vielleicht nicht extra erwähnen, dass es illegal ist, innerhalb von Dallas Feuerwerk zu zünden.

Einer von Kellys Lieblingsstreichen war es, Silvesterknaller vor dem Haus unseres Nachbarn Joe zu zünden. Dann rannte Kelly mit den Jungs im Schlepptau die Straße hinunter, und alle lachten so heftig, dass sie kaum noch Luft bekamen.

Wenn sie wieder im Haus waren, sagte er: »Ruhe, alle miteinander! Gleich kommt Joe raus und wird wütend!«

Und wie auf Kommando stürmte Joe, ein pensionierter Polizist, aus seinem Haus und brüllte: »Hey, Jungs, lasst das gefälligst bleiben!«

Wenn er Joe hörte, musste Kelly nur noch mehr lachen. Kelly mochte Joe, und ich hatte den Verdacht, dass Joe genau wusste, dass Kelly etwas mit diesem immer wiederkehrenden kindischen Streich zu tun hatte.

Da Kelly nicht mehr selbst da war, um diese Tradition fortzuführen, dachte ich mir, dass wir zu Silvester ein bisschen Kelly-James-Action gebrauchen konnten. Nachdem ich meinen Plan im Freundeskreis erklärt hatte, tauchte meine wunderbare Freundin Tina Stacy bei uns auf. Sie hatte Wunderkerzen und drei Fontänenfeuerwerkskörper dabei.

»Ich dachte, ich könnte eine Kleinigkeit dazu beitragen«, erklärte sie.

Ich umarmte sie und sagte: »Das ist perfekt. Morgen Abend werden wir je eine davon für Kelly, Brian und Nikko zünden.«

Neben diesen wenigen Feuerwerkskörpern brachte Jason ein richtiges kleines Arsenal mit. Als ich die Tüte sah, wurde ich extrem nervös.

Jason merkte, dass ich mich auf unbekanntem Terrain bewegte, und sagte: »Keine Sorge. Ich lass' nur ein paar davon los.«

»Okay«, seufzte ich erleichtert auf.

Kurz nach Einbruch der Dunkelheit bewiesen die Jungen, dass sie echte Söhne ihres Vaters waren. Es dauerte nicht lange, bis wir Joes Stimme hörten: »Hey, ihr da! Lasst das!«

Die Jungs lachten nervös und rannten zurück ins Haus, um sich zu verstecken. Ich lächelte und dachte: *Es ist toll, Joes Stimme zu hören.* Es kam mir so vor, als würde die Wiederholung dieses vertrauten Rituals Kelly wieder ein Stückchen nach Hause holen.

Nach etwa einer Stunde gingen wir wieder nach draußen und zündeten die Fontänen zu Ehren der drei Männer an. Als die drei Feuerwerkskörper ihre wunderschönen Funken sprühten, musste ich gegen die Tränen ankämpfen. An diesem Abend hatte ich das Gefühl, als wäre Kelly bei uns. Ich konnte immerzu nur daran denken, wie viel Spaß wir miteinander gehabt hatten, und ich wusste nicht, ob ich je wieder glücklich sein könnte.

Nach unserem Straßenfeuerwerk ging Jason nach Hause, und um 22 Uhr konnte ich kaum noch die Augen offen halten. Das Haus war zugeschlossen und Jack und seine Freunde hatten sich im Fernsehzimmer niedergelassen. Sie hatten ihre Schlafsäcke dabei, damit sie wach bleiben und Filme schauen konnten.

»Hey, Jungs, ich bin supermüde«, sagte ich. »Kommt und weckt mich fünf vor zwölf. Dann feiern wir zusammen und rufen ganz laut ›Frohes neues Jahr!‹«

Zur verabredeten Zeit versuchten mehrere zwölfjährige Jungen eifrig, mich wach zu bekommen. »Aufstehen! Es ist fast Mitternacht.«

»Okay. Ich komme.« Ich wälzte mich aus dem Bett und sagte: »Okay, Jungs. Wir steigen jetzt alle auf die Möbel, und Punkt Mitternacht springen wir auf den Fußboden und rufen ganz laut ›Frohes neues Jahr!‹, wenn wir landen.«

Die Jungs zählten mit mir den Countdown ab. »Fünf, vier, drei, zwei, eins, Sprung!«

Sicher können Sie sich vorstellen, dass das der Hit war. Es war ein schönes Gefühl zu sehen, dass Jack Spaß mit seinen Freunden hatte.

Zehn Minuten später lag ich wieder im Bett. Unten konnte ich die Jungs kichern hören. Schon halb im Einschlafen dankte ich Gott für den guten Abend. Ich hatte Silvester überstanden. Jetzt war das Jahr 2007 da, und der Schrecken des letzten Jahres war vorbei. Zumindest dachte ich das.

Kapitel 14

Dunkelheit

Ein neues Jahr hatte begonnen, aber ich war noch keinesfalls bereit, ein neues Leben zu beginnen. Den größten Teil des Januars hindurch half mein Bruder Karl mir, Kellys Angelegenheiten in Ordnung zu bringen. Mein Bruder und meine Eltern vermissten ihn ebenfalls und versuchten, es mir etwas leichter zu machen. Ich dachte, mit der Hilfe meiner Familie und Freunde könnte ich den Schmerz von 2006 vielleicht hinter mir lassen. Doch es war noch viel zu zeitig dafür, und jeder Gedanke, dass ich langsam anfing, Kellys Tod unter die Füße zu bekommen, war naiv. Bald musste ich begreifen, dass ich erst am Beginn eines langen, harten Weges stand.

Von links nach rechts:
meine Mutter Ann, mein Bruder Karl, meine Schwägerin Deborah
und mein Neffe Dylan beim Fischefüttern

Als ich von Kellys Tod erfahren hatte, war ich überzeugt gewesen, dass dies der absolute Tiefpunkt meines Lebens wäre. Die Familie und ich hatten acht quälende Tage durchlitten, in denen wir um seine Rettung und sichere Rückkehr gebetet hatten – nur um die entsetzliche Nachricht zu erhalten, dass er tot in der Schneehöhle lag. Ich hatte die schreckliche Ehre, einen Sarg und Grabschmuck für ihn auszusuchen und dann sah ich zu, wie er langsam in die Erde hinuntergelassen wurde. *Das ist sicher der schlimmste Teil*, dachte ich. Doch so war es nicht. Trauer ist eine seltsame Sache.

Während der Rettungsaktion und dann während der Beerdigung stand ich unter Schock. Mein Verstand verarbeitete zwar, was da geschah, doch mein Herz konnte es nicht. Zum ersten Mal in meinem Leben bestand zwischen meinem Kopf und meinem Herzen keine Verbindung. Über viele Monate kämpfte ich mit der Bestie Trauer. Ich trauerte, seit ich von Kellys Tod erfahren hatte, doch die Bestie Trauer tauchte immer dann auf, wenn ich meinte, ich finge langsam an zu verstehen, was mit meinem Leben passiert war. Ohne Vorwarnung griff sie mich an, schwenkte ihr grausames Schwert und schnitt mir mitten ins Herz. Ich wusste, dass ich jedes bisschen Glauben brauchte, das ich hatte, um zu kämpfen und weiterzumachen.

Einer meiner größten Rückschläge kam Ende Februar. Er baute sich über längere Zeit durch eine Reihe von Ereignissen auf. Es begann an Kellys Geburtstag, dem 2. Februar, und führte stetig weiter zum angeblich romantischsten Tag des Jahres. Am 13. Februar, als ich abends von einem Geschäftsessen nach Hause fuhr, fing ich an, über den Valentinstag nachzudenken. Normalerweise gestaltete Kelly am Computer eine wunderschöne Karte für mich, und ich kaufte zwei Karten für ihn im Supermarkt. Eine davon war immer lustig, die andere romantisch. Alte Gewohnheiten sind nur schwer zu durchbrechen, auch wenn meine Umstände sich verändert hatten, und ich wollte meinem Valentinsschatz trotzdem etwas schenken. Also machte ich am Supermarkt halt. Als ich die Gänge auf- und ablief, sah ich auch andere Leute, die nach einem ganz besonderen Valentinstagsgeschenk suchten. Ich wünschte mir verzweifelt, mein Valentinstag würde ebenso verlaufen wie in den vergangenen Jahren. Doch dieses

Jahr würde ich nicht am Morgen aus dem Bett springen und meinem schlafenden Schatz Kaffee und meine Karten servieren. Dieses Jahr würde ich die Karten auf sein Grab legen.

Plötzlich fand ich, zwei Karten reichten nicht aus. Ich wollte etwas Zusätzliches kaufen, das ich auf sein Grab legen konnte. Doch nichts im Laden erschien mir passend, denn Kelly hatte nichts für rührselige Geschenke übrig gehabt. Trotzdem nahm ich einen albernen kleinen Herzluftballon an einem Stäbchen mit und einen kitschigen Bärchenengel mit einem Herzen auf der Brust.

Unter allen Entscheidungen, die ich bisher getroffen hatte, hatte die Suche nach den richtigen Dingen für sein Grab unverhältnismäßige Proportionen angenommen, und sie lag mir schwer auf dem Herzen. Ich wollte keinen Fehler machen und fühlte mich unsicher. Mir kamen die Tränen, und ich musste dagegen ankämpfen.

Dann konnte ich Kelly beinahe sagen hören: *Was in aller Welt machst du da? Das ist doch keine große Sache.* Das hätte er gesagt und mich dann fest in die Arme geschlossen. Er hätte gelacht und ich hätte an seiner Brust geweint.

Ich erledigte meinen Einkauf und fuhr nach Hause. Es war gegen 22 Uhr, als ich in unsere Straße einbog. Ich hasste es, in ein dunkles Haus zu kommen. Außer wenn er auf Klettertour war, war Kelly immer daheim gewesen, und ich konnte darauf zählen, dass er Musik aufgelegt hatte und mich mit einem Kuss an der Tür begrüßte. Dann lächelte er immer strahlend und sagte: »Hallo, meine Süße!« Als ich daran dachte, strömten mir die Tränen übers Gesicht, und wieder einmal war ich überwältigt vom Verlust meiner großen Liebe.

Der Kater begrüßte mich an der Tür und ich ließ ihn hinaus in den eingezäunten Hof, damit er ein bisschen frische Luft schnappen konnte. Etwa zehn Minuten später fiel mir auf, dass er nicht an der Glastür kratzte und hineinzukommen versuchte. Es war ein kalter Februarabend und Caesar war eine Hauskatze.

Ich bekam einen Schreck, als ich daran dachte, dass der Elektriker vielleicht die hintere Hoftür offen gelassen hatte. Barfuß rannte ich aus dem Haus und sah weiter hinten das offene Tor. Sofort begann ich zu beten: »Gott, bitte lass mich nicht Caesar auch noch verlieren. Ich habe doch gerade erst Kelly verloren. Bitte lass das nicht zu!«

Als ich mich in der Dunkelheit dem Tor näherte, konnte ich sehen, wie mein weißer Kater die Straße entlanglief. Erleichtert rannte ich durchs Tor und sprang von einer niedrigen Stützmauer aufs Grundstück der Nachbarn. Beim Landen spürte ich einen schrecklichen Schmerz im Fuß. Als ich hinunterschaute und den Fuß hob, hing ein Brett daran. Ich war auf ein Stück Holz mit einem rostigen Nagel darin gesprungen. In meinem Adrenalinrausch riss ich Brett und Nagel aus meinem Fuß. Mein einziger Gedanke war, meinen ausgerissenen Kater einzufangen. Humpelnd lief ich ihm hinterher und hob ihn hoch. Dabei hinterließ ich eine lange Blutspur. Als ich wieder im Haus war, steckte ich den Fuß in die Badewanne, und mir wurde klar, dass das ein Fall für die Notaufnahme war.

Ich schnappte mir meine Handtasche und fuhr ins Krankenhaus. Mir kam gar nicht in den Sinn, meine Nachbarin Ellen anzurufen und sie um Hilfe zu bitten. Ich nehme an, da Kelly tot war, hatte ich das Gefühl, ich wäre ganz auf mich allein gestellt.

Im Krankenhaus brachte man mich in ein Behandlungszimmer. Ich rollte mich auf der Liege zusammen und fing an zu weinen. Wie ich von meinem Haus in die Notaufnahme gekommen war, wusste ich nicht mehr. Ich wusste nur, dass ich mich einsam fühlte. Wenn Kelly da gewesen wäre, hätte er sich große Sorgen um mich gemacht und mich persönlich hergetragen, damit ich Hilfe bekam. Ich wünschte ihn mir so sehr an meiner Seite. Er kümmerte sich immer um mich, wenn es mir nicht gut ging.

Der Arzt kam herein, sah meine Tränen und sagte: »Sie haben sicher große Schmerzen.«

Ich schaute zu ihm hoch, konnte aber nicht antworten. *Sie haben ja keine Ahnung*, dachte ich. *Und der Schmerz in meinem Fuß ist nichts im Vergleich zu dem Schmerz in meinem Herzen.*

Gegen 1 Uhr morgens verließ ich das Krankenhaus und humpelte zurück zu meinem Auto, obwohl der Arzt angeordnet hatte, ich sollte den Fuß nicht belasten. Ich hatte eine Spritze gegen die Schmerzen bekommen, aber ich war zu müde, um noch zur Nachtapotheke zu fahren und das Schmerzmittel-Rezept einzulösen, das er mir gegeben hatte. Also ging ich daheim einfach ins Bett. Ungefähr eine Stunde später wurde ich von unglaublichen Schmerzen geweckt. Ich versuchte aufzustehen, aber meine Beine wollten mich nicht tragen und ich fiel hin. Auf allen Vieren kroch ich zurück ins Bett. Ich konnte kaum glauben, was für entsetzliche Schmerzen ich hatte. Es war doch nur ein rostiger Nagel gewesen. In der Dunkelheit konnte ich förmlich hören, wie mein Fuß pulsierte.

Ich hatte einen Punkt erreicht, an dem ich mein Leben hasste. Ich glitt immer tiefer in die Dunkelheit hinein. Es war Valentinstag, mein Herz war gebrochen und mein Körper fühlte sich völlig zerschlagen an. Als ich dort in der Dunkelheit lag und mich so hilflos fühlte, sagte ich zu Gott: »Du kannst mich jetzt einfach zu dir holen. Ich möchte das alles nicht ohne ihn. Bitte, Gott, lass mich mit ihm zusammen sein.«

Die Bestie Trauer hatte mich so hartnäckig im Griff, dass ich ganz zufrieden gewesen wäre, wenn ich diese Erde hätte verlassen dürfen, falls Gott mich zu sich holen wollte. Mein Ehemann konnte nicht bei mir sein, also wollte ich bei ihm im Himmel sein.

Mein Fuß war verletzt und ich konnte mich kaum rühren; deswegen schaffte ich es am Valentinstag gar nicht zu Kellys Grab. Doch gerade als ich dachte, dies sei der schlimmste Valentinstag meines Lebens, riefen die Kinder mich an. »Wir wissen, dass das ein schlimmer Tag für dich wird. Deswegen kommen wir alle heute Abend und bringen das Abendessen mit.« Ihre ehrliche Sorge um mich wärmte mir das Herz.

Als die Kinder und Jasons Frau Sara kamen, waren sie überrascht, mich in diesem Zustand zu sehen. Sie hatten keine Ahnung, was letzte Nacht passiert war. Jack wich den ganzen Abend nicht von meiner Seite. Kellys Tod hatte Unsicherheit in unser Leben gebracht, und Jack fragte mich immer wieder: »Geht es dir auch wirklich gut?«

An diesem Abend saßen wir um den Esstisch, mit einem auffällig leeren Stuhl zwischen uns. Doch bald begannen wieder die vertrauten Scherze und Neckereien, die bis zu Kellys Tod immer eine feste Klammer um unser Familienleben gebildet hatten. Umgeben von den Kindern dachte ich: *Gott, ich verstehe, dass hier vier wirklich gute Gründe zum Weiterleben sitzen.* An diesem Valentinsabend begriff ich, dass es viele verschiedene Arten von Liebe in meinem Leben gab und dass Gott mich aus gutem Grund noch auf dieser Erde gelassen hatte. Ich schwor mir, dass ich zu meiner alten Stärke zurückfinden und weitermachen würde.

Von links nach rechts: Jack, Ford, Katie, Jason und Sara

Anders als bei anderen Todesfällen von geliebten Menschen mussten wir zusätzlich noch damit fertig werden, dass zwei Freunde vermisst wurden und wahrscheinlich tot waren. Die Tatsache, dass Brian und Nikko noch nicht auf dem Mount Hood gefunden worden waren, hielt die Story am Laufen und sorgte ständig für neue Angst und neuen Kummer – ganz zu schweigen vom Medieninteresse.

Montag, der 19. Februar, war ein ganz normaler Arbeitstag, als das Telefon im Büro klingelte und Jessica den Hörer abnahm. Ich hörte, wie sich ihr Ton änderte, und wusste, dass etwas im Busch war, als sie sagte: »Die Familie möchte sich nicht dazu äußern.«

Jessica benutzte den Ausdruck *die Familie* nur, wenn sie über den Mount Hood sprach. Ich fragte sie: »Worum ging's denn?«

»Das möchte ich nicht sagen«, antwortete Jessica.

Ich fragte: »Hat es mit den drei anderen Bergsteigern zu tun, die seit Kurzem auf dem Mount Hood vermisst werden?«

Sie nickte.

Ich hatte in den Nachrichten gesehen, dass drei Bergsteiger und ihr Hund auf dem Berg stecken geblieben waren und eine Suchaktion lief. Jack hatte mich am Abend vorher angerufen, um mir davon zu erzählen: »Auf dem Berg sitzen drei Bergsteiger fest, und ich wollte es dir erzählen, damit wir ganz doll dafür beten können!«

Mir hatte es den Hals zugeschnürt. Er war ein unglaublicher Junge mit einer echten Liebe zu anderen Menschen. Ich hatte versucht, ihn meine Gefühle nicht in meiner Stimme hören zu lassen, als ich sagte: »Das mache ich, Schatz. Ich hab' dich sehr lieb.«

Heute im Büro drängte ich Jessica: »Komm schon. Ich weiß, dass es ein Reporter war. Erzähl mir, was er gesagt hat.«

Sie antwortete: »Es war widerwärtig.« Jessica war nicht nur eine grandiose Geschäftspartnerin, sondern auch eine großartige Freundin, die mich nach Kräften zu beschützen versuchte. »Okay«, sagte sie dann. »Sie haben die drei Bergsteiger lebend gefunden.«

»Das sind doch gute Nachrichten«, sagte ich. »Gott sei Dank! Und was wollte der Reporter?«

Jessica seufzte und erwiderte: »Er sagte, man hat diese drei Bergsteiger lebend gefunden, aber Brian, Nikko und Kelly sind tot – und er wollte wissen, wie sich die Familie dabei fühlt.«

»Unglaublich«, sagte ich. »Natürlich freuen wir uns für sie und ihre Familien.«

Es war eine dumme Frage, und bisher hatten wir solchen Medienanfragen aus dem Weg gehen können. Wir dachten, der Zwischenfall wäre damit erledigt, und gingen wieder an die Arbeit.

An dem Abend setzte ich mich abends daheim vor den Fernseher. Ich schaltete CNN ein und Kellys Bild flackerte auf dem Bildschirm auf. Die Nachrichtensendung berichtete über die kürzlich erfolgte Rettung der Bergsteiger und verglich diese Geschichte mit dem Schicksal unserer Männer im Dezember. Ich schüttelte den Kopf, schaltete den Fernseher aus und ging zu Bett. Ich weinte mich in den Schlaf. *Bitte, Gott, das ist so hart! Bitte mach, dass es aufhört.*

In der gleichen Woche war Brians Gedenkgottesdienst. Angela, Brians Schwester, hatte mich und die Kinder vorher zu einem privaten Mittagessen eingeladen. Außerdem sollten wir während des Gottesdienstes neben ihrer Familie sitzen. Angela und Brians Eltern Dwight und Clara waren uns sehr ans Herz gewachsen. Wir liebten sie ebenso sehr wie Brian. Angela berichtete mir auch, dass Nikkos Frau aus New York herkommen würde. Ich war sehr gespannt darauf, Michaela zu sehen. Auf dem Berg hatten wir tief gehende, sehr persönliche Gespräche geführt. Sie war ebenfalls wahnsinnig verliebt in ihren Ehemann, und wir werden wohl immer als Witwen auf ganz besondere Weise miteinander verbunden sein. Für uns beide starb unsere Zukunft mit unseren Ehemännern dort auf jenem Berg. Wir mussten einander nur in die Augen schauen, um die Schmerzen zu verstehen, die die andere litt.

An dem Morgen, als ich mich für Brians Gedenkgottesdienst fertig machte, war mir schlecht. Ich wollte das nicht tun. Ich war es leid, mich mit dem Tod auseinanderzusetzen, und ich konnte immer noch nicht glauben, dass wir auch Brian verloren hatten. Doch ich wusste, dass es sehr wichtig war, und ein anderer Teil von mir wollte trotzdem hingehen. Auch für die Kinder bedeutete das einen Rückschlag, und alle Wunden, die vielleicht gerade begonnen hatten zu heilen, würden wieder aufgerissen werden. In den letzten Monaten hatte ich so tief um Kelly getrauert, dass ich noch keine Chance gehabt hatte, mich auf den Verlust unseres lieben Freundes Brian zu konzentrieren. Jetzt war es an der Zeit, dass wir uns einem weiteren Todesfall in der Familie stellten.

Wir kamen in eine bis auf den letzten Platz besetzte Kirche. Brian war so beliebt gewesen, dass die Kirche von Menschen überquoll, die ihm die letzte Ehre erweisen und sein Leben ehren wollten. Bei den anerkennenden Worten seiner Freunde über ihn hatte ich das Gefühl, dass auch Kelly hätte hier sein sollen, um etwas zu sagen. Er und Brian hatten einander wie Brüder geliebt, und ihre gemeinsamen Erlebnisse hatten sie auch auf einer tiefen geistlichen Ebene miteinander verbunden. Sie hatten beim Klettern widrige Umstände erlebt und gelernt, wirklich aufeinander achtzugeben. Ein Teil meiner Bewunderung für meinen Ehemann hatte mit seiner enormen Loyalität und Liebe seinen Freunden gegenüber zu tun. Brian war ein Teil von Kelly, und Kelly war ein Teil von ihm. Anders als bei Kellys Beerdigung, bei der ich völlig unter Schock gestanden hatte, war ich mir bei Brians Gedenk-gottesdienst vollkommen bewusst, dass keiner der Bergsteiger lebend zurückkehren würde. Wieder einmal waren die drei am Boden zer-störten Familien beieinander.

Der Gedenkgottesdienst hinterließ einen tiefen Eindruck auf mich. Am Abend spürte ich, wie sehr er mich mitgenommen hatte. Brian war tot, und für mich wurde immer realer, dass Kelly nicht wieder-kommen würde. Ich fing an, mich der Tatsache zu stellen, dass die Kinder und ich sowohl Kelly als auch Brian verloren hatten.

Am Freitag, den 23. Februar, traf mich auf dem Weg zur Arbeit ein Bild, das ich in den Nachrichten gesehen hatte, wie eine Steinlawine. Das Video von dem durch die Luft fliegenden Hubschrauber, an dem der schwarze Leichensack hing, blitzte vor meinem inneren Auge auf. Plötzlich begriff ich, dass Kelly in diesem Leichensack lag. Ich fing so heftig zu weinen an, dass ich nichts mehr sehen konnte. Ich musste mitten auf der Autobahn rechts ranfahren.

Jetzt war mir Kellys Tod auf allen emotionalen Ebenen bewusst, und damit traten die Bestie Trauer und ich offiziell in den Krieg ein. Die Trauer war eine erbitterte Gegnerin, die überall und jederzeit zuschlagen konnte. Statt mich vor ihr zu fürchten, erklärte ich der Trauer den Krieg und betete, dass Gott mir die Kraft geben möge, ihrem Würgegriff zu entkommen.

Mit der Zeit und mit viel Gebet wandelte sich das körperliche, krank machende Gefühl der Trauer, das ich in den ersten Monaten gespürt hatte, zu einem kummervollen Verlustempfinden. Statt gegen den Schmerz ankämpfen zu müssen, dachte ich nun mehr darüber nach, was ich verloren hatte, und die Traurigkeit vertiefte sich. Diese neue Phase der Trauer hatte ihre ganz eigenen Nebenwirkungen. Statt ängstlich darauf zu warten, wann die Trauer wieder zuschlagen wür-de, fing ich an, mich in meinem Kummer gefangen zu fühlen.

Es gab Abende, an denen ich allein auf dem Sofa saß und die Hand ausstreckte, um Kelly über den Kopf zu streicheln, wie ich es Hunder-te Male zuvor getan hatte. Ich wusste, dass er nicht da war, aber ich verspürte den starken Wunsch, eine vertraute, tröstliche Bewegung zu wiederholen. Jeden Abend hatte er auf dem gleichen Platz auf dem

Sofa gesessen, und die Hand nach ihm auszustrecken, erschien mir als etwas ganz Natürliches – trotz der allzu offensichtlichen Tatsache, dass sein Platz sehr leer war. Bald ging auch diese Phase vorbei.

Meine tiefste Konfrontation mit Kellys Tod stand mir noch bevor. Sie kam, als ich zum ersten Mal allein zu seinem Grab ging, drei Monate nach seinem Tod. Ich hatte den Besuch dort nicht geplant, doch auf der Suche nach einem bestimmten Geschäft hatte ich mich verlaufen und mich nur eine Straße vom Friedhof entfernt wiedergefunden, also ging ich hin.

Es war ein schöner Tag, ein krasser Gegensatz zu dem schrecklichen Wetter, das ihn das Leben gekostet hatte. Langsam ging ich zu Kellys Grab und beschloss, mich hinzusetzen und eine Weile dort zu bleiben. Ein Teil der Erde hatte sich seit der Beerdigung noch nicht ganz gesetzt.

Dann geschah etwas sehr Bedrückendes. Mir dämmerte, dass er nur knapp zwei Meter von mir entfernt war, und ein seltsames Gefühl überkam mich. Ich wollte ihn da rausholen, und für den Bruchteil einer Sekunde wollte ich die Hände ausstrecken und in der Erde graben. Ich hatte das Gefühl, dass Kelly wieder gefangen war – erst in der Schneehöhle und jetzt in seinem Grab. Er sollte nicht da unter der Erde liegen. Ich wollte ihn immer noch retten und zu mir nach Hause holen. Das alles war nicht richtig.

Ich flehte Gott an, etwas zu tun, von dem ich wusste, dass es nie passieren würde. Ich bettelte: »Gott, bitte! Ich glaube, dass du ein Gott der Wunder bist. Ich weiß, dass Jesus Lazarus von den Toten auferweckt hat, also warum kannst du Kelly nicht wieder auferwecken?« Noch während ich es sagte, wusste ich, dass meine Bitte verrückt war. Doch in jenem Moment, als ich mir so verzweifelt wünschte, meinen Ehemann zurückzuholen, wollte ich alle Register ziehen und Gott mit allem konfrontieren, was ich über seine Macht gelernt hatte. Nachdem ich es gesagt hatte, kam ich mir töricht vor.

Ich wusste zwar, dass Gott mir zuhörte, doch ich glaubte nicht, dass er sich aktiv an diesem Gespräch beteiligen würde. Er liebte mich und war bei mir, aber er beobachtete mich mehr wie ein liebender Vater, der auf sein hingefallenes Kind schaut und abwartet, ob es von allein wieder aufzustehen versucht. Dort an Kellys Grab ließ ich meinen Tränen freien Lauf, und meine Gedanken schweiften zurück zur Totenwache am Abend vor Kellys Beerdigung.

An dem Abend öffneten wir den Sarg für eine kurze Zeit und nur für die Familie. Ich wusste nicht genau, ob ich mir Kelly näher anschauen sollte. Man hatte mir zu verstehen gegeben, dass die harten Wetterbedingungen Kellys Leichnam gezeichnet hatten. Über den Raum hinweg konnte ich sein schönes Haar sehen, und er sah aus, als schliefe er friedlich. Ich fragte Frank, ob er mir helfen und zuerst selbst einen Blick auf Kelly werfen könnte. Das war eine unglaubliche Belastung für ihn, doch er war bereit, sie auf sich zu nehmen, und ich war ihm dankbar dafür. Da die Kinder und ich nach Dallas zurückgeflogen waren, als Kellys Leichnam geborgen wurde, war Frank auf dem Berg geblieben, um ihn für die Behörden formal zu identifizieren. Zwar hatte Lou Ann darum gebeten, es tun zu dürfen, doch Frank wollte seine Mutter schützen und nahm diese schwere Aufgabe allein auf sich.

Die Reaktionen vom Rest der Familie, nachdem sie Kellys Leichnam gesehen hatten, hatten nicht dazu beigetragen, meinen inneren Aufruhr zu mindern. Ich saß da mit Jack an meiner Seite und sagte: »Ich weiß noch nicht, was ich tun soll. Lass uns doch warten, was Onkel Frank sagt. Egal was, wir machen es zusammen.«

Frank kam zurück, nachdem er sich Kelly angeschaut hatte, und kniete zwischen Jack und mir nieder. »Ich würde euch empfehlen, euch Kelly nicht noch einmal anzusehen«, sagte er. »Er sieht nicht wie er selbst aus, und ich weiß nicht, welchen Eindruck das bei euch hinterlassen würde.«

Jack schaute zu Boden, schüttelte den Kopf und sagte: »Ich möchte ihn nicht ansehen.«

Ich fragte ihn: »Bist du dir ganz sicher?«

Er nickte und sagte: »Ja.«

»Okay«, erklärte ich. »Dann bleibe ich hier bei dir. Wenn du ihn nicht anschauen willst, will ich es auch nicht.«

Frank meinte: »Ich glaube, das ist eine sehr gute Idee.«

Als ich jetzt auf Kellys Grab schaute, war ich erneut dankbar für Franks Führung. Ich weiß, dass es die beste Entscheidung für mich und ganz sicher auch für Jack gewesen war. Meine letzte Erinnerung an Kelly wird immer sein, wie er mich vor seiner Fahrt zum Flughafen küsste und sagte: »Ich liebe dich sehr. Wir sehen uns am Montag.«

Meine Güte, Kelly, dachte ich, *du hast mir in die Augen geschaut und versprochen, mich niemals zu verlassen. Warum musstest du sterben?*

Ich starrte auf das Fleckchen Erde, das jetzt Kellys irdischer Ruheort war, und fühlte mich völlig ausgelaugt. Es war, als wäre mir alle Liebe und alles Leben ausgesaugt worden, und jetzt war ich nur noch eine wandelnde leere Hülle.

Ich wischte mir über die Augen, stand auf und ging langsam zurück zu meinem Auto. Einmal noch drehte ich mich um und flüsterte: »Auf Wiedersehen.« Trotz des unerträglichen Schmerzes wusste ich: Wenn ich es bis hierher geschafft hatte, dann würde ich auch den Rest überstehen.

Das ganze Frühjahr hindurch funktionierte ich tagsüber, weil ich mich in meine Arbeit vertiefen konnte. Aber nach Feierabend sah es ganz anders aus. Es war fast Mai, und inzwischen konnte ich einen ganzen Tag überstehen, ohne zu weinen – bis ein großes Paket vor meiner Tür auftauchte. Nach monatelangem Warten hatten wir endlich Kellys persönliche Gegenstände aus der Schneehöhle erhalten. Ich rief alle Kinder an und sagte ihnen, dass das Paket angekommen sei und dass ich es erst öffnen würde, wenn wir in zwei Tagen alle zusammen wären.

Ich versuchte, mich meinen normalen Aufgaben zu widmen, doch ich konnte nicht anders als immer wieder die große Kiste anzustarren, die jetzt mitten im Wohnzimmer stand. Manchmal war es, als riefe mich die große, braune Kiste. Ich umkreiste sie und überlegte, ob ihr Inhalt wohl neuen Kummer für mich bereithielt und ob es irgendwelche Überraschungen geben würde, wenn wir sie öffneten.

Diese düsteren Gedanken nahmen mich immer mehr ein, und gegen 19 Uhr hatte ich meinen Tiefpunkt erreicht. Ich kroch ins Bett und zog mir die Decke über den Kopf – wieder einmal. Ich dachte, der Schlaf wäre mein bester Fluchtweg. Gegen 2 Uhr morgens wachte ich wieder auf und hatte nur Kelly im Kopf. Caesar lag neben mir auf dem Bett; er genoss seine neue Freiheit. Der Kater schnurrte, und ich dachte an die Nächte, die Kelly bei der Arbeit an einem neuen Landschaftsprojekt in seinem Büro unter unserem Schlafzimmer verbracht hatte. Wenn ich aufwachte und merkte, dass er so spät noch arbeitete, rief ich ihm zu, er solle doch ins Bett kommen. Ich fragte mich, wie es wohl klingen würde, seinen Namen zu hören. Ein Teil von mir wollte nach ihm rufen. Wagte ich es?

Mit einem Ruck setzte ich mich im Bett auf und rief laut: »Kelly, komm ins Bett!« Zu meiner Überraschung sprang Caesar erschrocken auf. Mit angelegten Ohren schaute er sich nach ihm um. Er wusste genau, nach wem ich rief. Seine Haltung zeigte, dass er Angst davor hatte, Ärger zu bekommen, weil er auf dem Bett gewesen war. Was ich da tat, war seltsam, aber Caesars Reaktion tröstete mich. Irgendwie war es wie in alten Zeiten: Kelly gegen den Kater. Ach, wie ich ihn vermisste! Das Bett kam mir so leer vor.

Der folgende Tag war ein Mittwoch und die Kinder kamen zu Besuch. Seit ich Kelly kannte, war am Mittwoch Familienabend, und nach unserer Hochzeit übernahm ich diese Tradition mit Vergnügen. In den vergangenen Jahren hatten Jack, Kelly und ich immer mittwochs miteinander zu Abend gegessen – die älteren Kinder kamen dazu, je nachdem, ob ihre Arbeit und ihre anderen Verpflichtungen es zuließen. Seit Kellys Tod waren die Großen ganz neu dazu entschlossen, sich mittwochs zum Abendessen zu treffen. Sie wussten, dass Kelly wollen würde, dass wir zusammenhielten. Außerdem stand für uns alle an erster Stelle, für Jack da zu sein und sein Leben so normal wie möglich zu gestalten. Uns stand ein schwerer Abend bevor, wenn wir das Paket öffneten, also beschloss ich, auch den Rest des Tages für eine schwere Aufgabe zu nutzen: Ich wollte noch alles für Kellys Grabstein regeln, bevor wir uns abends trafen.

Am Nachmittag ging ich zum Bestattungsunternehmen, um den Text für den Stein festzulegen. Da ich mich für ein Doppelgrab entschieden hatte, sodass ich mit Kelly begraben werden konnte, plante ich damit auch, wie mein eigener Grabstein aussehen sollte. Das Ganze war bizarr. Ich hatte in den letzten Monaten mit dem Bestattungsunternehmen am Entwurf für den Stein gearbeitet. In einem unserer Gespräche hatte die zuständige Dame erwähnt, dass in vielen Fällen der überlebende Ehepartner seinen Namen und sein Geburtsdatum bereits auf den Stein setzen ließ und dann nur noch das Sterbedatum eingesetzt wurde, wenn der Tag kam. Ich wusste wirklich nicht, wie ich darauf reagieren sollte, und startete eine kleine Umfrage unter meinen Freundinnen. Ihre Antwort war ein einstimmiges Nein, und ich musste über ihre Reaktion lachen. Sie wollten nicht, dass ich jedes Mal, wenn ich Kellys Grab besuchte, meinen eigenen Namen auf dem Grabstein las. Wir entschieden, dass er nach meinem Tod ergänzt werden sollte.

Als diese Entscheidung getroffen war, dachte ich intensiv über den Text für den Stein nach. Er sollte meinem Ehemann gerecht werden. Ich entwarf eine Formulierung und sprach mit Lou Ann, Frank und den Kindern darüber. Ich wollte sichergehen, dass alle mit dem Wortlaut zufrieden waren. Frank meinte, es gefiele ihm, aber das Wort *phänomenal* wäre eine ungewöhnliche Formulierung. Ich musste über den Unterton in seiner Stimme lachen, der sagte: »Bist du dir ganz sicher, dass du das machen willst?« Mit einem leisen Lachen erwiderte ich: »Ich weiß, aber Kelly war auch ein ungewöhnlicher Mann. Er *war* phänomenal.« Frank antwortete rasch: »Da bin ich ganz deiner Meinung. Er war phänomenal. Mach es so.«

Im Büro des Bestattungsunternehmens unterschrieb ich das Blatt mit den Worten, die unsere irdische Ruhestätte kennzeichnen sollten. An Kellys Grab sollte stehen: *Phänomenaler Ehemann, Vater, Sohn, Bruder, Freund, Bergsteiger und Christ.* Ich fügte noch eine persönliche Note hinzu: *Danke, dass du mich zum Mond mitgenommen hast – und wieder zurück. In ewiger Liebe, Karen.* Außerdem wählte ich für den Stein ein Bild von einem Berg aus und seinen Lieblingsbibelvers: *Alles ist mir möglich durch Christus, der mir die Kraft gibt, die ich brauche. Philipper 4,13.* Ich wusste, so war es richtig.

Gerade als ich gehen wollte, traf ich einen der Männer, die die Beerdigung koordiniert hatten. Er sagte: »Ich habe noch eine Kiste mit Kellys Sachen. Möchten Sie sie haben?« Ich war geschockt. Noch eine Kiste? Natürlich sagte ich: »Ja!« Er brachte mir die Kiste, in der die Sachen waren, die Kelly getragen hatte, als er starb. Seine blaue Kletterjacke schaute oben heraus. Ich fragte, ob ich ein paar Minuten allein sein dürfte. Dann nahm ich die Jacke in beide Hände und vergrub mein Gesicht darin. Sie fühlte sich so gut, so vertraut an. So oft hatte ich meinen Kopf an seiner Brust geborgen und mich an ihn gekuschelt, wenn er diese Jacke getragen hatte. Wieder einmal traf

Kellys Grabstein

mich die kalte Wirklichkeit. Ich hatte die Jacke, aber der Mann, den ich liebte, war nicht hier, um sie anzuziehen. Ich brach in Tränen aus.

Als ich den Raum verließ, beschloss ich, zu Kellys Grab zu fahren. Ich wollte ihm zeigen, dass ich seine Jacke hatte. Als ich die Kiste mit seinen Sachen auf den Rücksitz stellte, bemerkte ich einen 15 Zentimeter langen, waagerechten Riss am Rücken seiner Kletterjacke. Als ich sie im Büro zum ersten Mal in den Händen gehalten hatte, hatte ich ihn nicht gesehen. Ich legte die Jacke auf die Motorhaube, es kam ein Windstoß, und Dutzende von Daunenfedern flogen um mich herum. Fast ein wenig panisch haschte ich danach, um sie zurück in die Jacke zu stecken. Plötzlich hielt ich inne. Mir wurde klar, dass Kelly seine Jacke nie wieder brauchen würde, und auch nicht die Federn, die schon so weit weggeflogen waren, dass ich sie nicht mehr erreichen konnte. Ich dachte: *Gib's auf. Du kannst daheim einfach ein Stück Klebeband auf den Riss kleben.* Kelly hatte immer gesagt, dass Klebeband eine der größten Menschheitserfindungen war. Er hatte es für viele Dinge benutzt, die sich der Erfinder sicher nicht im Entferntesten hatte vorstellen können.

An Kellys Grab kniete ich neben der provisorischen Grabmarkierung nieder, auf der sein Name stand, und sagte: »Schatz, ich habe deine Jacke, und ich nehme sie mit nach Hause.«

Ich wusste nicht, ob ich je wieder aufhören würde zu weinen. Ich glaube, nur jemand, der selbst schon einmal um einen Menschen getrauert hat, kann verstehen, wie tief dieses Gefühl geht. Als ich nach Hause fuhr, um mich mit den Kindern zu treffen, betete ich um Kraft. Wir mussten noch eine Kiste auspacken.

Kapitel 15

Was geschah wirklich?

Noch bevor wir wussten, was Kelly zugestoßen war, suchte ich nach Hinweisen auf das, was sich auf dem Berg ereignet hatte. Dieser Prozess begann am Sonntag, dem 10. Dezember, als wir erfuhren, dass Kelly, Brian und Nikko vermisst wurden.

Ich war sofort nach Hause gefahren und hatte Kellys E-Mails durchforstet. In den Monaten vor der Klettertour hatten Kelly, Brian und Nikko viele Mails hin- und hergeschrieben, in denen sie sich über die Einzelheiten ihrer Route und Ausrüstung ausgetauscht hatten. Nachdem ich die ganze Korrespondenz gelesen hatte, hatte ich keinen Zweifel mehr daran, dass die drei Bergsteiger ihre Hausaufgaben gemacht hatten. Ihre Gewissenhaftigkeit war beeindruckend, doch was mich wirklich berührte, war die Freundschaft, die sich in ihren Gesprächen zeigte. Ihr Geplänkel brachte mich zum Lachen. Diese Jungs freuten sich auf ihr gemeinsames Abenteuer und taten alles, um eine erfolgreiche und sichere Klettertour vorzubereiten. Hier sind einige Beispiele:

Von: Kelly James
An: Jerry Cooke
Betreff: Re: Mount Hood Nordwand erste Dezemberwoche
Datum: Freitag, 1. September 2006, 17:58:38
Wir sind dabei, Bruder! Können wir vom 6.-10. Dezember gehen? ... Sieht nach einer super Tour aus. Ich war vor Jahren schon mal auf dem Hood auf der Rückseite, weiß aber nicht mehr, wie die Route hieß.
Brian freut sich schon drauf und ich auch; du kannst also mit uns rechnen. Lass uns bald über die Einzelheiten reden.

Von: Jerry Cooke
An: Kelly James
Betreff: Re: Mount Hood Nordwand erste Dezemberwoche
Datum: Montag, 4. September 2006, 08:40:19
Kelly:
Ich wusste, dass ihr anbeißt! Es ist einfach zu verlockend, so eine leichte Tour noch ans Jahresende zu quetschen. Gib uns noch bis nächste Woche. Ich glaube, der 6.12.-10.12. passt mir gut, muss noch Willy fragen. Er ist noch nicht verheiratet, also hat er noch viel mehr zu sagen als du und ich!
Wegen der Logistik: Sobald wir das Datum 100 %ig festgelegt haben, reden wir über die Tickets.
Ich ruf dich nächstes Wochenende an und dann können wir über die Flüge, den Aufstieg usw. reden.

Ich las ihre Korrespondenz und fühlte mich gut dabei, bis ich eine E-Mail sah, die Nikko am 7. September 2006 geschickt hatte. Die Worte, die er drei Monate vor dem Aufstieg schrieb – »müssen nicht riskieren, im Dunkeln auf der Südseite abzusteigen (oder Schlimmeres)« – erschienen mir jetzt prophetisch und jagten mir einen Schauer über den Rücken.

Von: Jerry Cooke
An: Kelly James, Brian Hall
Betreff: Re: Mount Hood Details
Datum: Donnerstag, 7. September 2006, 10:04:54
Kelly und Brian:
OK, Jungs, ich bin 100 %ig dabei...
Ich habe alles, was wir an Ausrüstung brauchen, AUSSER zwei 10-cm-Eisschrauben...
Ich schätze, wir haben zwei Möglichkeiten: Entweder campen wir auf halber Strecke und steigen am nächsten Morgen auf, oder wir versuchen, alles an einem Tag hinzukriegen.
Es kann sein, dass Wetter und Schneebedingungen uns diese Entscheidungen abnehmen, aber ich wollte trotzdem fragen, ob ihr eventuell das eine oder das andere vorziehen würdet. Ich würde gern campen,

denn wir kommen alle von Meeresspiegelhöhe, und eine Nacht auf 2 600 m, bevor wir auf den Gipfel aufsteigen, klingt vernünftig. Also werden wir ... bei Tagesanbruch an den Eishängen sein und müssen nicht riskieren, im Dunkeln auf der Südseite abzusteigen (oder Schlimmeres).

Wie dem auch sei, wenn ihr nicht 100 %ig gegen Campen seid, kauf ich mir einen Biwaksack, damit ich mit euch harten Texanern mithalten kann.

Was das Hotel/Motel in Portland betrifft: Da mache ich mit, was ihr wollt. Ich nehme mir ein Einzelzimmer, damit ihr zwei zusammenbleiben könnt (und weil Brian schnarcht).

Von September bis wenige Tage vor ihrem Aufbruch auf den Berg in der ersten Dezemberwoche ließen die drei Bergsteiger in ihren Diskussionen über Ausrüstung und Route keine Einzelheit aus. Und ihre Begeisterung war ungebrochen.

Von: Jerry Cooke
An: Kelly James, Brian Hall
Betreff: Mount Hood, Jungs
Datum: Sonntag, 17. September 2006, 16:35:01
Nichts Bestimmtes, freue mich einfach auf die Bergtour. Ich dachte, ich schreib euch mal kurz in der Pause zwischen dem *Yankees*- und dem *Sox*-Spiel.

Brian – *Timberline Lodge* auf Mt. Hood liegt nur 100 Kilometer von Portland entfernt.

Das ist echt cool; so haben wir 3 ganze Tage fürs Klettern. Irgendwann in dem Zeitraum sollten wir doch gute Bedingungen haben.

Ich poste heute noch ein paar Fragen auf cascadeclimbers.com unter »Oregon Cascades«.

Ich hoffe, die *Astros* schaffen es ins Endspiel und schmeißen die *Mets* in der 1. Runde raus.

Nikko

Von: Jerry Cooke
An: Kelly James
CC: Brian Hall
Betreff: letzte Einzelheiten
Datum: Montag, 4. Dezember 2006, 13:56:19
Kelly:
Habe gerade mit REI[7] Portland telefoniert. Gute Nachrichten. Sie haben
Biwaksäcke auf Lager, also kann ich einen kaufen und mitbringen.
Da Brians Kumpel uns bei *Timberline* abholt, heißt das, dass wir vom
Flughafen aus zu REI fahren und Brennstoff, Lebensmittel, Schneeschuhe
usw. kaufen können. Dann können wir direkt zur Bergnordwand fahren,
wenn wir wollen.
Bis Mittwoch.

Am Mittwochmorgen, dem 6. Dezember, stiegen Kelly und Brian ins
Flugzeug, um sich mit Nikko zu ihrem lang ersehnten Abenteuer zu
treffen.

Es sollte das letzte Mal sein, dass ich Kelly lebend sah.

Bis ich mir zusammenreimen konnte, was auf ihrer Klettertour
passiert war, sollte es einige Zeit dauern, doch am Ende konnte ich
alle Lücken ausfüllen. Als Grundlage für meine Rückschlüsse dien-
ten mir meine Gespräche mit Kelly vor seinem Ausflug, die Fotos,
die mit seiner Kamera aufgenommen wurden, die letzten Anrufe
auf seinem Mobiltelefon, das noch gefunden worden war, und die
Gegenstände, die Kelly, Brian und Nikko kurz vor ihrem Aufstieg
verstaut hatten. Kellys Totenschein gab außerdem Aufschluss über
einen möglichen Hinweis, der in früheren Berichten eher abgetan
worden war.

Anfangs gingen wir von der Theorie aus, die der Sheriff und die
Rettungskräfte aufgestellt hatten, gleich nachdem Kellys Leichnam
gefunden worden war. Doch nach einem näheren Blick auf alle Indi-
zien und weiteren Gesprächen mit Sheriff Wampler konnte ich später
nachvollziehen, welche dramatischen Ereignisse sich im Dezember
auf dem Mount Hood abgespielt hatten.

---

7 Ein Spezialgeschäft für Outdoor-Bedarf (Anm. d. Übers.).

Die erste Arbeitshypothese wurde offiziell am Montag, dem 18. Dezember, bekanntgegeben. Das war der Tag, an dem Kellys Leichnam vom Berg ausgeflogen wurde. Sheriff Wampler gab eine Presseerklärung darüber ab, was den Bergsteigern nach Meinung der Ermittler zugestoßen war.

Wir nehmen an, dass auf dem Mt. Hood Folgendes passiert ist: Wir denken, die drei Bergsteiger sind von Tilly Jane losgegangen … und an der rechten Schlucht bis zum Gipfel von Mt. Hood aufgestiegen. Als sie zum Gipfel kamen … von hier ab können wir nur noch raten. Von den Fußabdrücken her sieht es so aus, als wären sie am Gipfelkamm vom Mt. Hood in südlicher Richtung gegangen. Vielleicht haben sie nach dem Eingang zu den Pearly Gates gesucht – das ist die Abstiegsroute, die sie geplant hatten. Vermutlich sind sie wegen des Wetters, wahrscheinlich wegen der Sichtverhältnisse, nicht auf diesem Weg abgestiegen. Sie waren direkt oberhalb, sind aber stattdessen rechts davon zur Ostseite des Berges gegangen, alle drei, etwa 90 Meter … vom Gipfel … abgestiegen und haben eine Höhle gegraben, in der vermutlich alle drei Männer am Freitagabend untergekommen sind. Dann sieht es so aus, als wären zwei Bergsteiger, vermutlich am Samstagmorgen, von dieser Höhle aufgebrochen und wieder nördlich in Richtung Gipfelkamm gegangen … Falls etwas schiefging, wollten sie zur Cooper-Spur-Route absteigen, die im Prinzip gleich neben ihrer Aufstiegsroute lag, aber jetzt wurde das Wetter schlecht, und es war ziemlich klar, dass sie sich eingraben mussten. Nun haben wir also die zwei Bergsteiger, die sich dorthin zurückarbeiten, von wo sie gekommen sind. Und jetzt reden wir von einer Situation auf dem Berg, die sich in jede Richtung entwickeln kann. Bei der einen Schneehöhle haben wir einen Sicherungshaken gefunden. Es war aber mehr ein Unterstand und keine gute Schneehöhle wie die erste, wo der Leichnam lag. Es ist mehr eine Stelle, die sie an dem steilen Hang in den Schnee gegraben haben, um von dort aus arbeiten zu können, denn wir haben zwei befestigte Schneeanker aus Aluminium und Gurtband gefunden. Das sagt uns, dass sie dort

versucht haben, sich zu sichern, denn daran waren zwei Schlin-
gen befestigt. Das ist also ein Hinweis darauf, dass zwei Leute
sich mit ihren Karabinern daran festgemacht haben, um sich an
dem steilen Abhang zu sichern. An dieser Stelle haben wir auch
zwei Eispickel gefunden. Zwei identische Eispickel, also kön-
nen wir annehmen, dass sie demselben Bergsteiger gehörten.
Dort lag auch ein kleines Stück von einer Isomatte, aber kein
Schlafsack, ein Wollhandschuh und ein Stück Seil. Wir können
also nur vermuten, dass dies der letzte bekannte Standort von
zweien der Bergsteiger war ... Historisch betrachtet gab es bei
Abstürzen in dieser Gegend schon immer viele Probleme.

Bei meiner persönlichen Rekonstruktion der Ereignisse wurde mir
eines bald klar: Vom Anfang ihrer Tour an steuerten die drei trotz all
ihrer Vorbereitung auf einen Sturm zu, wie es ihn im ganzen Jahr-
zehnt noch nicht gegeben hatte.

Die ersten Puzzleteile waren die verschiedenen Nachrichten, die
die Männer vor ihrem Aufstieg hinterlassen hatten. Anhand der
Nachricht in dem Geländewagen, der im *Cooper-Spur*-Skigebiet am
Startpunkt geparkt war, sah ich sofort, dass sie ihre Pläne geändert
hatten.

Das Bild auf Kellys Kamera, kurz bevor sie den Parkplatz an der
Skihütte verlassen, zeigt ihn in voller Bergsteigerausrüstung. Er trägt
einen komplett gepackten Rucksack, während er seine Stiefel schnürt.
Nikko steht daneben und schaut ihm zu, erwartungsvoll und bereit
zum Aufbruch.

Das Bild von Kelly sah zwar normal aus, doch die Nachricht auf
dem Armaturenbrett enthielt zwei Punkte, die alles andere als normal waren – zumindest nach meinem Gespräch mit Kelly, kurz bevor
er nach Oregon aufgebrochen war. Der Zeitplan und der Zusatz, sie
hätten eine Route für den Notfall, dass ein Sturm aufzieht, machte
mich stutzig.

Am Montag, dem 4. Dezember, hatten Kelly und ich in unserem
Wohnzimmer am Kaminfeuer gesessen und ausführlich über ihre Pläne gesprochen. Dieses Gespräch sollte mich noch lange verfolgen. In
ihrer Nachricht war davon die Rede gewesen, »am 7. 12. unterwegs zu

übernachten«, also von Donnerstag auf Freitag, und »am Freitag auf der Südseite abzusteigen«. Das war also nur eine Nacht auf dem Berg. Kelly hatte mir allerdings etwas von zwei Nächten auf dem Mount Hood gesagt.

Der Zeitplan der Tour kam zur Sprache, als Kelly davon redete, dass Nikko nur einen halben Schlafsack hatte, um das Klettergewicht zu reduzieren. Er brauchte noch einen Biwaksack, um draußen zu übernachten. Ein Biwaksack ist eine wasserdichte Konstruktion aus Nylon, die als Minizelt für Bergsteiger dient. Kellys Biwaksack erinnerte mich immer an einen Kokon.

Kelly erklärte: »Brian und ich haben mit Nikko gesprochen. Er hat immer noch keinen Biwaksack, aber er braucht einen für die erste Nacht auf dem Berg. Ich glaube, er will sich in Portland einen kaufen.«

Ich erwiderte: »Er wird ihn definitiv brauchen – es ist doch Dezember. Also sehe ich das richtig, ihr nehmt kein Zelt mit?«

»Wir haben beschlossen, stattdessen Biwaksäcke zu benutzen«, sagte Kelly.

»Wie viele Nächte wirst du auf dem Berg schlafen?«, wollte ich wissen.

»Ich denke, zwei Nächte. Donnerstagnacht schlafen wir draußen in unseren Biwaksäcken in der Nähe unseres Aufstiegspunktes, und Freitag dann in einer Schneehöhle. Brians Freund holt uns am Sonnabend auf der Südseite ab und fährt uns dann zu dem Auto, das wir auf der Nordseite des Berges geparkt haben.«

Es ist nichts Ungewöhnliches, wenn Bergsteiger ihre Pläne ändern. Wenn Kelly und Brian von einer Tour zurückkamen, erzählte Kelly mir oft davon, wie sie am Berg ihre Logistik oder den Zeitplan für den Aufstieg geändert hatten. Sie revidierten ihre Pläne, je nachdem, was der Wetterbericht sagte und was andere Bergsteiger auf dem Berg ihnen an aktuellen Informationen über die Kletterbedingungen liefern konnten.

Ich wusste, dass ein solches Verhalten klug war, doch die Hinzunahme einer anderen Route, für den Notfall, dass ein Sturm aufzöge, machte mich sehr unruhig. Kelly studierte immer pedantisch jedes Detail einer Route und untersuchte die Topografie eines Berges und

Bilder aus jedem möglichen Blickwinkel. Als Landschaftsarchitekt war er ein Profi, wenn es um das Abschätzen von Höhen und das Einprägen von landschaftlichen Details und Formationen ging. Ich erinnere mich noch deutlich, wie er auf dem Sofa saß, eine Karte mit der Route anstarrte und zu mir sagte: »Auf keinen Fall können wir auf dem gleichen Weg wieder absteigen, den wir gekommen sind. Ich schaue mir diese Route immer wieder an, und es ist viel zu gefährlich.«

Seine Bemerkung überraschte mich und ich erwiderte: »Wie in aller Welt kommt ihr dann vom Berg runter?«

Kelly antwortete: »Wir gehen hoch, über den Gipfel und an der Südseite hinunter. Um diese Route mache ich mir keine Sorgen. Sie führt nach *Timberline Lodge*, wo Brians Freund uns am Sonnabend abholen wird.«

Da Kelly seine Routen stets akribisch plante, fragte ich mich, warum er zu diesem Zeitpunkt nicht erwähnte, dass unter Umständen auch noch eine andere Abstiegsroute infrage kommen könnte. Das war sehr untypisch für ihn.

Deshalb sagte ich damals zu Sheriff Wampler: »Irgendwas stimmt nicht. Kelly hat zu mir gesagt, dass sie zwei Nächte auf dem Berg verbringen wollen, und er hat nichts davon erwähnt, dass sie im Fall eines unverhofften Sturms eine andere Route nehmen wollen.«

Der Sheriff half mir später, diese Frage zu klären. Er hatte mit einem Skifahrer gesprochen, den die Männer am Donnerstag an der *Tilly-Jane*-Hütte getroffen hatten. Demzufolge hatten die drei Bergsteiger von dem aufziehenden Unwetter gewusst und auch, dass der Zeitplan ein kritischer Faktor war. Sie mussten es am Freitag bis zum Gipfel und auf die andere Seite schaffen.

Oh, dachte ich, *das Unwetter hat sie nicht total überrascht. Sie haben in Oregon ihre Pläne der Wettervorhersage angepasst.* Später erfuhr ich, dass zwar ein Wetterumschwung angesagt worden war, aber nicht, wie schwer die Stürme sein würden, mit denen auf dem Berg zu rechnen war. Die Männer hatten keine Ahnung, was genau auf sie zukam.

Besorgt, ob die Tour an einem Tag zu bewältigen war, fragte ich den Sheriff: »Kann man den Aufstieg an einem Tag schaffen?«

Der Sheriff antwortete: »Oh ja, das ist machbar.«

Doch das war nicht die letzte Planänderung. Sie verbrachten auch die Nacht woanders als geplant. Ursprünglich wollten sie bis zum Aufstiegspunkt gehen und dort in ihren Biwaksäcken übernachten. Deshalb war ich von Anfang an überrascht, dass sie die Nacht in der *Tilly-Jane*-Hütte verbracht hatten, wie die 20-Dollar-Note und die Dankeschön-Nachricht im Logbuch der Hütte bestätigten: »Wir hatten nicht vor zu bleiben, doch die Wärme des Feuers hat unsere Meinung geändert.«

Skiläufer vor der *Tilly-Jane*-Hütte (Foto von Kellys Kamera, die in der Schneehöhle gefunden wurde)

Kelly hatte mir ein Bild von der *Tilly-Jane*-Hütte gezeigt und erklärt, dass sie sie auf dem Aufstieg auf einer Höhe von 4,3 Kilometern – mehr als 1 700 Meter über der Skihütte – passieren würden.

Er hatte auf das Bild von der *Tilly Jane* gestarrt und gesagt: »Mann, ich bin schon so gespannt auf diese Hütte! Sie hat eine Wahnsinnsgeschichte.«

Eine weitere Bestätigung der Änderung der Kletterzeit von zwei auf einen Tag fanden wir in der Ausrüstung, die die Männer in einem

Kämmerchen unter einigen Sperrholzbrettern in der Schutzhütte verstaut hatten. Die Gegenstände zeigten deutlich, dass sie nicht vorhatten, auf dem Berg zu übernachten. Sie hatten ihre Benzinkocher, einige Schneeschaufeln und ihre Schlafsäcke weggepackt. Außerdem hatten sie Brians Rucksack zurückgelassen. So hatte der erste Mann weniger Gewicht zu schultern, wenn er den anderen vorauskletterte. Auf den Bildern von der Klettertour ging zuerst Nikko voraus, und Brian trug seinen Rucksack. Die Männer wollten so leicht wie möglich sein, damit sie rasch auf- und absteigen konnten. Sie hatten fast alles außer ihren Seilen und ihrer Kletterausrüstung zurückgelassen.

Das nennt man »alpines Klettern«. Kelly und Brian waren sehr erfahren darin und hatten es schon häufig gemacht. Sie versteckten oft ihre Ausrüstung, um das Gewicht zu reduzieren, bevor sie zum Gipfel aufstiegen. Kelly hatte mir von einer Bergtour in Südamerika erzählt, wo sie ihre Ausrüstung ziemlich tief vergraben mussten, da einige arme Kinder aus der Stadt regelmäßig auf den Berg kletterten und den Bergsteigern die Ausrüstung stahlen. Die Männer holten dann immer auf dem Rückweg die verstauten Ausrüstungsgegenstände wieder ab.

Obwohl sie nicht geplant hatten, die Nacht in der *Tilly-Jane*-Hütte zu verbringen, waren sie ihrer Sorgfaltspflicht nachgekommen und hatten die Möglichkeit vor der Tour immerhin in Erwägung gezogen. Ich fand ein paar E-Mails, in denen die drei Männer über den möglichen Zeitplan sprachen, falls sie von der Hütte aus aufbrachen. Andere Bergsteiger hatten ihnen gesagt, dass die Tour auf jeden Fall in der fraglichen Zeit zu schaffen war.

Ein Bild auf Kellys Kamera zeigt Brian mit einem breiten Lächeln in der Tür unter dem spitzen Dach der *Tilly-Jane*-Hütte. Er war immer so glücklich, und er sah aus, als wäre er begeistert, dort zu sein.

Es war ein perfekter Tag für eine Klettertour, als die Männer sich auf den Weg machten. Ohne Niederschlag und mit Temperaturen um die zwei oder drei Grad hatte die Natur ihnen einen milden Wintertag beschert, und sie waren bereit, ihn zu nutzen. Doch trotz ihrer gründlichen Erkundigungen hatten sie nicht alle Informationen, die sie brauchten.

Da sie in der *Tilly Jane* übernachtet hatten, waren sie nicht so weit oben, wie sie gekommen wären, wenn sie ihrem ursprünglichen Plan gefolgt wären und weiter oben auf dem Berg biwakiert hätten. Das war kein Problem – solange es keine Probleme gab.

Sie hatten ja keine Ahnung, dass ihnen schon bald eine brutale Begegnung mit den Naturgewalten bevorstand.

Der Sheriff war der Ansicht, dass die Männer nicht so zeitig von der Hütte aufgebrochen waren, wie es wünschenswert gewesen wäre, und dass der Aufstieg auch nicht so einfach war, wie sie es sich vorgestellt hatten. Seiner Meinung nach waren sie am Freitagmorgen wahrscheinlich zwischen 6 und 7 Uhr aufgebrochen, vermutlich aber noch vor Sonnenaufgang.

Sheriff Wampler erklärte mir: »Bestimmt dachten sie, dass sie viel näher am Berg wären, als es tatsächlich der Fall war. Wahrscheinlich dachten sie auch, der Weg zu ihrem Aufstiegspunkt wäre einfacher; sonst hätten sie nicht ihre Ausrüstung zurückgelassen.«

Zu dieser Ausrüstung, von der der Sheriff sprach, gehörten auch Schneeschuhe. Die Männer hatten sich die Mühe gemacht, sich Schneeschuhe auszuleihen, aber in letzter Minute hatten sie sie doch im Auto gelassen.

Wenn sie sich aber auf dem Weg zu ihrem Aufstiegspunkt durch den Schnee kämpfen mussten, war das ohne Schneeschuhe sehr erschöpfend und dauerte viel länger.

Auf dem Weg hinauf über die Baumgrenze bahnten die drei Männer abwechselnd den Weg durch den Schnee. Obwohl das harte Arbeit war, stieg ihre Stimmung, als sie sich dem *Eliot*-Gletscher näherten und die spektakuläre Schönheit der Nordwand des Mount Hood sehen konnten.

Als sie den Gletscher erreichten, hielten sie sehr wahrscheinlich inne, um sich anzuseilen. Es ist bei Bergsteigern, die auf einem Gletscher unterwegs sind, durchaus üblich, sich streckenweise aneinanderzuseilen, um den Sturz abzufangen, falls einer aus Versehen in eine Gletscherspalte rutscht. Auch Kelly und Brian taten das routinemäßig, denn Neuschnee konnte eine Gletscherspalte leicht verdecken. Dann bildete sich eine dünne Schneeschicht, die das Gewicht der Männer nicht tragen konnte. In solch eine sogenannte Schneebrücke einzubrechen ist etwas, das Bergsteiger auf jeden Fall vermeiden wollen.

Beim Überqueren des Gletschers schwanden die kostbaren Morgenstunden dahin. Kelly muss wohl gedacht haben: *Wir müssen schneller gehen.* Die Bilder auf Kellys Kamera brachten entscheidende Hinweise auf den Zeitrahmen und die Örtlichkeiten des Aufstiegs. Anhand des Hintergrundlichtes rechneten die Ermittler aus, dass die Männer ihren Startpunkt oberhalb des *Eliot*-Gletschers wohl erst am frühen Vormittag erreichten.

Jetzt, an ihrem Ausgangspunkt für den Aufstieg angekommen, waren die Männer bereit, die Couloirs zu erklimmen. Die Couloirs, vertikale Rinnen, die mit Eis und Schnee bedeckt sind, verlaufen in der Mitte der Nordwand nach oben; der *Eliot*-Gletscher liegt unter ihnen und der Gipfel über ihnen. Die Ermittler waren der Ansicht, dass die Männer angesichts der Zeit und des Schwierigkeitsgrades beschlossen, den linken statt des rechten Couloir zu nehmen. Der linke Couloir ist etwas weniger steil als der rechte mit seinen brutalen 60- bis 65-Grad-Steigungen. Die Nordwand des Mount Hood ist eine Route für Fortgeschrittene und wird normalerweise im Spätherbst und frühen Winter bestiegen, wenn Schnee und Eis den Fels bedecken.

Kelly beim Eisklettern in Colorado im Jahr 2006

Bei einem Blick die Nordwand hinauf konnten die Männer sehen, dass das Wetter noch gut zum Klettern war. Ihre Route sollte vier bis fünf Stunden in Anspruch nehmen, und das schien machbar zu sein.

Nach Aussage des Sheriffs war das auch »absolut machbar, solange es keine Probleme gibt«. Ich war beruhigt, dass er bestätigte, dass es an diesem Punkt noch ein »machbarer« Aufstieg war und die Männer sich sogar für die leichtere der beiden schwierigen Routen entschieden hatten. Doch ich konnte die Bemerkung »solange es keine Probleme gibt« nicht abschütteln.

Es gab Kritik an der Entscheidung der Männer, *diese* Route an *dem* Tag zu *der* Jahreszeit in Angriff zu nehmen, doch ich war mir sicher, dass sie davon überzeugt waren, sie sicher bezwingen zu können. Immerhin war ich selbst schon mit Kelly geklettert und kannte seinen und Brians Charakter. Im Herzen wusste ich, dass das Wetter noch gut gewesen sein musste, ohne Anzeichen für Stürme in größeren Höhen. Kelly wusste besser als jeder andere, dass die Kombination aus einem späten Gipfelaufstieg und schlechtem Wetter der Todeskuss war. Die Männer waren weder dumm noch lebensmüde.

Nikko kletterte voran und Kelly schoss Fotos. Daheim hatte Kelly zu mir gesagt, dass er der Meinung sei, Nikko würde als Erster klettern. Ich erwiderte: »Aber du gehst doch immer als Erster!« Kelly erklärte mir, dass er und Brian Erfahrung im Eisklettern hätten, doch auch Nikko hätte einige Erfahrung und fühle sich auf diesem Gebiet sicher.

Andere Bilder, die weiter oben im Couloir aufgenommen worden waren, zeigten, dass sie sich im Schatten befanden. Das bedeutete, die Sonne stand hinter dem Berg und der Tag war schon vorangeschritten. Der Aufstieg erforderte all ihre Kraft, Konzentration und Willenskraft, um die beinahe 65 Grad steile Wand zu bezwingen, an der es fast 800 Meter steil nach unten ging. Die Bergsteiger waren aneinandergeseilt, doch Kelly wusste: Wenn einer von ihnen unter diesen Umständen stürzte, bestand die Möglichkeit – trotz des Schutzes durch die Eisschrauben –, dass alle drei Männer den Halt verloren.

Jede Bewegung, die sie machten, zählte, und auf dem blanken Eis durfte keiner einen Fehler machen. Die Männer benutzten Eispickel und Steigeisen. Sie arbeiteten sich nach oben, indem sie über sich ihre Eisgeräte in den Berg schlugen und die Spitzen der Steigeisen unter sich ins Eis traten. Als Kelly den Blick zu ihrem Zielpunkt hob, konnte er die schweren Wolken heranziehen sehen.

Anfangs war Nikko vorangeklettert, Kelly in der Mitte und Brian als Letzter, um die Männer nach unten abzusichern. Ich denke jedoch, dass weiter oben und zu fortgeschrittener Stunde, als ihnen immer weniger Tageslicht blieb, Kelly die Führungsposition übernahm. Er und Brian waren als sehr schnelle Bergsteiger bekannt, und die Zeit lief. Diese Veränderung in ihrer Kletteranordnung wird von einem der Fotos belegt, die auf Kellys Kamera waren. Auf diesem Bild ist das Kletterseil in einem Dreipunkt-Anker-System befestigt, was zeigt, dass sie die richtigen Vorsichtsmaßnahmen ergriffen und sich gegen einen Sturz abgesichert hatten. Dem Sheriff zufolge ist es nichts Ungewöhnliches, dass Bergsteiger Fotos von ihrer Kletteranordnung machen, um später zu zeigen, wie anspruchsvoll der Aufstieg in technischer Hinsicht war. Wahrscheinlich machte Kelly einen Schnappschuss, um ihn später mit Brian und Nikko zu besprechen, wenn sie wieder unten waren. Der Sheriff sagte zu mir: »Ich glaube, das Wichtige dabei ist, dass sie hier auf blankem Eis klettern und ein Kräftedreieck verwenden. Diese Anordnung bedeutet, dass sie an einem sehr steilen Abschnitt sind und sich gründlich abgesichert haben. So ein Kräftedreieck kann viel Gewicht aushalten, falls jemand stürzt.« Auf dem Bild sind oberhalb der Haken keine Seile zu sehen, was darauf hindeutet, dass Kelly voranging, als er das Foto aufnahm. Diese Position würde seiner langjährigen Erfahrung entsprechen. »Ich schätze, dass er an diesem Punkt vorankletterte«, setzte der Sheriff hinzu.

Es lag auch in Kellys Natur, sich durchzusetzen, wenn er eine potenzielle Gefahr spürte. Mit über 25 Jahren Erfahrung hatte er schon beinahe jede mögliche Situation erlebt. Tatsächlich war Kelly in den letzten fünf Jahren ein eher konservativer Bergsteiger geworden und verwendete immer zusätzliche Eisschrauben und T-Anker (Haltevorrichtungen aus Aluminium, die in den Schnee geschlagen werden). Viele Bergsteiger nennen das »doppelt absichern«. Der vorangehende Bergsteiger ist dafür verantwortlich, diese Haltevorrichtungen im Schnee anzubringen und das Seil daran zu befestigen, um alle Bergsteiger im Fall eines Sturzes abzusichern. Brians Größe war ebenfalls ein Faktor in ihrer Kletteranordnung. Er nahm normalerweise die unterste Position ein, weil er körperlich unglaublich stark war und schnelle Reflexe hatte. Er konnte die Gruppe stabilisieren, falls jemand abrutschte.

Je höher sie kamen, desto anstrengender wurde der Aufstieg. Das aufziehende Unwetter und die zusätzliche Zeit, die der Aufstieg in

Anspruch nahm, machten Kelly zweifellos nervös. Dann ging plötzlich ein heftiger Ruck durch die Körper der Männer. Einer von ihnen stürzte – und das Unheil nahm seinen Lauf. In 3 200 Meter Höhe war das Undenkbare passiert und der Kampf ums Überleben hatte begonnen.

Nach Meinung der Ermittler ereignete sich der Unfall auf dieser schwindelerregenden Höhe (von der aus es fast 800 Meter steil nach unten ging). Nach der Kletterausrüstung, die noch im Schnee steckte, und nach der Höhe zu urteilen, die die letzten Bilder aus Kellys Kamera zeigen, war dies der Punkt, an dem ihr kurzer Dezemberausflug zum Albtraum wurde.

Kelly, Brian und Nikko waren mit Sicherheit aneinandergeseilt. Die Ermittler stellten fest, dass die Haken richtig eingeschlagen und positioniert waren und ihren Zweck erfüllt hatten: Sie hatten den Männern das Leben gerettet und verhindert, dass sie vom Berg abstürzten. Doch durch das Gewicht des gestürzten Mannes verloren die beiden anderen an dem steilen, eisigen Abhang mit großer Wahrscheinlichkeit den Halt. Auf 3 200 Meter Höhe hingen alle drei Männer hilflos am gleichen Seil.

Ohne jede Frage durchfuhr Kelly das blanke Entsetzen, doch er war auch in Notsituationen einer der geistesgegenwärtigsten Menschen, die ich kenne. Er begann garantiert sofort damit, ums Überleben zu kämpfen. Als Kletterpartner hatten er und Brian schon oft über dieses Szenario geredet und wie sie damit umgehen würden. In einer Krise wussten sie genau, was der andere dachte. Trotz ihrer noch neuen Freundschaft wusste Nikko als Bergsteiger, dass sie rasch handeln und jede erdenkliche Überlebenstaktik nutzen mussten, um sich zu fangen und wieder in eine Kletterposition zu kommen, damit sie sich in Sicherheit bringen konnten.

Es war unerträglich, mir die Männer in dieser Situation vorzustellen, doch ich musste die ganze Wahrheit darüber wissen, was wirklich passiert war. Als ich mental stark genug dazu war, rief ich den Sheriff einige Monate nach der Tragödie an und sagte: »Ich muss es wissen.« Es muss für einen Polizisten hart sein, wenn eine Witwe in allen Einzelheiten wissen will, wie ihr Mann gestorben ist. Doch

Sheriff Wampler wich meinen Fragen nie aus. Als ich nachfragte, gab er mir die Antworten, die ich brauchte.

Der Sheriff erklärte, dass die Selbstrettung lange dauerte, vielleicht sogar Stunden. *Stunden?*, dachte ich und krümmte mich innerlich. Das ist eine unglaublich lange Zeit, wenn man an einer Bergwand Hunderte Meter in der Luft hängt. Außerdem war es Winter auf dem Mount Hood, und eine stundenlange Selbstrettung würde bis nach Einbruch der Dunkelheit dauern.

Diese Situation muss körperlich unglaublich hart gewesen sein. Doch die Ermittler stellten fest, dass sie durchhielten, sich nacheinander ausrichteten, wieder in eine Kletterposition gelangten und an den weiteren Aufstieg gingen. Mit einem der Bergsteiger gab es allerdings ein Problem: Er war verletzt und konnte nicht selbst klettern. Da entschied das Team, dass sie eine feste Position brauchten, von der aus sie arbeiten konnten, und die beiden gesunden Männer gruben eine Plattform in den Schnee. Von dort aus verankerten und sicherten sich diese zwei Bergsteiger und halfen dem dritten Mann hoch. Endlich, nach einer unglaublichen Anstrengung, befanden sich alle drei Bergsteiger auf der Plattform. Sie waren dem Sturz in den Tod entgangen und wieder zusammen.

So entsetzlich dieses Szenario auch war – es tröstete mich doch, dass keiner der Männer das Seil zu dem Mann unter sich durchgeschnitten hatte, um sich vor dem Sturz vom Berg zu retten. *Sie waren einfach alle nicht der Typ Mann, der das Seil durchschneiden würde.*

Die Selbstrettung hatte einen enormen Tribut gefordert und wertvolle Aufstiegszeit gekostet. Es war dunkel und das gefürchtete Unwetter war eingetroffen. Die Temperatur war drastisch gesunken und eiskalte Windböen ließen sie erschaudern.

Am meisten machte ihnen wohl Angst, dass einer von ihnen verletzt war. Als der Sheriff die Fakten erklärte, wusste ich schon, dass der verletzte Bergsteiger mein Mann war, Kelly James.

Jetzt, da ich wusste, wie Kelly verletzt worden war, klärte sich durch zusätzliche Ermittlungsberichte auch das Geheimnis, was als Nächstes oben auf dem Mount Hood geschah. Doch auch das, was wir in dem Paket mit Kellys Habseligkeiten fanden, die aus seinem eisigen Grab geborgen worden waren, brachte einigen Aufschluss.

Kapitel 16

Eine Kiste voller Antworten

Zwei Tage lang hatte ich ängstlich den großen, braunen Pappkarton angestarrt, der in meinem Wohnzimmer stand. Es war das Paket, auf das wir gewartet hatten, doch es war auch das Paket, das wir fürchteten. Anhand der Paketmarke wusste ich bereits, dass es die Gegenstände enthielt, die in der Schneehöhle gefunden wurden, als die Rettungskräfte Kellys Leichnam entdeckt hatten. Die Kinder und ich hatten beschlossen, das Paket gemeinsam zu öffnen. Ford, Katie, Jack, Jason und seine Frau Sara waren jetzt da – und auch die Stunde der Wahrheit. Diese Gegenstände würden uns einen winzigen Einblick geben, wie Kelly seine letzten Tage auf dieser Erde verbracht hatte.

Ein Teil von mir wollte nicht hineinschauen, doch ein anderer Teil wusste, dass ich mich der Wahrheit stellen musste.

Ford trug die Kiste ins Fernsehzimmer und stellte sie mitten im Raum ab. Wir zogen uns Stühle heran uns setzten uns im Kreis darum. Ich war nicht die Einzige, die Angst hatte, das Paket zu öffnen.

Ein paar Minuten lang starrten wir sie nur an. Dann ergriff Jack das Wort: »Soll ich mein Taschenmesser holen, damit wir das Paket aufmachen können?«

»Das ist eine prima Idee«, erwiderte ich.

Dann fragte ich Ford: »Würdest du bitte die Sachen rausnehmen und uns zeigen?«

Ford stand auf. Mit Jacks Taschenmesser öffnete er langsam das Paket. Sofort erkannten wir Kellys roten Kletterrucksack und Ford zog ihn heraus, um ihn näher zu begutachten. Als Nächstes zeigte er uns eine kleine, braune Papiertüte.

Es dauerte einen Moment, bis ich begriff, was das war, und dann dämmerte es mir: *Es ist eine Asservatentasche.* In meinen Tagen als Kriminalreporterin hatte ich oft gesehen, wie die Polizei solche Tüten benutzte. »Wisst ihr, da es ein Unfall war, mussten sie alles, was Dad gehörte, in einzelne Beweismitteltaschen stecken«, erklärte ich.

Von den Kindern kam kein einziger Ton.

Nacheinander zog Ford die Tüten heraus und zeigte uns deren Inhalt. Da waren kleine Teile von Bergsteigerbekleidung, zum Beispiel Unterhandschuhe und eine leichte Windjacke.

Dann zog Ford eine Tüte mit Kellys Mobiltelefon hervor – das, mit dem er seinen letzten Anruf aus der Schneehöhle gemacht hatte.

Jack sprang auf. »Das ist Dads Telefon. Schaltet es an!«

Ford versuchte, es einzuschalten, aber es funktionierte nicht.

Jack nahm es in die Hand. »Der Akku ist leer«, sagte er.

»Wartet mal«, sagte ich, »ich hole Dads Ladegerät.«

Ich fragte mich, ob wir das Telefon zum Funktionieren bringen konnten. Man hatte mir gesagt, dass es voller Wasser gewesen war, als es in der Schneehöhle gefunden wurde.

Als ich zurückkam, nahm mir Jack eifrig das Ladegerät ab und schloss es an. Ich wusste, warum Jack das Telefon wollte. Als wir einmal zusammen mit dem Auto unterwegs gewesen waren, hatte ich gesehen, wie er aus dem Fenster starrte. Ich merkte, dass er an Kelly dachte, und fragte ihn: »Was denkst du?«

»Nichts«, antwortete Jack.

Ich erwiderte: »Du kannst nicht nichts denken, denn selbst wenn du nichts denkst, heißt das, dass du etwas denkst.« Jack lächelte. Er war daran gewöhnt, dass ich das sagte. Es war einer meiner typischen Sätze.

Jack schwieg eine Weile, bevor er antwortete. »Denkst du, dass Dad mit dem Telefon eine Videobotschaft für uns aufgenommen hat? Er hat mir mal gezeigt, wie das geht.«

Erstaunt schaute ich Jack an und dachte: *Unterschätze nie die Gedankengänge von Kindern.* Selbst mit seinen zwölf Jahren versuchte er, sich einen Reim darauf zu machen, was auf dem Berg passiert war.

»Schatz, das weiß ich nicht, aber das ist ein wirklich kluger Gedanke«, erwiderte ich. »Dad wäre sehr stolz auf dich.« Jack lächelte wieder. »Sobald wir sein Telefon zurückbekommen, kannst du ja danach schauen. Okay?«

Begeistert antwortete Jack: »Okay!«

Jetzt, da Kellys lang erwartetes Telefon angeschlossen war und der Akku auflud, betete ich: *Bitte, Gott, er möchte so gern etwas auf diesem Telefon sehen!*

Dann öffneten wir den Rucksack, aber darin befanden sich nur noch einige Gegenstände, die von keinem besonderen Interesse waren – eine Schutzbrille und eine kleine violette Tasche mit Kellys Kontaktlinsen. Das waren Gegenstände, die wir früher schon Dutzende Male gesehen hatten.

Und dann hörte Ford auf auszupacken.

Ich fragte: »Was ist sonst noch in der Kiste?«

»Das war's«, erklärte er.

»Was meinst du damit? Das kann's noch nicht gewesen sein«, widersprach ich.

»Da ist nichts weiter drin«, sagte er.

Ich bat ihn: »Schau doch noch mal ganz unten in der Kiste nach.«

Doch da war nichts.

Kelly hatte uns allen das Klettern beigebracht, und wir verstanden, dass nicht das eine Rolle spielte, was sich in seinem Rucksack befand, sondern das, was fehlte. Da war kein Schlafsack, keine Isomatte, kein Biwaksack, kein Benzinkocher, kein Brennstoff, kein Essen. Nichts von den unerlässlichen Dingen, die er zum Überleben gebraucht hätte.

Eine tiefe Traurigkeit ergriff mich und ich dachte: *Er hatte keine Chance. Aber ich weiß, dass er wie ein Wilder ums Überleben gekämpft hat.*

Die Realität dessen, was in der Schneehöhle geschehen war, lag in unserem Fernsehzimmer auf dem Boden.

Es war so übermächtig, dass keiner von uns sprechen konnte. Wir saßen eine Viertelstunde lang schweigend da, starrten Kellys Ausrüstung an, die auf dem Teppich vor uns lag, und weinten. Dann merkten wir, dass seine Eisgeräte fehlten. Vielleicht hatte er nicht das, was er gebraucht hätte, um gegen die eisigen Temperaturen anzukämpfen, aber er musste doch seine Eisgeräte gehabt haben! Sie waren sein Ariadnefaden, um von diesem Berg herunterzukommen.

Die zwei Eispickel, die auf der Schneeplattform gefunden wurden, mussten Kelly gehören. Das wurde durch die früheren Aussagen von

Sheriff Wampler bestätigt. Die Eispickel waren genau identisch, also mussten sie wohl beide demselben Bergsteiger gehören.

Wir wussten, wer dieser Bergsteiger war.

Aller Wahrscheinlichkeit zum Trotz hatten Kelly, Brian und Nikko den Sturz überlebt. Jetzt suchten sie auf der Schneeplattform Schutz vor dem tobenden Sturm und überlegten, was als Nächstes zu tun war.

Jeder der Männer betete wohl im Stillen: *Bitte, lass Kelly nicht ernsthaft verletzt sein.* Diese Worte laut zu sagen, brachten sie nicht übers Herz. Es kann den Tod bedeuten, sich so weit oben auf einem Berg zu verletzen. Niemand wusste das besser als Kelly. Er las oft Berichte über Todesfälle bei Bergsteigern, um aus ihren Fehlern zu lernen, aber wenn es um Verletzungen ging, schüttelte er nur den Kopf und sagte: »Wenn Bergsteiger in großer Höhe verletzt werden, haben sie oft keine Chance.« Dieser Gedanke musste ihm wohl durch den Kopf gehen.

Zuerst schauten die Männer sicher nach Kellys Verletzungen. Es gab sichtbare Verletzungsspuren an seinen Beinen; sie waren zerkratzt und blutig vom Sturz. Die Ermittler stellten später fest, dass die Schürfwunden auf ein Abgleiten hindeuteten. Doch eine andere schmerzhafte Verletzung war nicht sichtbar. Beim Unfall hatte Kelly sich vermutlich auch die rechte Schulter schwer verletzt.

Anfänglich hatte der Sheriff angedeutet, dass Kelly seiner Meinung nach eine Schulterverletzung hatte, doch das wurde in den Medien bestritten, als sie berichteten, die Autopsie hätte keine Verletzungen gezeigt. Ich war immer skeptisch und dachte: *Auch wenn Kelly sich die Schulter ausgerenkt hat – er hätte sie sich selbst wieder eingerenkt.* Das hatte er früher als Ringer in der Highschool schon oft getan. Kelly hatte eine unglaublich hohe Schmerzgrenze.

Meine Überzeugung, dass er eine Schulterverletzung hatte, wurde später durch seinen Totenschein bestätigt. Dort stand: »Andere wesentliche Leiden, die zum Zeitpunkt des Todes bestanden haben: möglicherweise disloziertes rechtes Schultergelenk.«

Da Kelly verletzt war, konzentrierten sich die Männer jetzt nur noch auf die Rettung. Sie hatten bis hierher überlebt. Zusammen konnten sie es schaffen. Wenn sie von der Schneeplattform aus noch ein Stück höher aufsteigen und den Gipfel erreichen konnten, dann konnten sie ihn überqueren und auf der weniger anspruchsvollen Südseite oder auf der *Cooper-Spur*-Route absteigen, wie sie es in ihrer Nachricht geschrieben hatten.

Doch was sollten sie mit Kelly machen? Brian und Nikko konnten ihn nicht auf der Schneeplattform lassen. Sie diente zwar als behelfsmäßiger Schutz vor dem heftigen Wind, doch sie bot nicht genug Schutz für eine ganze Nacht.

Gemeinsam entwarfen die drei Bergsteiger einen Plan, wie sie den Gipfel erreichen konnten. Sie zerschnitten das Seil und knüpften eine geniale Konstruktion, um Kelly den Berg hinaufzuhelfen.

Als ich darüber nachdachte, wie die Männer das Seil zerschnitten und neu geknüpft hatten, fiel mir ein weiterer Freitagabend ein, den ich mit Kelly und Brian verbracht hatte. Kelly hatte gesagt, dass Brian zum Steakessen komme und wir anschließend zusammen einen Videofilm anschauen könnten. Das klang nach einer großartigen Idee. Nach einem guten Abendessen versammelten wir uns im Fernsehzimmer, um uns den Film anzusehen. Was die Männer vergessen hatten, mir zu sagen, war, dass es ein Video über Knotentechniken war. Brian war mit zwei 30-Zentimeter-Stücken Seil gekommen und reichte eines davon Kelly. Dann sagte er zu mir: »Tut mir leid, ich hab' vergessen, dir auch eins mitzubringen.« Sarkastisch erwiderte ich: »Kein Problem. Es ist viel lustiger, euch dabei zuzuschauen.«

Das Video zeigte Nahaufnahmen von einem Händepaar, das Dutzende verschiedener Bergsteigerknoten knüpfte. Ich sagte zu den Männern: »Das *kann* nicht euer Ernst sein. Werden wir so den Freitagabend verbringen?«

Die beiden brachen in schallendes Gelächter aus und Kelly sagte: »Komm schon, Schatz. Ich hol dir ein Stück Seil. Das macht Spaß.«

»Schon gut«, sagte ich. »Amüsiert euch mal schön.«

Sie konnten nicht aufhören zu lachen. Sie wussten, dass es ein langweiliges Video war, aber sie waren begeistert von der Aussicht, den ganzen Abend lang Knoten zu knüpfen. Kelly meinte: »Aber Schatz, es ist doch erst halb neun!«

»Ich weiß«, erklärte ich, »aber irgendwie finde ich mein Bett ein bisschen aufregender, als euch den ganzen Abend lang beim Knotenknüpfen zuzuschauen.«

Das war damals, und jetzt war heute. Ich fing an zu weinen. Ich vermisste sie so sehr und konnte sie förmlich sehen, wie sie auf der Schneeplattform saßen und arbeiteten.

In der Dunkelheit, die sie umgab, benutzten die Männer ihre Stirnlampen, um ihre Rettungsmission auszuführen. Alle drei Bergsteiger saßen vor Kälte zitternd auf der Plattform. In der Zeit, als sie am Seil hingen und mit aller Kraft an ihrer Selbstrettung arbeiteten, wurde das Wetter immer schlechter. Der Niederschlag begann mit Regen und wurde zu Schnee. Weil es so lange dauerte, sich von dem Sturz zu erholen, konnten die Männer dem Wetter nicht entgehen. Sie waren jetzt nass und froren mehr als je zuvor in ihrem Leben. Wie der Sheriff gesagt hatte – »Der Aufstieg war machbar, solange es keine Probleme gab.« Aber es hatte ein riesiges Problem gegeben.

Auf der Schneeplattform wurde es immer kälter, und das war nicht bloß Einbildung. Die Temperatur fiel drastisch ab. An die milden Temperaturen um die zwei oder drei Grad, die bei ihrem Aufbruch von der *Tilly-Jane*-Hütte geherrscht hatten, war nicht mehr zu denken.

Die Männer wussten, dass sie rasch handeln und so schnell wie möglich von dieser Plattform wegmussten. Zusammen wandten sie alle Überlebenstechniken an, die sie je gelernt hatten, und entwickelten eine ausgeklügelte, fantastisch effektive Rettungstaktik. Sie schnitten ein Seil in Stücke und seilten sich so aneinander, dass sie zu dritt gleichzeitig gehen konnten. Kelly nahmen sie in die Mitte. So konnten ihn Nikko und Brian auf dem Weg zum Gipfel stützen. Das ist eine ungewöhnliche Klettertechnik, aber Fotos von der Unfallstelle zeigen drei Paar Fußspuren nebeneinander, die von der Verankerung an der Schneeplattform zum Gipfel hinaufführen.

Kurz bevor sie die Plattform verließen, warf Kelly sicher einen Blick auf seine beiden Eispickel, und ihm war bewusst, dass sie ihm nicht mehr viel nützten. Das musste eine harte Erkenntnis für ihn sein, denn die Ausrüstung eines Bergsteigers ist seine Lebensader. Kelly konnte nicht mehr allein überleben. Er brauchte die Hilfe seiner beiden Freunde. Doch Brian und Nikko hatten nicht vor, ihn im Stich zu lassen.

Als sie die Schneeplattform verließen, waren die Männer mit dem unbarmherzigen Wind konfrontiert, dem sie zuvor zeitweise entkommen waren. Der Aufstieg zum Gipfel unter solchen Bedingungen war etwas, das, glaube ich, nur sehr wenige andere Bergsteiger schaffen konnten. Doch sie waren einzigartig starke Männer – körperlich und mental. Sie waren gemeinsam so weit gekommen, und sie hatten nicht die Absicht aufzugeben. Es muss furchterregend gewesen sein, doch die Verbindung zwischen den Bergsteigern verlieh ihnen übermenschliche Kraft zum Überleben.

Seite an Seite zwangen sie sich vorwärts. Stück für Stück bewegten sie sich langsam die steile, eisige Felswand hinauf. Berechnungen ergaben, dass sie Windböen von bis zu 80 km/h ausgesetzt waren, die zu Temperaturen unter dem Gefrierpunkt führten. Dadurch war es ihnen nahezu unmöglich, ihre Eisgeräte zu benutzen. Ihre Hände waren steif von der bitteren Kälte und das Wetter wurde immer schlechter. Sie hatten keine Ahnung, dass dies erst der Beginn des schlimmsten Sturms war, der den Berg seit über zehn Jahren getroffen hatte. Durch das Schneetreiben konnten die Bergsteiger nicht einmal sehen, was direkt vor ihnen war, doch sie wussten, was hinter ihnen lag: ein fast 800 Meter tiefer Abgrund. Anhalten kam nicht infrage. Wieder dachte Kelly wohl: *Wir müssen da rauf. Wir müssen weg von dieser Nordwand.*

Kelly war seit über zwei Jahrzehnten Bergsteiger, und dies war der brutalste Aufstieg seines Lebens. Sie kamen nur quälend langsam voran. Doch endlich machten sich ihre Anstrengungen bezahlt. Sie waren auf dem Gipfel. Sicher schöpfte Kelly Hoffnung, sicher dachte er: *Jetzt haben wir eine Chance.*

Sie hatten den Gipfel erreicht und ein Fluchtweg lag vor ihnen. Zumindest dachten sie das anfänglich.

Diese kurz aufflackernde Hoffnung wurde allerdings beinahe sofort wieder erstickt. Auf der Bergspitze fanden sie White-out-Bedingungen vor, mit Orkanböen von bis zu 160 km/h. Der Wind wehte so heftig und ihnen schlug so viel Schnee entgegen, dass es ihnen unmöglich war zu hören, was der andere sagte. Mit Handzeichen signalisierten sie, dass sie weitergehen mussten. Sie brauchten einander, um unter diesen extremen Wetterbedingungen voranzukommen.

Die Männer gingen eine kurze Strecke in südliche Richtung, doch bald merkten sie, dass es wichtiger war, einen Unterstand zu finden. Die Kälte konnte ihnen den Tod bringen. Die drei konnten kaum noch stehen. Es schien, als hätte der Wind nur sie im Visier und versuchte, sie vom Gipfel zu wehen. Eine falsche Bewegung konnte dazu führen, dass sie alle in den Tod stürzten.

Es war klar, dass sie beide Pläne aufgeben mussten – sowohl den, auf der Südseite abzusteigen, als auch den, die *Cooper-Spur*-Route zu nehmen. Neben dem hohen Risiko durch die Kälte waren die Sichtverhältnisse so schlecht, dass sie nicht erkennen konnten, wohin sie

Auf dieser Nahaufnahme aus der Luft sieht man etwa in der Mitte einen schwarzen Punkt – einen großen Felsbrocken; die Schneehöhle ist direkt darunter. Die Schneeformationen, die wie absackende nasse Farbe aussehen, entstehen durch Schneeverwehungen und das steile Gelände. Dadurch ist die Lawinengefahr sehr hoch.

gehen sollten. Der Schnee hatte alle Orientierungspunkte und Wege verdeckt, die Kelly vor dieser Tour so sorgfältig studiert hatte. Das Einzige, das sie sicher wussten, war: Wenn sie nicht rasch handelten, würden sie sterben.

Ihre beste Chance war es wohl, in südöstlicher Richtung bis unterhalb der Schneeplattform abzusteigen, um dem Wind zu entgehen und Schutz zu suchen. Die Zeit war dabei der wichtigste Faktor. Sie trafen die Entscheidung, im Osten der Nordwand bis zu einer Höhe von etwa 90 Meter über dem *Newton-Clark*-Gletscher abzusteigen, wo sie den Aufstieg begonnen hatten, und eine Schneehöhle zu bauen, um dieser entsetzlichen Situation zu entkommen. Sie verstanden ganz genau, wie unglaublich gefährlich das war, doch sie waren gezwungen, auf der einzigen Route abzusteigen, die sie kannten. Sie hatten überlebt, und nun kämpften sie um ihr Leben.

Die Männer sicherten ihre Seile und stiegen vom Gipfel ab. Sie seilten sich so weit ab, bis sie einen Platz bei einem Felsvorsprung erreichten. Dort verankerten sie sich und Brian und Nikko gruben hastig eine Schneehöhle, in der die drei Unterschlupf finden konnten. Das Wetter drang weiter auf sie ein. Als das Loch im Schnee groß genug für alle war, halfen sie Kelly in die Höhle. Er litt entsetzliche Schmerzen, doch er versuchte, sich nichts anmerken zu lassen. Er sagte sich wohl: *Morgen geht es mir sicher besser.*

Voller Staunen, dass sie überlebt hatten, waren die Männer jetzt nicht mehr dem brutalen Wetter ausgesetzt und konnten klarer denken. Sie lebten noch. Kelly wusste, dass sie vom Berg herunter mussten, doch er hatte keine Ahnung, wie sie das bewerkstelligen sollten.

Sie beschlossen, sich für die Nacht einzurichten und diese Entscheidung in einigen Stunden zu treffen. Vielleicht kam Kelly ja wieder zu Kräften und die drei konnten den Abstieg gemeinsam unternehmen.

In der Schneehöhle war an Schlaf allerdings nicht zu denken. Alle drei Bergsteiger spürten die beginnende Unterkühlung. Es war eine schlaflose Nacht. Kelly dachte an sein warmes Bett in Dallas und wie Karen im Schlaf immer ihre Füße an seine schob. Zum ersten Mal war der Berg sein Feind. Er brachte ihm keinen Frieden, sondern nur fürchterliche Schmerzen und Angst. Kelly hatte Heimweh und wünschte sich verzweifelt zu seiner Frau und seinen Kindern.

Kurz vor 4 Uhr morgens am Sonnabend, dem 9. Dezember, besprachen die Bergsteiger ihre Optionen für den Abstieg vom Berg. Nachdem sie ihre Möglichkeiten abgewogen hatten, einigten sie sich auf den besten Rückweg. Dann stellten Brian und Nikko die Frage, die Kelly gefürchtet hatte. Zögernd antwortete er: »Ich schaffe es nicht. Ihr müsst ohne mich absteigen.« Brian schwand der Mut. Das konnte nicht sein. Die beiden Männer waren mehr als nur Kletterpartner; sie waren Brüder, die sich geschworen hatten, einander nie auf einem

Berg zurückzulassen. Es war das schwerste Gespräch ihres Lebens, denn ihr Leben hing davon ab. Brian brauchte Kelly und Kelly brauchte Brian. So war es immer. Aber zum ersten Mal waren sie auf einer Bergtour gezwungen, sich zu trennen.

Brian und Kelly auf dem Gipfel des Denali im Jahr 2001

Kelly wusste, dass es die richtige Entscheidung war, doch ihn quälte, dass er körperlich außerstande war, etwas zu tun, das er schon Dutzende Male getan hatte: von einem Berg absteigen.

Ich glaube allerdings, am schwersten war diese Situation wahrscheinlich für Brian. Er hätte alles getan, um Kellys Leben zu retten. Das wusste ich schon, als ich ihn vor fünf Jahren bei einem gemeinsamen Abendessen kennengelernt hatte. Und heute glaube ich immer noch, dass ihre unerschütterliche Hingabe aneinander bis ans Ende hielt. Die beiden Männer hatten schon früher Situationen auf Leben und Tod erlebt, und sie hatten immer gemeinsam überlebt. Sowohl Brian als auch Kelly waren überzeugt, dass die einzige Lösung darin bestand, dass Brian und Nikko abstiegen und Hilfe holten.

Brian und Nikko verließen die Schneehöhle am Sonnabendmorgen lange vor Sonnenaufgang – anders als bei ihrem späten Aufbruch am Freitagmorgen. Bevor sie gingen, taten sie ganz bestimmt zusammen mit Nikko etwas, das Kelly und Brian sowieso vor jeder Bergtour taten.

Gemeinsam falteten sie die Hände, und Kelly betete, dass Gott sie auf ihrem Abstieg vom Berg bewahrte und über ihre Familien wachte.

Als die Männer sich erhoben um aufzubrechen, war Kelly zuversichtlich, dass sie bald mit Hilfe zurückkehren würden. So robust Kelly auch war, er hatte nie ein Problem damit, seine Gefühle zum Ausdruck zu bringen. Ganz sicher schaute er Brian an und sagte: »Ich liebe dich, Bruder.«

Und dann hatte er sicher der Verabschiedung noch eine typische Kelly-James-Note gegeben, indem er den beiden eine freche Bemerkung hinterherschickte. Jeder von Kellys engen Freunden würde bestätigen, dass es ihm ähnlich sah, sich mit den Worten zu verabschieden: »Hey, Jungs, ich werde nicht da sein, um euch den Hintern zu retten, wenn ihr abstürzt. Also zieht gefälligst eure knackigen rosa Hipsters hoch und seht zu, dass ihr sicher vom Berg kommt. Hey, und vergesst nicht, mir ein kühles Blondes mitzubringen, wenn ihr wiederkommt.«

Doch Kellys Geschichte war noch nicht aus. Er würde uns noch mehr über seine letzten Tage in der Schneehöhle erzählen, wenn wir sein Mobiltelefon anschalteten.

Nach mehreren Stunden war Kellys Telefon immer noch nicht aufgeladen. Die älteren Kinder beschlossen, nach Hause zu gehen. Wir verabschiedeten uns von ihnen, und kurz bevor wir nach oben in unsere Betten gingen, beschlossen Jack und ich, es noch einmal zu versuchen. Jack drückte den Einschaltknopf, und dieses Mal reagierte das Telefon. Gespannt setzten wir uns auf den Küchenboden, um zu sehen, was es uns mitteilen würde.

Sofort rief Jack das Videomenü auf. Kelly hatte nichts für uns aufgenommen. Dann ging er zu den Bildern, doch es gab keine neuen Bilder. Als er zu den Textnachrichten kam, sagte Jack: »Dad hat keine davon geöffnet.« Er ging sie langsam durch und ich wurde daran erinnert, wie gewissenhaft das Büro des Sheriffs und alle Rettungskräfte daran gearbeitet hatten, die drei Männer zu orten.

Die erste SMS stammte vom Abend des 9. Dezember, dem Sonnabend, und kam von Brians Freund, der sie am Nachmittag auf der Südseite des Mount Hood am Fuß des Berges abholen sollte. Sie lautete: »Hey, habe nichts von euch gehört, also hab' ich mir weiter unten ein Zimmer genommen. Wenn ich nicht bis um 10 [am Sonntag] von euch höre, hole ich Hilfe.«

Die nächste Reihe von Textnachrichten begann am Montag um 4:51. Das war sicher, nachdem sie seinen Anruf trianguliert hatten. In der ersten stand: »Hier Hood River 911[8]. Wenn Sie diese Nachricht bekommen, bitte antworten.« Zwei Minuten später wurde die gleiche Nachricht noch einmal gesendet.

Kaum eine Stunde später schickten sie eine weitere SMS: »Hier Hood River 911, bitte antworten, wenn Sie diese Nachricht bekommen.«

Falls sie vorgehabt hatten, jede Stunde eine SMS zu schicken, wurde derjenige, der die Nachrichten schickte, zusehends unruhiger, denn die Zeitabstände zwischen den SMS wurden kürzer. Die nächste wurde 45 Minuten später geschickt und lautete: »Sind Sie verletzt? Bitte Ja oder Nein antworten.«

Keine zehn Minuten später schickten sie eine Mut machende Nachricht: »Bitte antworten, wenn Sie das lesen. Hilfe ist unterwegs.«

Mittags wurde die letzte SMS geschickt: »Suchen nach Ihnen; haben Sie GPS? Wenn ja, was sind Ihre Koordinaten? Haben Sie auf 5 oder 6 km genau geortet. Sturm zieht auf. Gott schütze Sie, Kelly.«

Ich kämpfte um meine Fassung, während Jack nach den entgangenen Anrufen auf dem Telefon schaute. Die letzten registrierten Nummern gehörten fast ausschließlich zu den Kindern, die immer wieder die Nummer ihres Vaters gewählt hatten, in der Hoffnung, dass er ans Telefon gehen würde.

Der letzte angenommene Anruf war von mir, und zwar vom Mittwochmorgen, dem 6. Dezember. Kelly war bereits am Flughafen. Ich hatte gerade Jack an der Schule abgesetzt und rief ihn an, um mich von ihm zu verabschieden und ihm Glück zu wünschen.

Zu meiner Überraschung waren es die von seinem Telefon ausgehenden Anrufe, die mir das Herz umdrehten. Es waren insgesamt neun, von denen die meisten dem mangelnden Mobilfunkempfang zum Opfer gefallen waren. Der erste Anruf war vom Mittwoch, den 6. Dezember. Kelly hatte mich um 18.42 Uhr angerufen und wir hat-

---

8   911=Notrufzentrale; die allgemeine Notrufnummer in den USA ist 911 (Anm. d. Übers.).

ten über seinen Aufstieg am nächsten Tag gesprochen. Wir beide hatten gesagt: »Ich liebe dich.«

Am Donnerstagnachmittag hatte er zweimal versucht, mich zu erreichen. Er hatte gesagt, er würde versuchen, mich am Donnerstag anzurufen, doch vermutlich würde es nicht klappen, weil der Empfang zu schlecht wäre. Obwohl der Anruf nicht bei mir ankam, wusste ich, dass Kelly es versucht hatte. Wir hatten immer alles in unserer Macht Stehende getan, um nicht zu Bett zu gehen, ohne »Ich liebe dich« zu sagen.

Der nächste Anruf ging am Sonnabend um 3.52 Uhr an mich. Ich fragte mich, warum er nicht versucht hatte, mich Freitagabend anzurufen. Meine Frage wurde rasch beantwortet. Eine Minute später hatte er zweimal nacheinander den Notruf gewählt. Mir wurde schlecht und ich fing an zu weinen. Mein Mann hatte versucht, mich anzurufen, direkt bevor er den Notruf gewählt hatte. Er wusste, dass er in der Klemme steckte. Die Zeitabfolge der Anrufe zeigte mir, dass sie am späten Freitagnachmittag Probleme bekommen hatten. Kelly hatte mich Freitagabend nicht angerufen, weil sie da immer noch versuchten, aus dem heftigen Wetter und in die Schneehöhle zu kommen.

Ich glaube, er rief mich an, nachdem Brian und Nikko am frühen Sonnabendmorgen gegen 4 Uhr losgegangen waren, um Hilfe zu holen. Die beiden anderen Männer waren ja vermutlich um diese Zeit losgezogen, um sich an den Abstieg zu machen. Als er allein war, hatte Kelly sicher versucht, mich anzurufen. Ich überlegte, ob er den Notruf gewählt hatte, um der Rettungsleitstelle mitzuteilen, dass Brian und Nikko auf dem Weg nach unten waren. Das alles kam mir ganz richtig vor und entsprach dem, was Kelly getan hätte.

Die nächsten zwei Anrufe von Kelly gingen am Sonnabendnachmittag um 14.22 Uhr an den Notruf, doch keiner davon kam durch.

Beinahe 24 Stunden lang gab es dann keine Aktivität, bis Kelly sein Telefon klingeln hörte. Sicher war er schockiert. Er hatte verzweifelt versucht, mich und die Notrufzentrale zu erreichen, doch weder eingehende noch ausgehende Anrufe kamen durch. Nachdem er sein Telefon klingeln gehört und den Anruf verpasst hatte, konnte er immerhin die Wiederwahltaste drücken. Sein letzter Anruf war der an Jason, Ford und mich am Sonntagnachmittag. Wir redeten kostbare 6 Minuten und 42 Sekunden miteinander.

Es kam mir seltsam vor, dass nur zwei Anrufe durchgekommen waren. Es erschien mir als Ironie des Schicksals, dass der Anruf an mich am 6. Dezember um 6.42 abends kam, und die Länge des letzten Anrufs am Sonntag, den 10. Dezember, 6 Minuten 42 Sekunden betrug. Die Ziffern 6–4–2 tauchten im Telefonverzeichnis an den Stellen auf, wo wir in seiner Zeit auf dem Berg das erste und das letzte Mal miteinander gesprochen hatten.

Am Sonnabend ließen Brian und Nikko Kelly in der Schneehöhle zurück, um vom Berg abzusteigen. Die Ermittler fanden zwei deutliche Spurenpaare, die von der Höhle wegführten. Sie führten geradewegs den Berg hinunter und zu einer Sackgasse oberhalb einer Gegend, die unter dem Namen »Black Spider« oberhalb des *Newton-Clark*-Gletschers bekannt ist. Die Spuren führten dann in nördlicher Richtung wieder bergauf zum oberen Ende der *Cooper-Spur*-Route, wo sie absteigen wollten, falls etwas schiefging. Und dann ... nichts. Es waren keine sichtbaren Spuren mehr zu finden. Man nimmt an, dass Brian und Nikko am Sonnabend bei ihrem Abstiegsversuch den widrigen Wetterbedingungen zum Opfer fielen: Wahrscheinlich wurden sie von einer der Orkanböen vom Berg geweht, oder sie verloren den Halt und stürzten Hunderte Meter tief in eine Gletscherspalte. Trotz einer ausgedehnten Suche am Boden und aus der Luft verhinderten der Schnee und die immense Größe des Suchgebietes, dass die Ermittler weitere Hinweise auf die beiden anderen Bergsteiger fanden.

Kellys Mobiltelefon zu haben und die zeitliche Abfolge der Tragödie zu rekonstruieren, war zu viel für mich gewesen. Ich bat Jack, nach oben zu gehen und sich bettfertig zu machen. Ich selbst ging in Kellys Büro und fiel auf die Knie. Mein Herz fühlte sich an, als würde es noch einmal ganz neu brechen. Obwohl es bereits nach 22 Uhr war, griff ich zum Telefon und rief Jessica an. Sie wusste, was wir als Familie an diesem Abend geplant hatten.

Als ich ihre Stimme hörte, begann ich zu weinen und sagte: »Er hat so sehr versucht, mich zu erreichen!« Ich merkte, dass sie am anderen

Ende der Leitung ebenfalls weinte. Sie und ihr Mann Robert hatten Kelly ebenfalls geliebt und das alles war ein Albtraum. Ich musste die Stärke in der Stimme einer Freundin hören. Nachdem wir einige Minuten miteinander gesprochen hatten, fand ich meine Fassung wieder. Ich dankte ihr dafür, dass sie mit mir gesprochen hatte, und sagte ihr, wie viel sie mir bedeutete. Dann legte ich auf.

Ich wischte mir die Augen ab und ging in Jacks Zimmer. Er konnte sehen, dass ich geweint hatte, also erklärte ich ihm: »Tut mir leid, Schatz. Es hat mich traurig gemacht, die Anrufe auf Dads Telefon zu sehen.«

Jack schaute mich liebevoll an, nickte und sagte: »Weißt du, ich bin erst zwölf, und deswegen möchte ich jetzt noch nicht sterben.« So, wie er das sagte, musste ich fast lachen, denn es klang so sachlich. Doch dann setzte er hinzu: »Weißt du, ich habe keine Angst zu sterben, weil ich mich so darauf freue, Dad wiederzusehen.«

Mein Herz schmolz. Ich lächelte und sagte: »Ich auch, mein Schatz.«

Ich gab Jack einen Kuss und schaltete das Licht aus. Ich war so stolz auf ihn und meinen Ehemann. Ich kann mich nicht erinnern, dass Kelly, wenn er daheim war, es an irgendeinem Abend versäumt hätte, mit Jack zu beten. Er stellte sich immer ganz dramatisch hin, streckte die Arme in die Luft und tat so, als griffe er nach irgendetwas. Dann ließ er seine Faust auf Jacks Brustkorb sausen und sagte: »Bitte Jesus darum, dass er in dein Herz kommt.« Der Schlag klang immer so laut, und ich konnte Jack durchs ganze Haus lachen hören. Danach beteten Kelly und Jack zusammen und sprachen über Gott. Kelly brachte Jack den Himmel nahe, und jetzt zahlten sich seine Lektionen in einer Art und Weise aus, die ich nie vermutet hätte. *Welches größere Geschenk können Eltern ihren Kindern machen?* Jack glaubte ohne den Hauch eines Zweifels, dass er durch den Glauben mit seinem Vater wiedervereint werden würde. Mir kamen wieder die Tränen, doch dieses Mal waren es Tränen der Freude.

Ich dachte, wie sehr ich Kelly liebte und mir wünschte, er wäre jetzt bei mir, um Jack ins Bett zu bringen. Bevor ich in mein Zimmer ging, rannte ich noch einmal nach unten, um Kellys blaue Kletterjacke zu holen, die ich heute im Bestattungsunternehmen abgeholt hatte. Ich verspürte das übermächtige Bedürfnis, sie mit ins Bett zu nehmen. Ich sehnte mich so sehr danach, ihn in den Armen zu halten, und mich mit seiner Jacke zusammenzurollen, kam dem am nächsten. Als ich die Augen schloss, hielt ich die Jacke fest umklammert und flehte Gott an: *Bitte sag mir, dass das nicht wirklich passiert ist.*

Kapitel 17

Auf der Suche nach Kelly

Im Herzen wusste ich, glaube ich, ganz genau, wie Kelly die letzten Tage seines Lebens verbrachte. Allerdings dauerte es nach Kellys Tod noch ein Jahr, bis ich den Mut aufbrachte, den Mann anzurufen, der ihn tot in der Schneehöhle gefunden hatte. Es war Zeit, dass ich erfuhr, ob meine Annahmen über das, was geschehen war, tatsächlich zutrafen. Bald würden die Einzelheiten um Kellys letzte Minuten, Stunden, Tage kein Rätsel mehr sein, und ich sollte erfahren, dass meine ersten Instinkte richtig gewesen waren. Auch mit dem Tod hatte Gott nicht unser Band der Liebe durchtrennt. Ich kannte meinen Ehemann wie kein anderer.

Ich wusste bereits den Namen des Retters, der Kelly gefunden hatte, und ich rief Captain Chris Bernard an, um Kontakt zu ihm aufzunehmen. Captain Bernard versicherte mir, dass der Rettungsspringer Joshua Johnston sehr gern mit mir sprechen würde. Nur wenige Tage später hatten Josh und ich ein denkwürdiges Telefongespräch.

Ich war neugierig, wer dieser junge Mann war, der Kelly gefunden hatte. Also bat ich Josh, mir etwas über sich zu erzählen. Zum Zeitpunkt des Rettungseinsatzes war er 25 Jahre alt gewesen. Nach dem Schulabschluss war Josh zur Luftwaffe gegangen und hatte dort bei den Rettungsspringern gedient. Er war ein geübter Fallschirmspringer und Bergsteiger, und mit diesen Fähigkeiten führte er vom Hubschrauber aus viele Rettungseinsätze im Wasser und in den Bergen durch. Im Zuge dessen war er auch als Sanitäter ausgebildet worden, und das hatte ihn bewogen, Medizin zu studieren. Er absolvierte gerade seine vorklinischen Semester und hatte fest vor, Arzt zu werden.

Als die Suche auf dem Mount Hood begann, arbeitete Josh neben seinem Studium auch noch bei der 304. Rettungsstaffel von Portland. Rettungsaktionen waren ihm nicht neu, und auch nicht die Nachwirkungen, wenn die Rettung nicht planmäßig ausging. Wir waren nicht die erste trauernde Familie, mit der Josh sprach. Bevor er Kelly fand, war er schon ungewöhnlich oft mit dem Tod konfrontiert worden, denn er hatte zwei Einsätze im Irak und einen in Afghanistan hinter sich. Als er in Afghanistan diente, stürzte der Helikopter vor Josh ab, und alle an Bord kamen ums Leben. Josh war an der Unfallstelle und mit der Identifikation der Toten beauftragt. Einer der Männer, die tot in den Trümmern lagen, war Joshuas bester Freund, ebenfalls ein Rettungsspringer.

Als er mir seine Geschichte erzählte, musste ich daran denken, wie Kelly und ich einmal am Flughafen gestanden und auf unseren Ferienflieger gewartet hatten. Auf der anderen Seite des Terminals hatte sich eine Gruppe von Soldaten in sandfarbenen Tarnanzügen und mit Seesäcken über den Schultern versammelt. Kelly sagte zu mir: »Warte mal hier.« Er ging quer durch die Flughafenhalle, bis er mitten in der Gruppe stand. Ich sah, wie er Hände schüttelte, den Soldaten freundschaftlich auf den Rücken schlug und sich mit ihnen unterhielt, als wären sie alte Freunde.

Etwa zehn Minuten später kehrte Kelly zurück und ich fragte ihn: »Was hast du gesagt?«

»Ich habe ihnen nur gesagt, wie dankbar ich bin, dass sie uns beschützen, und dass mir bewusst ist, wie viele Opfer sie dafür bringen müssen.«

Kelly war ein großer Fan der Männer und Frauen, die unser Land tagein, tagaus verteidigen. Er sagte oft, dass er zwar nur wenige Dinge im Leben bedauere, aber eines davon sei, nie beim Militär gewesen zu sein.

Als ich mir Joshuas Geschichte anhörte, wusste ich, dass Kelly von diesem jungen Mann beeindruckt gewesen wäre. Ich dachte: *Wenn Kelly hier wäre, würde er sich gern mit ihm unterhalten und sich die ganze Nacht Geschichten von seinen Rettungsmissionen anhören.* Er war genau der Mann, der dazu bestimmt war, Kelly zu finden.

Die 304. Rettungsstaffel war zwar von Anfang an an der Suche beteiligt, doch Josh stieß erst ein paar Tage später zu der Mannschaft, da er vorher wegen eines Spaceshuttle-Starts auf Bereitschaft in Florida gewesen war. Zu seinen Pflichten als Rettungsspringer gehörte es routinemäßig, auch außerhalb seines eigenen Bundesstaates Bereitschaftsdienst zu tun, für den Fall, dass sein Einsatz vonnöten war.

Nach dem Shuttlestart flog Josh zurück nach Oregon und stieß zu den anderen Rettungsspringern aus Portland. Am Sonnabend, dem 16. Dezember, startete ihr erster Flug auf den Berg, denn die extremen Wetterbedingungen hatten einen früheren Rettungsversuch verhindert. Aus der Luft entdeckten sie die zurückgelassene Ausrüstung der Bergsteiger und eine Vertiefung im Schnee. Doch es wurde bereits dunkel und es war zu spät für eine Rettung. Sie mussten zu ihrem Kommandoposten zurückkehren, umdisponieren und den Absprung auf den Gipfel für Sonntag planen.

Die Such- und Rettungsmannschaft, die Kelly fand, darunter Mitglieder der 304. Rettungsstaffel der Luftwaffenreserve, der Bergrettung Portland und der *Hood River Crag Rats*. Josh Johnston ist ganz links.

Am nächsten Tag traf die 304. Rettungsstaffel in Hood River mit der Nationalgardeeinheit aus Pendleton, Oregon, zusammen. Die Einheit war mit ihrem *CH-47-Chinook*-Helikopter eingeflogen. Josh erklärte, dass dieser Hubschrauber zwei Motoren habe und eine starke Maschine sei, die relativ ruhig 20 bis 30 Meter über dem Gipfel schweben könne.

Nachdem er an der morgendlichen Einsatzbesprechung teilgenommen hatte, brachen Josh, vier andere Rettungsspringer und zwei Mitglieder der freiwilligen Rettungsmannschaft, den *Crag Rats*, zum Gipfel des Mount Hood auf. Oben angekommen, machten sie sich bereit, sich nacheinander auf den Gipfel abzuseilen. An ihren Klettergurten hängten sie sich ans Seil und verließen die Sicherheit des Helikopters. Auf dem Gipfel sicherte sich jeder der Retter sofort, um nicht vom schneedurchsetzten Wind der Rotorenblätter vom Berg geweht zu werden. Dieser Vorgang dauerte lange, doch mit jedem Mann, der erfolgreich auf dem Gipfel landete, wusste Josh, dass sie den vermissten Bergsteigern einen Schritt näher kamen.

Es war eine Erleichterung, endlich gutes Wetter zu haben, und die Rettungskräfte machten sich rasch an die Arbeit. Sie fanden die Seilverankerung und die Vertiefung im Schnee, von der Fußspuren wegführten, wie es zuvor schon vom *Chinook* aus zu sehen gewesen war. In der Welt der Such- und Rettungsarbeit ist das Auffinden solcher Hinweise ein riesiger Erfolg für eine Helikopterbesatzung. Die Fähigkeit der Rettungskräfte, von der Luft aus diese Stelle wiederzufinden, bestätigte wieder einmal, wie erfahren und talentiert diese Männer waren. Über eine Woche lang hatten Dutzende unglaublicher Menschen sich der Suche nach diesen drei amerikanischen Männern auf dem Mount Hood gewidmet. Jetzt war es Zeit, sie nach Hause zu bringen.

Es dauerte nicht lange, bis die Rettungskräfte die Vertiefung fanden, die sich zu ihrer Überraschung als Plattform und nicht als die Schneehöhle herausstellte, die sie erwartet hatten. Nachdem sie auf der Plattform zwar nicht die vermissten Bergsteiger, wohl aber jede Menge Hinweise auf sie vorgefunden hatten, schwärmten die Suchkräfte aus, um nach weiteren Hinweisen zu suchen und den Fußspuren zu folgen. Doch Kellys Schneehöhle war nur schwer zu finden. Die Rettungskräfte suchten den ganzen Tag, stiegen auf und ab, hin und her, an den Seilen, die am Gipfel verankert waren. Nachdem die Suche den ganzen Tag negativ verlaufen war, beschloss das Rettungsteam, noch einen einzigen Versuch zu starten, bevor sie Feierabend machten.

Da hatte Josh eine Idee. Bei einer früheren gemeinsamen Suche hatten sie Spuren entdeckt, die nirgendwohin zu führen schienen und etwa vierhundert Meter von der Stelle entfernt waren, wo man die Ausrüstung der vermissten Männer gefunden hatte. Die Spuren befanden sich in der Nähe eines Schneefeldes an einem 60 Grad steilen Hang an der Nordwand des Berges. Die Ausrüstung befand sich auf der anderen Seite des Schneefeldes.

Josh fand, dass es wenigstens einen Versuch wert war. Er seilte sich 90 Meter vom Gipfel zu dem Schneefeld hin ab. Als er zum Gipfel hinaufschaute, konnte er nur eine steile Schneefläche sehen. Doch dann fiel ihm etwas ins Auge. Es war ein knapp einen Meter hoher Felsbrocken, der aus dem Schnee hervorragte. Josh dachte: *Hier ist das die einzige Stelle, wo jemand hingehen würde.*

Rettungskräfte auf der Suche nach Kellys Schneehöhle

Er arbeitete sich zu dem Felsen vor und rief nach den vermissten Männern. An dem Felsvorsprung grub er vorsichtig mit dem Eispickel, in der Hoffnung, Hinweise auf die Bergsteiger zu finden. Dann schwang er den Eispickel in einen großen Schneeklumpen. Eine größere Menge Schnee brach ein und Josh wusste, dass er den Eingang zur Schneehöhle gefunden hatte. Er war mehrere Zentimeter dick zugeweht gewesen. Entgegen aller Wahrscheinlichkeit hatten die Rettungskräfte gefunden, wonach sie gesucht hatten.

»Es war eine ziemliche Überraschung, dass ich sie gefunden habe, und die Wahrscheinlichkeit war nur sehr gering. Es ist ein riesiger Berg, und wir hatten Glück«, sagte Josh.

Als er die Schneehöhle betrat, sah er Kelly. Er lag auf der Seite und mit dem Gesicht zum Eingang der Schneehöhle.

Sofort fing Josh zu rufen: »Hey, geht es Ihnen gut? Alles klar bei Ihnen? Ist noch jemand hier?« Er sah, dass die Höhle groß genug für drei Männer war, doch er war sich nicht sicher, ob sich noch jemand darin befand. Als er keine Antwort bekam, war Joshuas erster Gedanke, dass Kelly vielleicht bewusstlos war, doch als er ihn untersuchte, wurde ihm klar, dass diese Rettungsaktion keinen glücklichen Ausgang haben würde.

Er trat einen Schritt zurück und war ein wenig verwirrt. Es sah fast so aus, als würde Kelly ihm eine unhöfliche Geste zeigen. »Zuerst dachte ich, er zeigt mir den Stinkefinger«, gab Josh zu.

Bei näherem Hinsehen erkannte Josh allerdings, dass Kelly einen seiner Handschuhe ausgezogen und alle Finger eingerollt hatte, außer seinem Ringfinger, an dem auffällig der Siegelring steckte.

Josh meinte: »Ich glaube, es war symbolisch.« Er sagte mir, dass Kelly einen unglaublich friedlichen Ausdruck auf dem Gesicht hatte. Kelly wusste wohl, dass er sterben würde, und versuchte, seiner Familie zum Trost eine letzte Nachricht zukommen zu lassen.

Tief im Herzen wusste ich, dass Joshuas Worte wahr waren. Ich bin mir sicher: Kellys Glaube und sein Vertrauen zu Gott hatten ihm diesen Frieden geschenkt. Als Kelly starb, war er nicht mehr zwischen Himmel und Erde gefangen.

Zusätzlich zu seiner letzten Handlung hatte Kelly, wie Josh anmerkte, offenbar seine Geistesgegenwart behalten und alles getan, was ihm einfiel, um zu überleben. Er hatte alle seine Habseligkeiten zwischen seinen Körper und den Schnee geschoben, um die Unterkühlung so lange wie möglich aufzuhalten.

»Ich habe selbst die Ausbildung durchlaufen, und Leute, die an Unterkühlung leiden und trotzdem alles Nötige tun, um am Leben zu bleiben, sind einfach erstaunlich. Kelly hat nichts falsch gemacht«, erklärte Josh.

Als Josh Kellys weiteren Zustand beschrieb, verfiel ich wieder in meine Rolle als Ehefrau und fragte: »Hat er seine Apfelsine gegessen?« Kelly hatte uns bei unserem letzten Telefonat gesagt, dass er nur eine Apfelsine zu essen hatte, und ich hatte oft daran gedacht, wie hungrig er gewesen sein musste.

Josh schwieg kurz, als ob er versuchte, sich zu erinnern, und antwortete dann: »Oh, ja, in der Schneehöhle lagen Apfelsinenschalen.«

Und dann stellte ich die schwerste Frage von allen: »Josh, wann ist er Ihrer Meinung nach gestorben?«

Er erklärte: »Ich glaube, dass er mindestens schon in der Nacht tot war, bevor wir ihn fanden, doch möglicherweise hat er noch den ganzen vorigen Tag über gekämpft.«

Auf Kellys Totenschein stand, dass der Tod binnen drei Tagen nach Einsetzen der Unterkühlung eingetreten war. Als Todesursache war »Tod durch Erfrieren« angegeben. So schwer es auch war, Joshuas Einschätzung zu hören, glaube ich doch, dass er recht hatte. Aufgrund seiner Kämpfernatur hatte Kelly wohl länger überlebt, als auf dem Totenschein angegeben war.

Tränen liefen mir übers Gesicht und ich konnte kaum noch sprechen. Ich dankte Josh, dass er sich für mich Zeit genommen hatte, und für alles, was er getan hatte. Kurz bevor ich auflegte, sagte ich: »Ich bin wirklich glücklich, dass Gott Sie ausgesucht hat, um Kelly zu finden.«

Josh schwieg kurz und erwiderte dann: »Ich danke Ihnen.«

Da wurde mir klar, dass es nie sicher gewesen war, ob man Kellys Schneehöhle finden würde. Nur durch Joshuas Verdacht war es tatsächlich dazu gekommen.

Kapitel 18

Frieden, Sinn, Trost

Jetzt verstand ich, was Kelly körperlich auf dem Berg durchgemacht hatte. Doch das war erst die Hälfte von dem, wonach ich suchte, um seinen Tod zu bewältigen und ein gewisses Maß an Frieden zu finden.

Ich dachte auch darüber nach, was psychisch mit ihm geschehen war, als er bei brutalen Minustemperaturen hilflos in jener Schneehöhle lag. Kelly und ich hatten glücklicherweise in unserer Beziehung viele lange, bedeutsame Gespräche über unseren Glauben geführt, über den Tod und darüber, warum Gott uns mit dem Leben, das wir führten, auf diese Erde gestellt hat.

Es gab vieles, was ich an meinem Mann bewunderte, doch die Art und Weise, wie gelassen er mit dem Sterben umging, machte ihn einzigartig. Kelly hatte keine Angst vor dem Sterben, weil er keinen Zweifel an seinem endgültigen Lebensziel hatte. Aufgrund unserer Gespräche über den Himmel und über Gott glaubte ich ganz fest, dass ich wusste, was Kelly kurz vor seinem Tod gedacht hatte. Trotzdem hoffte ich, dafür noch handfeste Beweise auf seinem Mobiltelefon zu finden, nachdem es in der Schneehöhle sichergestellt worden war.

Kelly hatte mir zwar keine Nachrichten auf dem Telefon hinterlassen und auch keine handschriftlichen Notizen auf einem Stück Papier, das er etwa in seinen Rucksack gesteckt hätte, doch er ließ mich trotzdem nicht im Stich. Es stellte sich heraus, dass das, was er hinterlassen hatte, genau das war, was ich brauchte, um Frieden zu finden.

Als ich einige Monate nach seinem Tod seinen Aktenschrank ausräumte, fiel mir ein kleines Notizbuch in die Hände, das unter einer Metallklappe steckte. Ich hatte es noch nie zuvor gesehen. Als ich es öffnete, erkannte ich sofort die Handschrift und stellte fest, dass ich hier Kellys ganz persönliche Gedanken gefunden hatte. Sie boten mir einen wunderbaren, ganz ungeschminkten Einblick in seine Gedanken zum Bergsteigen und zum Tod. Auf einer Seite hieß es:

Ich liebe das Leben, ich genieße, was Gott mir gegeben hat,
und ich packe es mit beiden Händen und ziehe das Leben in mein Herz.
Ich habe wahre Schönheit gesehen, die die meisten Menschen nie erleben.
Danke, Vater, ich weiß, dass das ohne dich nicht möglich ist.
Ich kann dem Reiz des Abenteuers nicht widerstehen,
ich sehne mich danach.
Ich bin ganz eingenommen von der Herausforderung,
und zu einem gewissen Grad auch von der Angst.
Danke für deinen Schutz!
Mehr als je zuvor bin ich motiviert und beflügelt zum Bergsteigen,
auch auf die Gefahr hin, dass es mich das Leben kostet.
Der Tod kann mich nicht halten und jagt mir keine Angst ein.
Ich möchte leben, doch nicht um den Preis, dass ich untätig herumsitze.
Ich weiß, dass Gott seine liebenden Arme um mich legt
und mich in seinen Händen hält.
Ich weiß, dass ich meiner Familie und meinen Freunden Angst mache,
aber ich möchte nicht leben, wenn ich nicht leben kann.
Ich glaube, jeder versteht, wenn auch nur widerwillig,
dass ich einfach mit Gottes Hilfe Gottes Schönheit genießen will.

ER IST MÄCHTIG!

Für Kelly war das Bergsteigen wie das Atmen: Er *musste* es tun. Ich war dankbar, dass ich seine persönlichen Aufzeichnungen entdeckt hatte, und ich fand Frieden darin, sie zu lesen und immer wieder zu lesen. Das tröstete mich etwas, doch ich versuchte immer noch zu verstehen, was Gott damit bezweckte, dass Kelly tot war und mein Leben weiterging.

Kellys Leben war enorm zielgerichtet gewesen. Mir, den Kindern, seinen anderen Familienmitgliedern und seinen Freunden schenkte er unglaublich viel Liebe und geistliche Einsicht. Doch ich musste meine Augen weit öffnen, um einen möglichen Sinn hinter seinem Tod zu erkennen. Zuerst konnte ich nichts außer Schmerz sehen, der aus dem Verlust des Vaters, Ehemannes, Sohnes, Bruders und Freundes entstand.

Ich weiß, dass auf dieser Erde Dinge geschehen, die wir nie verstehen werden, doch ich wollte trotzdem das eine oder andere Positive erkennen können, das aus der Tragödie erwachsen war. Aus den Briefen, die ich von Wildfremden bekam, und durch die vielen Menschen, die mich mit Tränen in den Augen auf der Straße ansprachen, so als wäre eben einer ihrer eigenen Verwandten gestorben, wusste ich, dass Kellys Geschichte einen Eindruck hinterlassen hatte.

Durch die Interviews mit uns Familienmitgliedern und Freunden in Zeitungen, Radio- und Fernsehsendungen, die über die Geschichte der vermissten Bergsteiger berichteten, bekam die Welt sicher einen kleinen Eindruck von den drei abenteuerbegeisterten Männern, die das Leben, ihre Familien und Gott liebten. Für einige Leute waren die drei der Beweis, dass Christsein nicht nur etwas für weichliche, gesetzestreue, nahezu perfekte Männer ist. Kelly war alles andere als perfekt. Aber er strebte immer danach, ein besserer Mann zu werden. Er war ein ganzer Kerl, der offen über seinen Glauben sprach und nie Angst hatte, dass andere das als Schwäche betrachten würden; vielmehr war es eine unglaubliche Stärke. Selbst in meiner Trauer konnte ich sehen, dass Gott dieses tragische Ereignis und unser Leid nutzte, um Menschen zu erreichen.

Doch ich dachte nicht nur darüber nach, welchen Sinn Kellys Tod bei Gott haben konnte. Ich fragte mich auch, welchen Sinn mein Leben als Witwe hatte. In vielen Nächten fragte ich Gott: »Was möchtest du jetzt mit mir machen?«

Eines Tages, als ich über meine Zukunft nachdachte, sagte ich zu Gott: »Schau mal, das ist das Allerschlimmste, was mir je passiert ist. Wenn du es also zu deinem Besten gebrauchen willst, dann nur zu. Gebrauche mich, und sei dabei bitte nicht kleinlich, denn ich brauche das Gefühl, dass das alles einen Sinn hatte.«

Es war das erste Mal, dass ich wirklich für Gott arbeiten wollte, egal, wie die Konsequenzen für mein Leben aussahen.

Die Frage nach Gottes Plan für unser Leben kam in unserem Hauskreis zur Sprache, kurz bevor Kelly zum Mount Hood aufgebrochen war. Unsere kleine Gruppe unterhielt sich darüber, wie wir unsere Zeit auf dieser Erde maximal ausnutzen und uns von Gott für größere Dinge gebrauchen lassen können. Kelly war bei diesem Gespräch ganz in seinem Element, während ich nur schweigend nickte. Ich wusste, wie ich hätte antworten sollen, doch ehrlich gesagt jagte mir der Gedanke an irgendeine große Veränderung in meinem Leben Angst ein.

Als unsere Gäste sich nach dem Abend verabschiedeten, ging ich in die Waschküche zum Wäschewaschen. Das Treffen war vorbei, doch ich musste sichergehen, dass Gott meine Gedanken zu diesem Thema verstand. Ich hatte genug in der Bibel gelesen um zu wissen, dass Menschen, die sich intensiv auf Gott einlassen, auf dieser Erde nicht immer ein rosarotes, sorgenfreies Leben führen. Die geistlichen Früchte ernten wir im Himmel, doch ehrlich gesagt genoss ich mein Leben so, wie es jetzt war, und lobte Gott so, wie es mir passte.

Ich stand in meiner Waschküche und sagte: »Gott, ich weiß, dass ich vorhin im Hauskreis allen anderen zugestimmt habe, aber ich möchte eigentlich nicht, dass du mich im Moment gebrauchst, denn ich bin sehr glücklich und dankbar für mein Leben. Wenn du mich gebrauchst, fürchte ich, dass du mir etwas wegnimmst.«

Bis heute verfolgt mich dieses Gespräch mit Gott. Bald würde er mir zeigen, dass er als liebevoller Vater entscheidet, was wir im Leben durchmachen müssen und wie und wann dies geschieht. Gott wusste, dass die größte Angst in meinem Leben war, Kelly zu verlieren.

Es war das, was ich am meisten fürchtete, und es geschah. Doch ich dachte nie, dass Gott mich für irgendetwas bestrafen würde. Mit der Zeit sollte ich verstehen, dass er Kelly bei sich haben wollte und ich in einer neuen Richtung weitergehen sollte. Das ist eine Rolle, die ich ohne Kelly einnehmen muss.

In dieser schmerzhaften Zeit war mir sehr bewusst, dass Gott mich von allen Seiten umgab. Jeden Tag spendete er mir ein gewisses Maß an Trost, damit ich die nächsten 24 Stunden überstehen konnte.

Ich fing an, den »Segen im Leid« zu erkennen, nachdem sich in meinem Denken etwas verändert hatte. Der Anlass war eine Erinnerung an ein Interview, das ich einige Monate vor der Tragödie gesehen hatte. Ich schaute Larry Kings Talkshow und er sprach mit Pastor Rick Warren, dem Autor von *Leben mit Vision*. Ich kann mich nicht mehr genau erinnern, wie das Gespräch verlief, aber ich weiß noch, was ich daraus mitnahm. Larry fragte Rick danach, wie er mit den Höhen und Tiefen des Lebens umgehe. Rick antwortete in etwa: »Larry, ich dachte immer, dass das Leben eine Abfolge von Höhen und Tiefen sei. Doch mir ist klar geworden, dass auch in den Tiefen immer etwas Gutes passiert.«

Das war mein Wendepunkt. Die Erinnerung an dieses Gespräch bewirkte, dass ich die Tatsache, dass ich Kelly verloren hatte, aus einem neuen Blickwinkel zu sehen begann. Das war der tiefste Tiefpunkt meines Lebens, doch ich war überzeugt, dass ich, wenn ich nach guten Dingen Ausschau hielt, sie auch erkennen würde.

Und so war es auch. Statt mich auf Dauer bei dem aufzuhalten, was ich verloren hatte, beschloss ich, mich auf das zu konzentrieren, was ich besaß.

Dann ereigneten sich erstaunliche Dinge. Ich empfing Segen über Segen. Einiges davon schien, gemessen an irdischen Maßstäben, ganz unbedeutend, doch für meinen Glaubensweg hatte es eine enorme Bedeutung.

Ein Segen kam mit der Erkenntnis, dass Kellys Tod kein rein zufälliges Ereignis war. Beim Nachdenken über alles, was geschehen war, wurde ich das Gefühl nicht los, dass trotz all dem Chaos eine Art bizarre Ordnung in allem herrschte. Ich ging die Ereignisse immer wieder in Gedanken durch. Es war eine seltsame Parallele, dass mein Urgroßvater Architekt und Bergsteiger gewesen war und dass Kelly Landschaftsarchitekt und Bergsteiger war. Es war sehr seltsam, dass Kelly beinahe auf den Tag genau neun Jahre, nachdem ich ihn kennengelernt hatte, gestorben war. Als er mir zum ersten Mal »Ich liebe dich« gesagt hatte, war das auf einem Berg gewesen, und er hatte diese Worte auch zum letzten Mal auf einem Berg zu mir gesagt.

Ich fragte mich, ob es einfach Intuition gewesen war, dass ich dem Sheriff gesagt hatte, er solle bei der Identifikation nach Kellys JKJ-Ring schauen, und Kelly genau diesen Finger ausgestreckt hatte, bevor er starb. Selbst nach meinem Gespräch mit Josh Johnston über die Suche nach Kelly verstand ich gar nicht die volle Wirkung dessen, was mein Ehemann als Letztes in seinem Leben getan hatte, bis ich es mit eigenen Augen sah. Nicht wissend, dass Fotos von Kelly in der Schneehöhle existierten, bat ich die Rettungskräfte ganz naiv, mir ihre Fotos von der Such- und Rettungsaktion zu schicken. Ich erhielt mehrere CDs, schob sie in meinen Computer und fing an, mich durch die Fotos zu klicken. Einige Minuten später erstarrte ich. Das war ein Mausklick, den ich nie vergessen werde. Plötzlich erschien auf meinem Bildschirm ein Foto von Kellys Hand mit dem ausgestreckten Ringfinger. Ich konnte mich nicht bewegen oder atmen. Es war das eindrücklichste Foto, das ich je gesehen hatte. Jetzt verstand ich, warum die Rettungskräfte erzählt hatten, Kelly hätte ein Signal gesendet. So mutig, wie Kelly ans Leben herangegangen war, war er auch gestorben. Er hatte Arm und Hand als unmissverständliches Signal ausgestreckt.

Ich weinte, als ich die Bilder von Kelly in der Schneehöhle anschaute, und in den nächsten zwei Wochen durchlebte ich die ganze Tortur noch einmal, in Albträumen, die mich nicht einmal morgens verließen, wenn ich die Augen öffnete. Obwohl es so schmerzhaft gewesen war, die Fotos zu sehen, war ich dankbar. Ich wusste von ganzem Herzen, dass etwas Besonderes geschehen war, als er in über dreitausend Meter Höhe auf dem Berg lag und ich unten den Rettern sagte, sie sollten nach seinem Siegelring suchen.

Etwas ebenfalls Denkwürdiges, das ich nicht vergessen konnte, war unser letztes Telefongespräch. Ich wusste, dass er schon vor diesem Anruf versucht hatte, uns zu erreichen. Warum war er dann genau zu dem Zeitpunkt durchgekommen, als seine Söhne und ich gemeinsam versuchten, ihn zu lokalisieren? Das Wetter auf dem Mount Hood wurde ständig schlechter, und es ist schwer zu glauben, dass es sich rein zufällig genau zu dem Zeitpunkt beruhigte, als die Jungen und ich versuchten, Kelly anzurufen. Nur so konnten wir dem Sheriff, der auf unsere Rückmeldung wartete, ob er eine Suchaktion starten sollte, neue Informationen liefern.

Ebenso wenig konnte ich das bizarre Wärmegefühl vergessen, das meinen Körper an jenem Mittwochabend durchströmt hatte, als wir in Mount Hood waren. Es bleibt ein Geheimnis, aber ich weiß, dass etwas geschah, das ich nicht erklären kann.

Die Ereignisse in unserem Leben, die zu dem Unglück und allem führten, was danach geschah, brachten mich ins Nachdenken. Ich fing an, noch viel fester daran zu glauben, dass das Leben nicht eine Abfolge aneinandergereihter Zufälle ist. Als ich langsam das große Bild erkannte, fing ich auch an, kleine Dinge zu erleben, die ein wenig außergewöhnlich zu sein schienen. Mancher mag sagen, dass es nur das Wunschdenken einer trauernden Witwe war. Ich möchte Ihnen jedoch versichern, dass ich dadurch Trost in einer Zeit des tiefen Leides empfing. Glücklicherweise waren meine Freundinnen da und erlebten mehr als nur ein paar dieser »Zufälle« mit.

Einen denkwürdigen Vorfall gab es, als ich mit sechs Freundinnen zum Essen ausging. Hinter einigen in unserer Runde lag eine schwere Zeit, und wir hörten einander zu und unterstützten uns, wie nur echte Freundinnen es können. Wir hatten ein wunderbares Gespräch, und ich war so dankbar für ihre Freundschaft. Das Essen war vorbei und der Kellner gab einen Teller mit Glückskeksen herum. Ich war die Letzte, die einen Keks bekam. Wir hatten die Tradition, dass jeder seinen Glückskeks öffnete und las, was auf dem Zettelchen darin stand; und so machten wir es auch an diesem Abend. Reihum hatten alle typische »Glückskeks-Sprüche«. Als ich meinen Glückskeks aufbrach und das Zettelchen darin las, blinzelte ich erst einmal, um mich zu vergewissern, dass ich recht gesehen hatte.

Auf der Rückseite stand: »Ich vermisse dich.« Auf der Vorderseite las ich: »Menschen mit Fantasie statt Wissen haben Flügel statt Füßen.« Ich dachte: *Ja, Schatz, jetzt hast du Flügel. Du hattest so viel Fantasie. Und trotz all den Situationen, in denen du gerade noch mit dem Leben davongekommen bist, war der Ruf der Berge zu stark, als dass du aus diesen Situationen gelernt hättest. Einmal musste doch der Tag kommen, an dem du in eine Lage gerätst, aus der du dich nicht mehr befreien kannst.*

Als meine Freundinnen nach meinem Spruch fragten, las ich ihn ihnen vor. Sie sagten sofort: »Das kann nicht sein.«

Ich reichte das Zettelchen herum, um zu beweisen, dass ich das nicht erfunden hatte. Als ich mich auf meinem Stuhl zurücklehnte, lächelte ich und flüsterte: »Ich vermisse dich auch.«

Es war nur ein vorgedrucktes Stück Papier, doch der Zufall, dass ausgerechnet ich diese Worte bekommen hatte, war seltsam. Später fand ich zu allem Überfluss noch zwei zerknitterte Glückskeks-Zettel in Kellys Brieftasche, die in der Schneehöhle gefunden worden war. Er hatte die Zettelchen nach einem besonderen gemeinsamen Abendessen in sein Portemonnaie gesteckt. Auf seinem stand: »Deine dynamische Persönlichkeit inspiriert auch andere; bleib, wie du bist.« Auf meinem hieß es: »Gott wird dir helfen, jede Schwierigkeit zu überwinden.«

Ich war auch dankbar, dass ich einige dieser besonderen Erlebnisse mit den Kindern teilen konnte. Kurz vor Katies 21. Geburtstag arbeitete ich in Kellys Büro, das zu meinem Heimbüro geworden war. Den Tag über hatte ich ein unglaublich drängendes Gefühl, ich sollte einen Aktenschub mit seinen Papieren durchgehen. Ich hatte schon früher hineingeschaut. Die Papiere hatten nur mit seiner Arbeit zu tun und nichts davon hatte in meinen Augen eine besondere Bedeutung.

Am Nachmittag gab ich dem Drängen endlich nach und ging die Papiere einzeln durch. Nach etwa fünf Minuten sah ich etwas, das mich überraschte. Es war ein Blatt Papier, auf dem stand: »Für meine Prinzessin«. »Prinzessin« war Kellys Spitzname für Katie. Auf dem Blatt Papier stand ein wunderschönes Geburtstags-Liebesgedicht für sie. Er hatte das Gedicht vor drei Jahren geschrieben und zu den Akten gelegt. Als ich es las, fing ich an zu weinen und konnte kaum glauben, was ich da in den Händen hielt. Am nächsten Abend führte ich alle Kinder zu Katies Geburtstag aus und gab ihr das Gedicht. Ich sagte: »Ich habe das im Büro deines Vaters gefunden. Ich glaube, er hatte eigentlich nicht vor, deinen 21. Geburtstag zu verpassen.« Wir beide begannen zu weinen, und sie sagte: »Ich kann kaum glauben, dass du es gefunden hast. Ich habe mitbekommen, wie er es geschrieben hat, aber ich hatte keine Kopie davon. Ich kann dir gar nicht sagen, wie viel mir das bedeutet.«

Andere Dinge ließen uns gleichzeitig lachen und weinen. In einem Fall waren meine Freundinnen und ich zum Abendessen in einem Restaurant. Ich war die einzige Rotweintrinkerin am Tisch, also bestellten sie mir ein Glas Merlot. Als die Kellnerin zurückkam, fragte ich: »Was ist das für eine Sorte? Die ist wirklich gut.«

»Climbing[9]«, erklärte sie.

Ich war verblüfft und dachte, sie würde mir vielleicht einen grausamen Streich spielen. »Entschuldigen Sie bitte – was haben Sie gesagt?«

---

9   Dt. »kletternd« (Anm. d. Übers.).

Keine meiner Freundinnen konnte sprechen. Sie starrten bloß die Kellnerin an.

»Climbing. Die Weinsorte heißt ›Climbing Merlot‹.«

Wir alle fingen an zu lachen, und ich sagte: »Wie unwahrscheinlich ist das denn!«

Ein andermal reichte mir eine Frau eine Flasche Mineralwasser einer teuren Marke hinter einem Ladentisch hervor, mit den Worten: »Sie sehen aus, als könnten Sie einen Schluck Wasser gebrauchen.« Auf dem Etikett stand groß und deutlich: »Vom Mount Rainier«. Ich schüttelte nur den Kopf. Das war der Berg, auf dem Kelly und ich uns verlobt hatten.

Ein weiterer seltsamer Vorfall ereignete sich einige Monate, nachdem ich aus Oregon zurückgekommen war. Meine Mutter rief mich eines Morgens an und sagte: »Karen, erinnerst du dich noch an den Beutel Blumenzwiebeln, die ich dir an dem Tag gegeben habe, als du bei mir warst und Kelly vermisst gemeldet wurde?«

»Ja«, erwiderte ich.

»Hast du sie schon gesteckt?«, fragte sie.

»Nein, Mom«, sagte ich. »Ich war wirklich nicht in der Stimmung zum Gärtnern.«

Sie schwieg kurz und sagte dann: »Ich möchte dir etwas sagen, bevor du in den Beutel schaust.«

Nervös fragte ich: »Was denn?« Mir gefiel ihr Ton nicht, doch gleichzeitig dachte ich: *Es ist doch bloß ein blöder Beutel Blumenzwiebeln.*

Sie erklärte: »Du weißt, dass ich nicht wusste, auf welchen Berg Kelly damals wollte, als das passiert ist?«

»Ja«, antwortete ich.

Sie fuhr fort: »Ich möchte nicht, dass du dich aufregst oder etwas Schlechtes denkst, wenn du in den Beutel schaust. Weißt du, ich habe dir Zwiebeln von meinen Lieblingsnarzissen hineingetan, damit du sie auch in deinem Garten stecken kannst ... und diese Art Narzissen heißen ›Mount Hood‹. Du wirst das auf den Schildern im Beutel sehen.«

Ich schwieg einige Sekunden. »Mom, das ist seltsam.«

»Ich weiß«, sagte sie. »Ich habe gezögert, es dir zu sagen, aber ich wollte nicht, dass du überrascht bist.«

»Danke, dass du es mir gesagt hast. Ich hab' dich lieb«, sagte ich und legte auf. Ich wusste nicht, was ich denken sollte.

Im Rückblick glaube ich, dass das alles Geschenke von Gott waren, der über mich wachte und mir Hoffnung gab. Wenn ich über alles nachdenke, was mir begegnet ist – von verlorenen Träumen über einen neuen Glauben an die Menschheit bis hin zu einem gestärkten Glauben an Gott –, bin ich heute mehr als je zuvor davon überzeugt, dass es keine Zufälle gibt und dass es einen großen Plan gibt, in dem wir alle eine Rolle spielen.

Ich habe erlebt, wie Gott genau die richtigen Menschen genau zur richtigen Zeit in mein Leben geschickt hat, wie bei einem kunstvoll dirigierten Orchester. Ich habe den Segen verspürt, Gottes Hand bei der Arbeit zu sehen. Es ist mir ein großer Trost zu wissen, dass es kein Zufall, sondern ein großes Vorrecht war, dass mir in guten und schlechten Zeiten die wunderbarsten Freunde und Verwandten an die Seite gestellt wurden.

Eine meiner lieben Freundinnen schrieb mir einmal eine Karte mit Worten, die meine Seele berührten. Sie schrieb: »Dein Leben ist gesegnet und schön und eine unendliche Liebesgeschichte.«

Trotz allem, was geschehen ist, sind ihre Worte wahr. Es ist ein Segen, dass ich wirklich verstehen durfte, was es heißt, zu lieben und geliebt zu werden. Ich frage nicht mehr, warum Gott beschloss, Kelly zu sich zu holen. Ich glaube, dass er mich aus einem bestimmten Grund noch auf dieser Erde gelassen hat, mit einer klaren Vorgabe, in welche Richtung ich gehen soll.

Am Mittwoch, dem 22. August 2007, kam Kelly im Traum zu mir nach Hause. Es war der längste Traum, an den ich mich erinnern kann, und er wirkte so real. Als Kelly das Haus betrat, gingen wir gemeinsam umher und sprachen über alles. Ich erzählte ihm alle Neuigkeiten über seine Kinder und den Rest der Familie. Wir sprachen darüber, wie schwer es ohne ihn für mich gewesen war. Wir redeten in allen Einzelheiten darüber, wie ich das Haus versorgen sollte, bis dahin, wie ich den Whirlpool draußen sauber machen musste. Wir sprachen von unserer Liebe; es war so ein Glück, dass wir einander kennen durften.

Eine Nacht lang hatte ich das Gefühl, wieder verheiratet zu sein, und als ich aufwachte, dankte ich Gott für meinen Traum. Ich erkannte, dass Gott mir einen weiteren Segen geschenkt hatte.

Mein ganzes Leben lang hatte ich gedacht, die wichtigsten Erinnerungen wären die an große Dinge, die einen Eindruck hinterlassen. Jetzt weiß ich, dass man sich am Ende an die Kleinigkeiten erinnert: einen gemeinsam auf der Terrasse genossenen Sonnenuntergang oder einen Spaziergang im Garten, um die Blumen und Pflanzen blühen zu sehen. Das sind die Augenblicke, aus denen Träume gemacht sind.

Was ich nicht verstand, bis ich Kelly verlor, war, dass Liebe tatsächlich den Tod überdauert. Ich glaube, wenn unsere Seelen sich in Liebe und durch den Glauben verbinden, weichen diejenigen, die vor uns gehen, nie ganz von unserer Seite. Wenn ich still genug halte und Gott um seinen Trost bitte, erfüllt er mich mit der wunderbaren, denkwürdigen Freude an der Liebe meines Ehemannes.

An Kellys erstem Todestag war diese Verbindung besonders stark. Wir hatten eine kleine Feier, bei der wir zum Gedenken an alle drei Männer Kerzen anzündeten. Katie und ich sprachen von unserer Liebe zu Kelly und zu Gott. Michaela, Nikkos Frau, schickte uns dankbare Grüße und das Gebetsanliegen, dass ihr Mann und Brian gefunden würden. Brians Freunde kamen zu unserem Gottesdienst, doch seine Schwester Angela schickte uns Grüße: Sie war am Fuß vom Mount Hood und zündete zur gleichen Zeit, zu der unsere Gedenkfeier in Dallas stattfand, dort Kerzen an. Wieder waren die Familien miteinander vereint und gaben sich Halt in ihrer Liebe zu den toten Bergsteigern und zueinander.

Für uns war es das zweite Weihnachtsfest ohne Kelly. In der für uns als echte James-Familie typischen Art hielten wir zusammen wie Pech und Schwefel und ehrten den Mann und den in einem Stall geborenen Säugling, die beide unser Leben auf unaussprechliche Weise reich gemacht hatten.

Das neue Jahr rückte näher und ich suchte nach etwas, das meine Stimmung heben würde. *Was würde Kelly mir vorschlagen?* Dann traf es mich plötzlich wie ein Blitzschlag: *Malen!*

Meine gemeinsame Kunstausstellung mit Denver Moore im Mai 2008.
Von links nach rechts: Ford, ich, Jack, Denver, Katie und Ron Hall

Vor Kellys Tod hatte meine Malerei einiges Interesse in Galerien in Dallas und Santa Fe geerntet. Nach Kellys Tod hatte ich aufgehört zu malen.

Dann fiel mir plötzlich wieder eine Geschichte ein, die ich völlig vergessen hatte. An dem Tag, bevor Kelly zum Mount Hood aufgebrochen war, hatte er mir vorgeschlagen, ich sollte doch einen neuen Malstil weiterentwickeln, mit dem ich begonnen hatte. Es war ein schwerer, strukturreicher Stil, und als Kelly ihn zum ersten Mal sah, sagte er: »Schau dir nur die ganzen Stufen an. Es sieht aus wie etwas, an dem ich hochklettern würde.«

Ich weiß noch, wie ich lachte und dachte: *Geht es denn* immer *nur ums Klettern?*

Doch Kelly war nicht der Einzige, der dieses Bild liebte; auch Brian mochte es sehr. Eines Abends begrüßte Kelly Brian schon an der Tür und sagte: »Mann, du musst mal hochkommen und ihr neues Bild sehen. Es ist fantastisch!«

Brian machte mir große Komplimente. Am Ende kaufte es ein Freund von Brian und schenkte es ihm als Überraschung, kurz bevor er und Kelly zum Mount Hood aufbrachen. Kelly war so begeistert, dass sein lieber Freund eines meiner besten Bilder besaß.

Mai 2007: Ich male ein Herz und schreibe Kellys Namen in den Sand, fünf Monate nach seinem Tod.

Als ich mich an diese Geschichte erinnerte, wurde ich etwas zuversichtlicher, und ich staubte meine Malpinsel ab. In den nächsten Tagen bereitete ich mehrere Leinwände vor und fing an, einige Strukturschichten aufzubringen. Ich beschloss, dass ich so den Silvesterabend verbringen wollte – nur ich, die Katze, eine Flasche Wein und meine Kunst. Mit diesem Plan war ich sehr zufrieden. Die freundlichen Angebote, den Abend zusammen mit einigen Ehepaaren zu verbringen, hatte ich dankend abgelehnt. Ich wusste zwar, dass meine Beziehung zu Gott sich immer mehr vertiefte und ich Frieden über das Geschehene gewann, aber ich war immer noch ein bisschen menschenscheu und dachte mir, es ginge mir sicher besser, wenn ich daheimblieb und malte.

An jenem Abend bemerkte ich, während ich eifrig malte, etwas Seltsames auf vier der Leinwände. Ich hatte gerade ein weißes Versiegelungsmittel aufgetragen, daher konnte ich nicht verstehen, woher die ganze rote Farbe kam. Ich schaute meine Hände an, da ich das Versiegelungsmittel mit den Fingern verstrichen hatte. Es war keine rote Farbe, sondern Blut. Die Struktur der Leinwand war so rau, dass ich mir die Fingerspitzen aufgeschnitten hatte. Ich trat einen Schritt zurück und dachte: *Ja, bis hierher bin ich wirklich nur mit Blut, Schweiß und Tränen gekommen.* Die blutverschmierten Leinwände erschienen mir als passender Ausgangspunkt für das nächste Jahr.

Verstehen Sie mich nicht falsch: Mein Weg geht weiter, aber die Tränen fließen immer noch. Es sind allerdings nicht die gleichen Tränen, die ich auf dem Mount Hood vergoss. Sie entspringen jetzt der Dankbarkeit für die Liebe, die ich empfangen durfte. Es ist mir ein großer Trost zu wissen, dass ich eines Tages wieder mit meinem Mann vereint sein werde. Ich habe keine Angst vor dem Tod, denn ich weiß, dass Kelly mich auf der anderen Seite begrüßen und mich an der Hand nehmen wird. Es ist ein großer Segen, dass ich so tiefe Liebe erleben durfte, die den Tod überdauert, und dass ich meinen Weg nie allein gehen werde.

Für mich brachte die größte Tragödie meines Lebens die Erkenntnis, dass festzuhalten die einzige Möglichkeit zu leben ist. Ich glaube, als Kelly starb, hatte Gott immer noch einen Plan für uns als Ehepaar. Kelly hat den ersten Teil erledigt, und jetzt bin ich an der Reihe. Ich soll an meinem Glauben festhalten und die unvorstellbare Freude weitergeben, die ich gefunden habe, weil ich jetzt weiß, dass Gott alles im Griff hat und mich liebt, selbst wenn ich ins Stolpern gerate. Auch wenn schlechte Dinge passieren – Gott ist immer gut.

Als die Frage auftauchte: »Wo war Gott auf dem Mount Hood?«, war mir die Antwort sofort klar. Gott war überall.

Er war mit Kelly in der Schneehöhle.

Er legte seine Arme um Brian und Nikko, als sie vom Berg abstiegen.

Er tröstete uns, als sie vermisst wurden, und in der schmerzlichen Erkenntnis, dass er sie nach Hause holte.

Er beschützte die Rettungskräfte, während sie auf der Suche nach den Männern gegen das brutale Wetter ankämpften.

Er trug meine Freunde und meine Angehörigen und gab ihnen unglaubliche Stärke, um für mich sorgen zu können.

Ja, Gott war überall.

Wie Kelly James sagen würde: »ER IST MÄCHTIG!«

Teil 4

Ein Vermächtnis der Liebe

Die allergrößte Liebesgeschichte

Nach Kellys Tod machte ich mich auf die Suche nach allem, was er mir je geschrieben hatte. Ich war so dankbar, dass ich mir die Zeit genommen hatte, seine Liebesbriefe und Gedichte aus unseren gemeinsamen Jahren sorgfältig aufzuheben. Eines Nachmittags machte ich es mir gemütlich und fing an, die vielen Blätter noch einmal zu lesen, um die Gefühle von damals neu zum Leben zu erwecken, als ich zum ersten Mal seine tiefe Liebe zu mir entdeckte.

Beim Lesen seiner Worte bemerkte ich, dass ich meistens nicht die einzige Person war, um die es sich drehte. Das war mir noch nie zuvor aufgefallen. Kelly hatte auch über seine Liebe zu Gott geschrieben. Unsere Liebesgeschichte hatte immer drei Beteiligte gehabt.

Ich war so dankbar, dass Gott mir die Augen für das geöffnet hatte, was ich beim ersten Lesen übersehen hatte. Ich fragte mich, ob Kelly jetzt im Himmel den Kopf schüttelte, übers ganze Gesicht grinste und sagte: »*Jetzt* kapiert sie's!« Eigentlich dachte ich, dass mein Glaube damals sehr stark gewesen war. Doch jetzt schämte ich mich, dass ich gemeint hatte, es ginge nur um *mich. Wusste Kelly, dass ich diese äußerst wichtige Botschaft in seinen Briefen übersehen hatte?*

Kelly war entscheidend für meinen Weg mit Gott gewesen, und ich vermisste unsere langen Gespräche über den Glauben und unsere Rolle in Gottes Plan sehr. Tatsächlich vermisste ich diese Gespräche nach Kellys Tod so sehr, dass ich, statt *über* Gott zu reden, anfing, *mit* Gott zu reden. Und nun bekam ich eine Beziehung zu Gott, die ich zuvor niemals für möglich gehalten hätte. Ohne meinen irdischen Partner, mit dem ich den Tag über reden konnte, befand ich mich nun ständig im Gespräch mit Gott – von dem Moment an, wenn ich aufwachte, bis zu der Minute, wenn ich abends die Augen schloss. Gott war nun mehr als mein Schöpfer: Er war mein Freund, mein Tröster, meine Stärke und der Grund, warum ich morgens aufstand. Immerhin hat er mich geschaffen, und ich lebe noch. Er muss etwas mit mir vorhaben.

Mit der Zeit gewann ich Klarheit und Frieden. Von unserem menschlichen Standpunkt aus scheint die Ermahnung der Bibel, unsere Nöte anzunehmen, widersinnig. Doch Kellys Tod und meine

Abhängigkeit von Gott halfen mir, dieses Prinzip zu verstehen. Nirgendwo ist es besser ausgedrückt als in 1. Petrus 1,6-9:

> *Vor euch liegt eine große Freude, auch wenn ihr für eine Weile viel erdulden müsst. Dies dient nur dazu, euren Glauben zu prüfen, damit sich zeigt, ob er wirklich stark und rein ist. Er wird erprobt, so wie Gold im Feuer geprüft und geläutert wird – und euer Glaube ist Gott sehr viel kostbarer als bloßes Gold. Wenn euer Glaube also stark bleibt, nachdem er durch große Schwierigkeiten geprüft wurde, wird er euch viel Lob und Herrlichkeit und Ehre einbringen an dem Tag, an dem Jesus Christus der ganzen Welt offenbart werden wird. Ihn liebt ihr, obwohl ihr ihn nie gesehen habt. Obwohl ihr ihn nicht seht, glaubt ihr an ihn; und schon jetzt seid ihr erfüllt von herrlicher, unaussprechlicher Freude. Das Ziel eures Glaubens wird die Rettung eurer Seelen sein.*

Kelly James sagte einmal zu mir: »Ich würde ohne zu zögern sterben, um Seelen zu retten.« Damals verstand ich das nicht, weil ich den Blick zu fest auf diese Erde gerichtet hatte. Jetzt schauen meine Augen zum Himmel, und ich verstehe diese Aussage meines Ehemannes. Und ich kann voller Stolz sagen, dass ich nicht die größte Liebe seines Lebens war. Diese Ehre gebührt allein Jesus Christus.

Liebesgedichte von Kelly

Gott ist bei uns
Wir sind jetzt in seinen Händen
Gott ist bei uns
Frieden und Glück, unser Geschenk
Gott hat uns zusammengeführt
Wir sind eins
Mein Herz schlägt stark für dich, meine Liebe
Wir sind eins
Du bist meine Liebe und du bist meine Frau
Dein Ehemann

Gehilfin

Wenn meine Schritte langsam sind
und mein Herz müde ...
Wenn ich hinterherhinke
Bitte warte auf mich
Ich werde auf dich warten ... mein Schatz
Sollte ich hinterherhinken
Bitte warte auf mich ...
Sollte ich weinen, trockne meine Tränen
Wenn ich schwach bin, halt mich fest
Sollte ich stolpern, stütze mich
Du bist meine Gehilfin

Ehe

Aufruhr, Mühe, Verwirrung
Wir leben unser Leben

Gott = Liebe, Wahrheit, Bekenntnis und Trost
Wir leben unser Leben

Mut, Stärke, Glaube und Vertrauen
Unsere Verbindung zu Liebe und Glück

Meine Kameradin, meine Liebe, meine Frau
Gemeinsam sind wir überführt

Unser Universum scheint so klein
Doch Gott versteht das alles

Wir haben einander
Wir haben einander
Ein Trost und Segen, um ganz sicher zu sein

Wir sollen leben
Gemeinsam lieben wir ... und ... hoffen ... und ... leben ... und kämpfen
Doch wir sollen leben

Briefe, vor Bergtouren geschrieben

Meine liebste Karen,
ich kann Dir gar nicht sagen, wie sehr ich Dich liebe und was Du mir bedeutest.
Deine Liebe und Anteilnahme und Hingabe an mich haben einen Frieden in mein Herz gebracht, den kein Abenteuer mir bringen konnte.
Ich danke Dir so sehr, dass Du immer für mich da bist, egal, was passiert. Ich werde auch immer für Dich da sein.
Ich bin so glücklich, dass Gott mich mit Deiner Liebe und Gesellschaft gesegnet hat. Jeder Tag ist ein schöner Tag, weil ich weiß, dass ich Dich in meinem Leben habe.
Ich liebe Dich,
Kelly

An meinen liebsten Schatz:
Du sollst wissen, dass ich immer bei Dir bin.
Du bist der Sonnenschein meines Lebens.
Danke, dass Du mein Leben vollständig machst.
Meine Welt ist so erfüllt, jetzt, da Du meine Frau geworden bist.
Danke für Deine Hilfe mit den Kindern und all die guten Ratschläge, die Du mir gibst; ich höre wirklich auf Dich!
Ich werde Dich sehr vermissen und ich werde an Dich denken, wenn ich auf dem Berg in meinem Zelt liege;
ich werde an Dich denken, wenn ich durch den Schnee stapfe;
ich werde an Dich denken, wenn ich beide Eisäxte ins Eis geschlagen habe;
ich werde an Dich denken, wenn ich auf dem Gipfel stehe;
ich werde an Dich denken, wenn ich wieder in meinen warmen Schlafsack krieche;
ich werde an Dich denken, wenn ich durchs Dorf zurückwandere;
ich werde an Dich denken, wenn ich in Huaraz bin und
ich werde davon träumen, zu Dir nach Hause zu kommen, wenn ich in Lima bin.

Danke, dass Du mich und meine verrückten Ausflüge erträgst.
Entspann Dich und nimm Dir Zeit für Dich. Ich ruf' Dich an, wenn
ich kann.
Du sollst wissen, dass ich Dich immer liebe, mein Schatz.
In Liebe,
Kelly

Bergtour-Album

Kelly auf dem Alpamayo in Südamerika

Kelly schaut auf einem Berggipfel in den Anden in einen steilen Abgrund.

Kelly und seine Tochter Katie vor einer Tour auf den Mount Rainier

Kellys und Brians Haare und Bärte sind nach einer Klettertour völlig vereist.

Freunde und Angehörige auf dem Mount Rainier. Von links nach rechts:
Sean McCarthy, Ford James, Brian Hall, Jason James, Kelly und Paul Burton

Kelly auf dem Gipfel des Denali

Dank

Ich habe erlebt, wie Gott genau die richtigen Menschen genau zur richtigen Zeit in mein Leben geschickt hat, wie bei einem kunstvoll dirigierten Orchester.

An meinen Freund Brian Hall: Du hast zu unserer Familie gehört und wir vermissen dich gewaltig. Danke, dass dir Kelly so wichtig war. Ich weiß, dass ihr beide jetzt ganz gefahrlos einen herrlichen Berg im Himmel besteigt.

An Dwight, Clara und Angela Hall; Michaela Cooke und Maria Kim: Wir sind auf eine Art und Weise miteinander verbunden, die nur wenige verstehen können. Danke für all eure Liebe und Unterstützung. Ich freue mich auf den Tag, wenn wir wieder mit unseren drei Bergsteigern vereint sind.

An meine und Kellys Angehörigen, die in der dunkelsten Zeit meines Lebens immer da waren und mir zugehört haben, egal, zu welcher Tages- oder Nachtzeit. Ohne eure Liebe hätte ich es nicht geschafft: meine Mutter Ann, mein Vater Roy, Nancy, mein Bruder Karl, Deborah, Dylan, Jason, Sara, Ford, Katie, Jack, Lou Ann, Frank und Traci.

An unsere lieben Freunde, die in Kellys Abwesenheit auf mich aufgepasst haben: Ich weiß, dass er auch sehr dankbar für eure Güte und Liebe ist.

An alle Gemeinden im ganzen Land, die für uns und unsere Männer gebetet und uns auf unserem Weg geholfen haben.

An die unglaublich lieben Menschen in Oregon, die ungezählte Stunden ihrer eigenen Zeit und Ressourcen geopfert haben, um mit uns nach Kelly, Brian und Nikko zu suchen. Ich weiß, dass ich für alle Familien spreche, wenn ich Ihnen ein riesiges Dankeschön sage: Danke, dass Sie freiwillig Ihr Leben riskiert oder die Retter unterstützt haben.

Textnachweise

Deutsch könnte man den Text dieses Songs so wiedergeben:

Halte daran fest
Für jeden, der leidet
Für jeden, der nicht mehr kann
Für jeden, der Besseres verdient hätte
Für jeden von uns
Bitte lass nicht los
Ich verspreche dir, es gibt Hoffnung
Halte sie fest
Er kommt und rettet dich
Wenn ich eines erfahren habe
Etwas, das größer ist als mein Leid
Dann ist es seine Hand
Also halte sie fest

Wird diese Zeit je vergehen?
Können wir diese Fahrt aufhalten?
Werden wir am Ende die Sonne sehen?
Oder ist das unser Teil im Leben?
Bitte lass nicht los
Ich verspreche dir, es gibt Hoffnung

Vielleicht denkst du, du bist ganz allein
Und keiner weiß, was du durchmachst
Doch wenn du auch sonst nichts hören kannst
Du sollst wissen, dass wir alle gleich sind
Auf der Suche nach der Wahrheit
Nach der Wahrheit, der wir uns bald stellen müssen

Wenn nicht jemand kommt und es an unserer Stelle tut
Gibt es so jemanden?
Wir möchten doch nur frei sein
Befreit aus unserem Gefängnis, Herr
Er kommt – er kommt

MercyMe